Minerva Shobo Librairie

本当に知りたいことがわかる!
保育所・施設実習ハンドブック

小原敏郎／直島正樹／橋本好市／三浦主博
［編著］

ミネルヴァ書房

本当に知りたいことがわかる！
保育所・施設実習ハンドブック

目　　次

序　章　保育士養成をめぐる現状と課題 …………………………………… 1
　1　児童福祉施設と保育士養成の動向 ……………………………………… 1
　2　保育士のターゲット ……………………………………………………… 3
　3　社会の期待に応えられる保育士を目指して …………………………… 6
　4　保育士の汎用性 …………………………………………………………… 7

第Ⅰ部　保育実習に取り組む前に

第1章　保育実習を始めるにあたって ……………………………………… 10
　1　保育実習 …………………………………………………………………… 10
　　（1）保育実習の意義・目的　10
　　（2）保育士資格と実習——保育実習の仕組み　13
　2　保育実習を通して考えること …………………………………………… 15
　　（1）保育所・保育所以外の児童福祉施設についての理解　15
　　（2）子どもの理解　18
　　（3）保育士の仕事・職業倫理の理解　19
　　（4）実習生の理解——自己理解　21
　3　保育現場の職員が実習生に望むこと …………………………………… 23
　　（1）保育所の立場から　23
　　（2）養護系施設の立場から　25
　　（3）障害児・者系施設の立場から　27

第2章　保育実習の理解に向けて …………………………………………… 30
　1　保育実習——カリキュラムの概要とその目的 ………………………… 30
　　（1）養成校における実習と科目　30
　　（2）保育士資格取得に関係する科目　31
　　（3）保育士の専門性　31
　　（4）保育士に求められる人間性　32
　2　保育実習Ⅰ（保育所）及び保育実習Ⅱにおける学習内容 …………… 33

3　保育実習Ⅰ（施設）及び保育実習Ⅲにおける学習内容……………35
　　　4　保育士に求められる倫理………………………………………………36
　　　5　充実した保育実習に向けて……………………………………………38

第3章　保育実習に取り組む上での準備・留意点……………41
　　　1　保育実習に取り組む前に踏まえておくべきこと……………………41
　　　　　（1）保育実習に取り組む上でのマナー　41
　　　　　（2）文章を書く上での基本事項・間違いやすい漢字　43
　　　　　（3）記録の文体　44
　　　2　保育実習に向けた準備…………………………………………………46
　　　　　（1）実習先の選定　46
　　　　　（2）養成校での事前学習　50
　　　　　（3）実習施設でのオリエンテーション　50

第Ⅱ部　保育所実習

第4章　保育所実習に取り組むにあたって①……………………58
　　　　　──保育所の機能・役割
　　　1　保　育　所………………………………………………………………58
　　　　　（1）保育所の役割　58
　　　　　（2）保育の原理と保育所の社会的責任　60
　　　　　（3）近年の保育所を取り巻く動向　63
　　　　　　　──子ども・子育て支援新制度と保育所実習との関連
　　　2　保育所の生活と保育士の役割…………………………………………64
　　　　　（1）クラスの編成　64
　　　　　（2）1日の生活における子どもの活動・保育士の役割　65
　　　　　（3）保育士の専門性と役割　65
　　　3　今後，保育士にますます求められる役割と実習での学び…………67
　　　　　（1）保育所におけるチーム保育を学ぶ　67
　　　　　（2）反省的実践家としての保育士像を学ぶ　67

（3）保育所における保護者支援を学ぶ　68

第5章　保育所実習に取り組むにあたって②……………………71
　　　　　――子どもの発達的特徴の確認と関わり方のポイント

　1　乳児の発達………………………………………………………71
　　　（1）「おおむね6カ月未満」――0歳児クラス　72
　　　（2）「おおむね6カ月～1歳3カ月未満」――0～1歳児クラス　74
　　　（3）「おおむね1歳3カ月～2歳」――0～1歳児クラス　78
　　　（4）「おおむね2歳」――1～2歳児クラス　80

　2　幼児の発達………………………………………………………83
　　　（1）「おおむね3歳」――2～3歳児クラス　83
　　　（2）「おおむね4歳」――3～4歳児クラス　85
　　　（3）「おおむね5歳」――4～5歳児クラス　87
　　　（4）「おおむね6歳」――5歳児クラス　89

第6章　保育所実習の実際………………………………………93

　1　事前学習…………………………………………………………93
　　　（1）部分保育・半日保育・全日保育の準備　93
　　　（2）体調管理　96

　2　実習中の態度……………………………………………………98
　　　（1）身だしなみ　98
　　　（2）実習初日　99
　　　（3）実習開始1週間まで　101
　　　（4）実習の中頃　102
　　　（5）実習終了前　103

　3　実習終了後……………………………………………………104
　　　（1）実習終了翌日　104
　　　（2）実習終了後1週間以内　105

　4　実習終了後の授業への取り組み……………………………106

目　次

第7章　保育所実習における記録················109

1　保育所実習における記録の意義・目的················109
（1）記録の意義　109
（2）記録の目的　110
（3）実習日誌を書く際の留意点　111

2　保育所実習における実習日誌の作成の仕方················112
（1）本日の実習目標　112
（2）時　　刻　113
（3）子どもの活動と保育士の援助　113
（4）実習内容　114
（5）主な活動の記録　116
（6）感想・反省　118

第8章　保育所実習における指導計画················123

1　指導計画の基本················123
（1）保育課程と指導計画　123
（2）指導計画案とは　124
（3）指導計画の考え方　125

2　指導計画案作成上の留意点················125
（1）子どもの生活する姿をとらえる　126
（2）具体的なねらいや内容を考える　127
（3）環境構成を考える　127

3　指導計画案作成の手順・実際················129
（1）指導計画案の各項目別ポイント　129
（2）指導計画案の作成　137
　　　──主活動「スパゲティ製作」

第Ⅲ部　施設実習

第9章　施設実習に取り組むにあたって…………………………142

1　児童福祉施設……………………………………………………142
　（1）児童福祉施設の種類・概要　142
　（2）施設での生活　149
　（3）施設保育士の仕事・役割　149

2　施設実習に取り組む意義………………………………………150

3　実習の流れと目標（課題）の設定……………………………151
　（1）実習の流れ　151
　（2）目標（課題）の設定　154

4　施設実習に向けた準備…………………………………………154

第10章　施設実習の実際…………………………………………159

1　児童養護施設……………………………………………………160
　（1）日課（デイリープログラム）　160
　（2）保育士の仕事・役割　160
　（3）実習での学びのポイント　161

2　乳児院……………………………………………………………162
　（1）日課（デイリープログラム）　162
　（2）保育士の仕事・役割　162
　（3）実習での学びのポイント　163

3　障害児入所施設…………………………………………………164
　（1）日課（デイリープログラム）　164
　（2）保育士の仕事・役割　166
　（3）実習での学びのポイント　166

4　児童発達支援センター…………………………………………167
　（1）日課（デイリープログラム）　167

（2）保育士の仕事・役割　167
　　　（3）実習での学びのポイント　169

　5　障害者支援施設 …………………………………………………………… 170
　　　（1）日課（デイリープログラム）　170
　　　（2）保育士の仕事・役割　170
　　　（3）実習での学びのポイント　171

　6　障害福祉サービス事業所 ……………………………………………… 172
　　　（1）日課（デイリープログラム）　172
　　　（2）保育士の仕事・役割　172
　　　（3）実習での学びのポイント　173

　7　児童心理治療施設 ………………………………………………………… 175
　　　（1）日課（デイリープログラム）　175
　　　（2）保育士の仕事・役割　175
　　　（3）実習での学びのポイント　176

　8　母子生活支援施設 ………………………………………………………… 177
　　　（1）日課（デイリープログラム）　177
　　　（2）保育士の仕事・役割　177
　　　（3）実習での学びのポイント　178

　9　児童自立支援施設 ………………………………………………………… 179
　　　（1）日課（デイリープログラム）　179
　　　（2）保育士の仕事・役割　180
　　　（3）実習での学びのポイント　181

第11章　施設実習における記録 …………………………………………… 185

　1　養護系施設での実習における記録 ………………………………… 185
　　　（1）実習日誌作成の意義・目的　185
　　　（2）実習日誌作成上の留意点　186
　　　（3）児童養護施設での実習日誌　187

　2　障害児・者施設での実習における記録 ………………………… 190
　　　（1）実習日誌作成において踏まえておくべき点　190

　　　　（2）記録をスムーズに作成する方法　192
　　　　（3）障害児・者施設での実習日誌　193

第12章　施設実習における計画 ………………………………………… 199

　1　実習計画 ……………………………………………………………………… 199
　　　　（1）実習計画作成にあたって　199
　　　　（2）実習計画作成の意義　200
　　　　（3）実習計画作成の留意点　201

　2　支援計画 ……………………………………………………………………… 204
　　　　（1）支援計画作成にあたって　204
　　　　（2）支援計画作成の意義　204
　　　　（3）支援計画作成の留意点　208

―――

第Ⅳ部　保育実習を終えて

―――

第13章　保育実習終了後の振り返りと課題 ……………………… 212

　1　実習先との関わり …………………………………………………………… 212
　　　　（1）実習先での反省会――まとめと振り返り　212
　　　　（2）実習日誌の提出・返却　213
　　　　（3）お礼状の書き方　214

　2　保育実習の振り返りとまとめ ……………………………………………… 217
　　　　（1）養成校での実習の振り返り　217
　　　　（2）実習報告書の作成　218
　　　　（3）実習事後指導　218
　　　　（4）実習の評価　225

第14章　専門性の高い保育士を目指して ………………………… 228
　　　　――保育実習などでの経験・学びを活かす

　1　保育実習を終えて――保育士になる上で踏まえておくべきこと ……… 228
　　　　（1）保育実習終了後に求められる姿勢・意識　228

　　　　（2）実習終了後の保育現場での行事・ボランティア活動などへの参加　230
　　　　（3）保育実習と就職先選択・決定とのつながり　231
　　2　保育現場でのよりよい実践に向けて……………………………………233
　　　　（1）「保育士のためのキャリア形成」という考え方の理解　233
　　　　（2）保育士になってからの気づき　233

保育所・施設実習 Q&A
おわりに
索　　引

　　コ ラ ム
　　1　保育所実習における学生のエピソード——養成校の実習指導室から………56
　　2　保育実習で学んだ記録と考察の大切さ——学生の立場から……………122
　　3　実習生がもつ不安と誤解——施設職員の立場から………………………158
　　4　非言語的コミュニケーションの効果——施設職員の経験から…………184
　　5　施設実習における学生のエピソード——養成校の実習指導室から………210
　　6　対話を通した実習の振り返り………………………………………………227

序章　保育士養成をめぐる現状と課題

1　児童福祉施設と保育士養成の動向

　子育てを取り巻く社会環境の著しい変化に伴い，児童虐待，貧困家庭，一人親家庭など子育てに関わる困難や問題に直面している家庭の増加，子どもの育ち，発達，教育など子どもの将来に関する社会不安が深刻化してきている。そのため，保育所，障害関係施設，社会的養護関係施設などの児童福祉施設や保育士に求められる機能・役割が，これまで以上に期待されてきている。

　例えば，保育実習に関係する児童福祉施設の改革でいえば，1997（平成9）年及び2012（平成24）年に大幅な児童福祉法改正が施行されている。

　これまで障害種別によって分かれていた障害児施設体系を「通所型（児童発達支援センター）」及び「入所型（障害児入所施設）」の2種類のみに統合し（図序－1），その通・入所型施設を子どもの状態に応じた「福祉型」「医療型」の二つに類型化した（計4類型）のも大幅な改正の一つである。

　「知的障害児施設」「盲ろうあ児施設」などの入所施設は「福祉型障害児入所施設」へ，「肢体不自由児施設」「重症心身障害児施設」などは「医療型障害児入所施設」へ統合された。

　また，「知的障害児通園施設」「難聴幼児通園施設」と呼ばれていた通所施設は「福祉型児童発達支援センター」へ，「肢体不自由児通園施設」を「医療型児童発達支援センター」へ統合された。

　社会的養護関係施設では，関係施設に対する「運営指針」が告示され，それまで施設ごとに任されていた運営・支援に関する一定の規律が規定された。それを踏まえ，児童養護施設などにおいて自己評価や外部の視点を取り入れる第

図序-1　障害児施設体系の再編（2012年児童福祉法改正以降）

通所で利用する児童福祉施設サービス

児童福祉施設
知的障害児通園施設
肢体不自由児通園施設
難聴幼児通園施設
重症心身障害児・者通園事業
〈実施主体：都道府県〉
障害者自立支援法
児童デイサービス
〈実施主体：市町村〉

→

通所で利用する児童福祉施設サービス

障害児通所支援〈実施主体：市町村〉		
児童発達支援センター	児童発達支援（福祉型児童発達支援センター）	障害児を児童発達支援センター等に通わせて日常生活上の基本的動作の指導，知識技能の付与，集団生活への適応訓練等を供与する。
	医療型児童発達支援（医療型児童発達支援センター）	上肢・下肢・体幹の機能障害のある児童を医療型児童発達支援センター等に通わせて児童発達支援及び治療を行う。
	放課後等デイサービス	就学している障害児が授業の終了後又は休業日に児童発達支援センター等に通い生活能力向上のために必要な訓練と社会交流の促進等の便宜を供与する。
	保育所等訪問支援	保育所等に通う障害児のために，当該施設を訪問し集団生活への適応に向けた専門的な支援を行う。

入所で利用する児童福祉施設サービス

児童福祉施設（児童福祉法）
知的障害児施設
自閉症児施設
盲ろうあ児施設
肢体不自由児施設
肢体不自由児療護施設
重症心身障害児施設
〈実施主体：都道府県〉

→

入所で利用する児童福祉施設サービス

障害児入所支援〈実施主体：都道府県〉		
障害児入所施設	福祉型障害児入所施設	障害児入所施設に入所し，保護，日常生活の指導及び独立自活に必要な知識技能の付与を行う。
	医療型障害児入所施設	障害児入所施設に入所又は指定医療機関に入院する知的障害児・肢体不自由児・重症心身障害児に対し，上記の支援に加えて治療を行う。

出所：山縣文治編『よくわかる子ども家庭福祉　第9版』ミネルヴァ書房，2014年，129頁。

　三者評価も義務化された。また，「運営指針」の解説書である運営ハンドブックに基づき，社会的養護関係施設運営の質的向上を目指している。

　その他,「児童福祉施設最低基準」が「児童福祉施設の設備及び運営に関す

る基準」へと名称変更され，当該基準を踏まえて自治体ごとに施設職員の配置基準の引き上げの努力を行うこととした。さらに2015（平成27）年度には，職員配置基準も改善された。

　各種施設の形態についても，従来の中心であった大人数による集団生活である大舎型施設から，施設の小規模化・地域分散化への転換を推進し，小規模グループケア・ホームなどの地域小規模型の施設の推進を図っている。

　障害者領域に関しても，2012（平成24）年度以降，障害者の日常生活及び社会生活を総合的に支援するための法律（障害者総合支援法）への改正と相まって，従来の障害種別ごとの法律に基づく福祉サービス提供システムの一元化と，三障害者施設を「障害者支援施設」へ統合した体系へと移行した。

　これまでの度重なる児童福祉法などの改正に伴い，保育所保育士のみならず施設保育士に対する専門性，保育の質的向上と役割の増大，対象領域の拡大など社会的期待は年々大きくなってきた。このような状況を受けて，一足先に2018（平成30）年4月「改定 保育所保育指針」施行を反映する形で2019（平成31）年度から新たな保育士養成課程（カリキュラム）が始まり，保育士養成課程においては社会福祉・子ども家庭福祉・社会的養護Ⅰ・Ⅱ・子ども家庭支援論・子育て支援・子ども家庭支援の心理学といった社会福祉専門関係科目，及び保育実習・保育実習指導にも力点を置くカリキュラムとなった。

　したがって，保育の実践現場に散見する複雑かつ多様な問題に対応可能な専門性に磨きをかけ，子どもと保護者・家庭に関与していく専門職としての自覚と倫理，専門的知識と技術を習得できるよう導いていくことは養成校の責任[1]となる。

2　保育士のターゲット

　児童福祉施設は児童福祉法で定義され，その設置基準については厚生労働省令「児童福祉施設の設備及び運営に関する基準」で規制されている。この基準には，児童福祉施設設置に関わる利用者人数に対比した「面積・設備・職種・

職員」をはじめ細部にわたる遵守事項を明記している。助産施設を除く児童福祉施設には保育士の配置基準を規定していることから，保育士有資格者は保育所以外の児童福祉施設においても活躍できる専門職であることが理解できる。

児童養護施設では，保育士や児童指導員が一定年数以上の経験を積むことで「家庭支援専門相談員」「里親支援専門相談員」などを担う可能性もある。このように，働く場所によってさまざまな役割を担う保育士は，子どもの直接的な関わり，つまりケア的側面のみならず，保護者の相談に応じ，社会資源を活用しつつ子育ての軽減を図るなど家庭との環境調整といったソーシャルな側面にも関わっていくことになる。

もちろん保育所保育士も子どもの直接的なケアにとどまらず，生活問題を抱えた保護者に対してソーシャルな側面からの関与が必要となる。つまり，保護者に最も近い第三者でありかつ専門職という立場から，保育士には保護者の子育てを支援していく役割と機能が期待されているのである。児童福祉法第18条の4において保育士は「保育士の名称を用いて，専門的知識及び技術をもって，児童の保育及び児童の保護者に対する保育に関する指導を行うことを業とする者」と定義している。その主たる行為は子どもの保育（ケア）を第一義的業務としているものの，その定義の後半に示されている保護者に対する保育に関する「指導」については，ケアの枠組みを超えてとらえることが必要となる。この「指導」という言葉は法律用語であるため，専門的理論に基づく助言（アドバイス）・指示・支持・共感・見本・情報提供などの行為を含んだ用語として拡大解釈できる。

さらに，児童福祉法第24条で市町村の「保育の実施」規定を明記している。この規定により，市町村は保育が必要な子どもに対する「保育の実施」，保育を要するにもかかわらず保育を受けることができていない子どもの保護者に対する「保育の勧奨」などの義務がある。したがって保育所保育士には，通常の保育に加え，困難事例などへの対応可能な支援能力も求められる。

そのために，同法第48条の3②で「保育所に勤務する保育士は，乳児，幼児等の保育に関する相談に応じ，及び助言を行うために必要な知識及び技能の修

得，維持及び向上に努めなければならない」と努力義務を規定している。

このように保育士は，直接的な子どもへのケア的側面に加え，子どもと保護者その家庭，子育てしやすい社会づくり（よりよい子育て環境の整備）へと介入していく，全国保育士会倫理綱領が示した壮大な実践範囲に関わることを理解できるであろう。

これらの点及び全国保育士会倫理綱領「前文」（表2-3，37頁参照）との整合性を踏まえ，保育士が有すべき焦点とターゲットについて下記の通り整理できる。

① 保育士は法的に社会福祉専門職の一つであること。
② 実際の保育実践は，保育士と子どもの一方的な営みではなく，保護者（子どもを含めた）との連携と関係性の下で完成されていく営みである。ましてや，子育ては地域社会の中で営まれている。社会関係の中で子どもと保護者を把握し，生活の全体性を視野に入れた支援を構築していくことが重要となること。
③ 保育現場及び子育て支援におけるターゲットは「①子ども自身，②親，③親子関係，④地域社会の4つの枠組み(3)」であること。
④ 保護者への支援を可能とするためにソーシャルワークの理論とスキルを修得し，それを活用しつつ，子どもと保護者及び地域を対象とした支援の一端を担う役割が社会に期待されていること。

このように，保育士による保護者などへの子育て支援を担う責務と意義を焦点化することができる。そして，社会的にもそれらの役割を担う可能性をもつ社会福祉専門職であるという自覚と，専門職の価値・倫理観に裏づけられた専門知識と技術を修得して子どもの保育と保護者への支援に関わる機能を発揮しなければならない。

3　社会の期待に応えられる保育士を目指して

　保育所で展開される保育は，子どもから保護者や家庭・地域社会を切り離して成立することは困難である。それらが一体となってはじめて子どもの最善の利益を保障できるものである。ゆえに，子どもの抱える生活問題を保護者・家庭・その家庭が存在する地域社会からとらえ，対象者の生活の全体性という観点から環境に焦点を当て，社会関係の調整による生活改善を図る取り組みが求められる。私たちの生活には，個人の力で解決できる事柄からそうでない困難まで多様である。保育実践には人々が抱える困難とその状況について，個人とその家族，集団・地域・社会をも視野に入れた対応の必要性があることを理解しなければならない。

　実際の保育実践をみると，高度な対応を要する場面が多々見受けられる。したがって，直接的な子どもに関わる知識・技術に加えて，保護者への支援に関わる知識と技術をも習得していくことは保育士の専門的基盤として重要であり，その役割と業務は保育士が担わなければならないものとなっている。

　このように，保育士による支援は，関連知識・技術をも総動員し，保護者などの子育てニーズや課題などへの充足と解決のために取り組まれる総体といえる。しかし，高度な力量を修得するためには，理論面での学習はもちろんのこと，実際の現場に臨み実践を体験し習得する「実習」が重要な鍵となる。実習に臨んで初めて基本的生活習慣，専門職としての姿勢・能力，コミュニケーション能力，態度と倫理，偏見などを自己覚知する。そして，実習後にそれらを振り返り，学び直すことが専門職へと成長するための道程となる。

　例えば，子どもたちへの関わりと保育内容，発達理論に即した対応，障害や児童養護の知識，実習記録（日誌）・指導計画作成といった指導内容，学びに対する個人的能力の未熟さ，文章構成力，職員や保護者との会話，さらには実習以降の動機づけなどの課題が具体化されるのである。したがって，保育実習は自分自身を専門職に成長させてくれる有意義な期間なのである。

図序-2 支援計画立案から目標達成までのプロセス

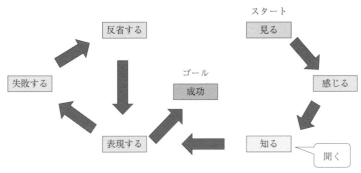

出所：辻井善弘氏作成。

　もちろん，保育実習は期間限定であるため当該専門職のすべてを学ぶことは不可能である。したがって保育実習では，実践の場に立つことで現実を「見る」→保育という社会的価値を「感じる」→専門職の意義と内容を「知る」，それで十分といえるであろう。加えるなら，疑問や知りたいことを「聞く」という行為も積極的に行ってほしい（図序-2）。

　なぜなら，日々の学びを「表現」していきながら失敗と反省の繰り返しにより，さらなる高みへと昇華してく。児童福祉施設の職員には，次代の専門職を担う責務という認識下で実習指導を展開しているはずであるし，児童福祉施設職員もこのサイクルの繰り返しにより現在に至っているのである。

4　保育士の汎用性

　保育士を目指している人のほとんどが，保育士＝保育所保育士という固定観念で入学してくることが多い。養成校入学まで保育所以外の社会福祉施設関係者や障害者との接触体験が少ないなどが理由であろう。そのため，児童福祉施設そのものや保育実習（施設）のイメージがわきづらく，その意義を理解しにくい学生も多い。多様な職域を有する保育士資格の本来的目的・意味を学生に理解させ教育していくことは，養成校の基本である。

子どもの人権・権利・最善の利益を基盤に，複雑化している子どもと家庭を取り巻く環境，社会資源の活用，児童福祉関係法律・制度をはじめ最新の保育動向などを踏まえた教育的関わりが，保育実習の意義と保育士としての将来像を見出す契機になると考える。

　加えて，実践において適切に他機関・他専門職と連携し送致をする判断力も専門職としての力量の一つである。つまり，専門職としての限界点を理解すること，それは実習でしか学ぶことのできない貴重な体験である。

　保育士養成課程の学生にとって，一度の実習が概ね10日間と短いものの，その心身へのストレスが大きいことは間違いない。その壁を乗り越え，保育士を目指していくための努力は，自身の利益だけではなく子どもと保護者の利益，子育てしやすい社会づくりへとつながるという価値の有意性を理解できれば，実習の意義もより深まるであろう。

注
(1) 養成校とは，厚生労働省の認可を受けた指定保育士養成施設を指し，保育士資格を発行するための養成課程を設けている大学・短期大学・専門学校等をいう。本書では，これらの学校を養成校と表記する。
(2) 柏女霊峰・橋本真紀『保育者の保護者支援』フレーベル館，2010年，80頁。
(3) 山縣文治「子ども家庭福祉とソーシャルワーク」『ソーシャルワーク学会誌』第21号，日本ソーシャルワーク学会，2011年，11頁。

参考文献
橋本好市・直島正樹編著『保育実践に求められる子ども家庭支援』ミネルヴァ書房，2019年。
堀智晴・橋本好市・直島正樹編著『ソーシャルインクルージョンのための障害児保育』ミネルヴァ書房，2014年。
吉田幸恵・山縣文治編『新版　よくわかる子ども家庭福祉』ミネルヴァ書房，2019年。

第Ⅰ部　保育実習に取り組む前に

第1章 保育実習を始めるにあたって

―― 学びのポイント ――

　本章では，保育実習とは何かということを学ぶ。保育士資格を取得するにあたり，保育実習は欠かすことのできない重要な科目である。保育実習に臨むためには，その意義と目的の理解が大切である。それにより，実習で学ぶべき事柄を整理することができる。

　また，保育実習は，保育実習Ⅰ，保育実習Ⅱ，保育実習Ⅲという三つの実習に分かれているため，それぞれの実習の目的と保育実習の仕組みを理解することも大切である。そして，保育実習を充実したものとするためにも，実習全体を通して理解すべき点も身に付けてほしい。

1　保育実習

(1) 保育実習の意義・目的

1) 保育実習とは何か

　前述したように，保育士は，専門的な知識と技術をもち，子どもの心身の発達に直接関わること，保護者の子育てを支援することが求められる専門職である（児童福祉法第18条の4）。近年，子どもと保護者を取り巻く社会状況は大きく変化し，保育士が保育現場で直面する課題も多様化している。そのような中で，どのような課題であっても適切に対応するために，保育士には高い専門性が求められている。その職務を果たすには，専門的な理論や知識の修得と，それを具体化できる実践的な技術が必要である。この専門性は，養成校における教科の学習と経験的な学習を通して獲得することができる。

　この専門性を獲得するにあたり，最も中核となる経験的な学習が保育実習である。実習とは一般的に「実地について習うこと・体験すること」であるが，

実践的なことや実際的なことを身に付けるためには欠かせない学習活動である。保育実習は，まさに，保育所や保育所以外の児童福祉施設という場における体験を通して，さまざまなことを学ぶものである。厚生労働省雇用均等・児童家庭局長名による通知「指定保育士養成施設の指定及び運営の基準について」の別紙2「保育実習実施基準」（保育実習を実施するための統一した基準）には，保育実習とは次のような目的をもった科目であると記されている。

> 「保育実習は，その習得した教科全体の知識，技能を基礎とし，これらを総合的に実践する応用能力を養うため，児童に対する理解を通じて保育の理論と実践の関係について習熟させることを目的とする。」

2）保育実習の意義

保育実習では，学生は，保育所や保育所以外の児童福祉施設などの場に臨み，指導者による監督の下，実践活動に責任をもって参加をする。子どもたちが日々，生活を送っている場に身を置き，直接的に子どもや保育士と関わる中で，多くのことを経験する。例えば次のようなことである。

- 施設の機能
- 子どもの発達
- 子どもの気持ち
- 子どもや利用者への支援
- 保護者への支援
- 職員間の連携，など

養成校で学んできたこれらのことについて，その実際を目の当たりにし具体性をもって体感する。その際に重要なことは，この経験をもって，理論と実践が一つに統合されるということであり，これこそが保育実習の意義だといえよう。

実習経験を通して学ぶことは，理論と実践の統合や専門性の獲得だけに限らない。保育士としてのあり方や自分自身についても学ぶ機会となる。保育士という仕事の魅力や望ましい保育士の姿について考えることや，自分自身の児童

第Ⅰ部　保育実習に取り組む前に

表1-1　保育実習の目標

実習種別	到　達　目　標
保育実習Ⅰ	1．保育所，児童福祉施設等の役割や機能を具体的に理解する。 2．観察や子どもとの関わりを通して子どもへの理解を深める。 3．既習の教科の内容を踏まえ，子どもの保育及び保護者への支援について総合的に学ぶ。 4．保育の計画，観察，記録及び自己評価等について具体的に理解する。 5．保育士の業務内容や職業倫理について具体的に学ぶ。
保育実習Ⅱ	1．保育所の役割や機能について具体的な実践を通して理解を深める。 2．子どもの観察や関わりの視点を明確にすることを通して保育の理解を深める。 3．既習の教科や保育実習Ⅰの経験を踏まえ，子どもの保育及び保護者支援について総合的に学ぶ。 4．保育の計画，実践，観察，記録及び自己評価等について実際に取り組み，理解を深める。 5．保育士の業務内容や職業倫理について具体的な実践に結びつけて理解する。 6．保育士としての自己の課題を明確化する。
保育実習Ⅲ	1．児童福祉施設等（保育所以外）の役割や機能について実践を通して，理解を深める。 2．家庭と地域の生活実態にふれて，児童家庭福祉及び社会的養護に対する理解をもとに，保護者支援，家庭支援のための知識，技術，判断力を養う。 3．保育士の業務内容や職業倫理について具体的な実践に結びつけて理解する。 4．保育士としての自己の課題を明確化する。

出所：「指定保育士養成施設の指定及び運営の基準について」（平成27年3月31日雇児発0331第29号）。

観や保育観や養護観に気づくことができる。その中で，自らの適性や進路選択についても考える機会となる。

3）保育実習の目的

前述の通り，厚生労働省の通知における保育実習の目的は「その習得した教科全体の知識，技能を基礎とし，これらを総合的に実践する応用能力を養うため，児童に対する理解を通じて保育の理論と実践の関係について習熟させること」である。保育実習を通して学生が到達することを求められる内容は，厚生労働省が提示している各教科目の教授内容の標準的事項を示した「教科目の教授内容」を見るとよくわかる。保育実習Ⅰ，保育実習Ⅱ，保育実習Ⅲの三つの実習それぞれに，到達すべき目標が設定されている（表1-1）。

設定されている目標は，その実習の内容に応じて異なるが，いずれも実践を通して実際を理解することに焦点が置かれている。大きく分ければ次の通りで

ある。

① 保育所，保育所以外の児童福祉施設についての理解
② 子どもの理解
③ 保育士の仕事・職業倫理の理解
④ 実習生の理解（自己理解）

なお，この4項目については，次節で詳しく述べる。

（2）保育士資格と実習――保育実習の仕組み
1）保育実習の履修科目

　保育士資格を取得するためには所定の科目を履修し単位を修得しなければならない。保育実習もその科目の一つである。保育士養成課程における保育実習は，厚生労働省よりその実施基準が示されている。ここでは，それに基づき，履修科目と実習施設とを分けて見ていく。

　表1-2にもあるように，「保育実習Ⅰ（4単位，「保育所」及び「施設」の両方）」は必修科目であり，「保育実習Ⅱ（2単位）」と「保育実習Ⅲ（2単位）」は，どちらか一つを選択して履修する必修科目である。必修科目である「保育実習Ⅰ」は，保育所などでの実習2単位（概ね10日間）と保育所以外の児童福祉施設などでの実習2単位（概ね10日間）から成り立っている。そして，選択必修科目である「保育実習Ⅱ」は保育所などでの実習2単位（概ね10日間），「保育実習Ⅲ」は保育所以外の児童福祉施設などでの実習2単位（概ね10日間）となっている。

　また，保育実習を履修する際は「保育実習指導」の履修も必要となる。保育実習指導の内容は，実習に臨むにあたっての事前学習と実習を終えてからの事後学習であり，学生が実習体験を実りあるものとするために欠かせない科目である。「保育実習Ⅰ」は「保育実習指導Ⅰ（2単位）」を，「保育実習Ⅱ」と「保育実習Ⅲ」は「保育実習指導Ⅱ又はⅢ（1単位）」を，履修しなければならない。

第Ⅰ部　保育実習に取り組む前に

表1-2　保育実習の履修科目

実 習 種 別	履 修 方 法	
	単位数	施設におけるおおむねの実習日数
保育実習Ⅰ（必修科目） 保育実習指導Ⅰ（必修科目）	4単位 2単位	20日
保育実習Ⅱ（選択必修科目） 保育実習指導Ⅱ（選択必修科目）	2単位 1単位	10日
保育実習Ⅲ（選択必修科目） 保育実習指導Ⅲ（選択必修科目）	2単位 1単位	10日

出所：表1-1と同じ。

なお，保育実習の中で，保育所などでの実習を「保育所実習」，保育所以外の児童福祉施設などでの実習を「施設実習」と呼ぶことが多く，本書もそれに沿っている。「保育実習Ⅰ」も「保育実習Ⅰ（保育所）」と「保育実習Ⅰ（施設）」と分けて呼ぶこともある。「保育実習指導」もこれに伴い呼び方を変えることもある。各科目の名称や履修方法，実習の日数は，養成校によって異なるため，自分が所属する養成校の保育実習の履修科目については，事前に確認をしておくことが望ましい。

2）実習施設の区分

保育実習の実習施設の種別は，表1-3の通りである。これを見ると，実習施設の種別は多様であることがわかる。しかし，実習先の選択方法や，希望する実習先で実習が可能かどうかは，養成校が所在する地域，実習先の実習生の受入体制によっても異なるため，注意が必要である。

3）保育実習の流れ

前述したが，保育実習は実習のみで完結するものではない。保育実習の標準的な流れは，図1-1の通りである。

養成校によって流れや内容は異なるが，およそこのように各実習は行われる。概ね10日間の実習を自分にとって有意義なものとするためにも，実習の前にあるオリエンテーションや事前事後の学習も大切にしたい。また，初めての実習の場合，不安を抱えることもあるだろう。その際は，実習指導を担当する教員に遠慮なく相談や質問をし，不安を解消して実習に臨む態勢がつくれるようにしたい。

表1-3 保育実習の実習施設の種別

実 習 種 別	実 習 施 設
保育実習Ⅰ（保育所）	保育所，幼保連携型認定こども園，小規模保育A・B型，事業所内保育事業
保育実習Ⅰ（施設）	乳児院，母子生活支援施設，障害児入所施設，児童発達支援センター，障害者支援施設，障害福祉サービス事業所（生活介護，自立訓練，就労移行支援又は就労継続支援を行うものに限る），児童養護施設，児童心理治療施設，児童自立支援施設，児童相談所一時保護施設，独立行政法人国立重度知的障害者総合施設のぞみの園
保育実習Ⅱ	保育所，幼保連携型認定こども園，小規模保育A・B型及び事業所内保育事業
保育実習Ⅲ	児童厚生施設，児童発達支援センターその他社会福祉関係諸法令の規定に基づき設置されている施設であって保育実習を行う施設として適当と認められるもの（保育所，幼保連携型認定こども園，小規模保育A・B型及び事業所内保育事業は除く）

出所：表1-1と同じ，筆者一部修正。

2 保育実習を通して考えること

ここでは，前節（1）で述べた保育実習の目的である，①保育所，保育所以外の児童福祉施設についての理解，②子どもの理解，③保育士の仕事・職業倫理の理解，④実習生の理解（自己理解）について詳しくみていく。

（1）保育所・保育所以外の児童福祉施設についての理解

1）児童福祉施設とは

児童福祉施設は，「児童等に適切な環境を提供し，養育，保護，訓練，および育成等を中心にして児童の福祉を図る施設」である。児童福祉法第7条において，12施設が規定されている（種別一覧は，表9-1参照，143頁）。

これらの施設は「児童福祉施設の設備及び運営に関する基準」によって，詳細な要件や施設における職員配置や設備の基準等が定められている。各施設には子どもや保護者のニーズを充足するという目的と社会的役割があり，それを

第Ⅰ部　保育実習に取り組む前に

図1-1　保育実習の流れ

① 学内オリエンテーション	・実習についての全般的な説明を受ける ・実習の履修について，実習日程や実習施設の選択方法について，などの説明を受ける
② 実習施設の選択／決定	・施設種別や実習地域の選択を行う ・学生が実習先を選択する方法，学校もしくは自治体により配属が決定する方法がある
③ 事前学習	・「保育実習指導（事前指導）」の中で実施する ・実習に対する理解を深めるため，実習に臨む課題研究を行う ・実習に必要な事前準備（持ち物も含む）をすすめる ・細菌検査を行う
④ 実習先での事前オリエンテーション	・実習施設に訪問し，必要な書類の持参，事前の打ち合わせを行う
⑤ 実　習	・実習を通した実践を行う
⑥ 事後学習	・「保育実習指導（事後指導）」の中で実施する ・実習による学びを整理するため，実習の振り返りを行う

出所：筆者作成。

実現するための機能が備えられている。

　保育実習では，各施設の目的や役割や機能について，その場に身を置き，具体的に理解をすることができる。施設を理解するということは，次のような事柄を理解するということである。

①　子どもの生活と一日の流れ
②　保育士の業務内容
③　施設の環境や設備
④　地域との関わり
⑤　他機関との連携，など

　実習を通して施設の実際を知ることにより，施設の社会的役割や保育士に求められる業務とは何かを理解することが可能になる。そのためには，実習に臨む前に，施設の法的根拠や概要，現在の社会状況と施設の抱える課題などについて十分に学習することが大切である。

2）保育所についての理解

　保育所は，1日8～11時間を原則とする乳幼児の生活の場である。乳児から就学前児童まで幅広い年齢層の子どもが集団生活をする場において，一人一人の生活リズムに合わせた保育が行われている。また，保護者や地域の子育て支援も保育所の重要な機能である。いずれも，「保育所保育指針」の内容を踏まえながら，保育所における1日の流れ，子どもの発達と保育の内容，そして，保護者支援，について，子どもの生活や遊びを通して理解を進めていくことが求められる。

3）保育所以外の児童福祉施設などについての理解

　保育所以外の児童福祉施設などには，前述の通り多くの種別がある。設置目的によって養護系施設，障害児系施設，育成支援系施設に分類でき，加えて，成人施設のうち知的障害を有する人たちが利用する施設も対象となっている。生活形態によって入所施設，通所施設，利用施設といった形に分けられる。施設種別により，子どもや利用者の抱える課題や家庭環境が多様なので，それにより施設の機能・役割も異なる。社会福祉・児童家庭福祉・社会的養護・障害児保育・家庭支援論などでの学習内容を踏まえながら，施設における1日の流れ，子ども・利用者への養護や支援，そして家庭支援について，子どもや利用者の生活や環境づくりを通して理解を進めていくことが求められる。

(2) 子どもの理解

1) 子どもの理解と子どもへの関わり・支援

　保育士の日々の仕事とは，子どもに寄り添いながら，子どもの最善の利益とは何かを考え，子どもの成長や発達を支えることである。子ども一人一人の生活リズムに即した保育や支援を行うには，子どもの発達や行動，子どもの気持ちの理解が必要である。それは，子どもを知ることから始まる。保育実習では，子どもの活動を観察することや子どもと直接関わることを通して，さまざまな子どもがいることや一人一人の違いに気がついていく。子ども同士の関わりや，子どもと保育士の関わりからも，気づくことはたくさんあるだろう。このような気づきを重ねることで，子どもの気持ちを受け止めることや寄り添うこと，一人一人に適切な保育や支援を行うことができるようになる。

2) 保育所における「子どもの理解」

　前述の通り，保育所では，乳児から就学前児童まで幅広い年齢層の子どもが集団生活をしている。保育実習では，その幅広い年齢層の乳幼児と直接関わり，子どもの観察と記録を通して，子どもの発達過程を理解していく。『保育所保育指針』の「第2章　子どもの発達」をよく読み，子どもの発達の特性とその道筋を十分に理解しながら，一人一人の発達過程に応じた保育を行うことの大切さを学ぶことが求められる。保育士は，子ども一人一人の成長過程をとらえ，子どもの状況を見極めることにより，見通しをもって保育を行うことができるのである。

3) 保育所以外の児童福祉施設などにおける「子ども・利用者の理解」

　保育実習が範囲としている「施設実習」には，前述の通り，保育所以外の児童福祉施設などには多くの種別があるため，対象となる子どもの状況，支援の方法，入所の理由はさまざまである。養護系の施設に入所する子どもは，保護者による虐待や経済的困窮など，家庭による養育困難な状況がある。障害系の施設に入所する子どもは，保護者の死亡や経済的困窮や虐待など，家庭による養育困難な状況に加え，自立の困難さを抱えていることなどがある。子どもや利用者の身体的・精神的・社会的ニーズは一人一人異なるが，入所の理由や背

景を施設の職員による説明などにより理解することで,適切な関わりと求められる支援とは何かを考えることができる。

(3) 保育士の仕事・職業倫理の理解
1) 保育士の業務内容

　保育実習を通して,保育士の職務や役割について学び理解を深めることも,保育実習における重要な目的の一つである。また,これまで述べてきたように,児童福祉施設には多様な種別があるが,いずれも保育士としての役割をもって働く場であり,その業務内容は多岐にわたる。これを踏まえた上で,実習生が実習を通して学ぶことは以下の通りである。

　① 各施設において,保育士の仕事や役割はどのように位置づけられているのか
　② 保育士はどのような仕事をしているのか
　③ 子どもや利用者や保護者に対してどのような支援を行っているのか

　ここには,子どもや利用者や保護者に対する支援の具体的な方法や技術も含まれる。例えば,次のようなものである。

- 保育場面におけることばのかけ方
- 子どもに対する態度や配慮すべき点
- 環境構成の方法や介助の方法
- 指導計画や支援計画の立て方
- 記録の仕方,など

　これらは,まさに専門的な技術や方法であり,保育士の実践を観察したり実習生が自ら実践したりすることによって体得し得るものである。
　また,保育士の仕事は施設の中だけにとどまらない。保育所や保育所以外の

児童福祉施設などは，地域の子育て支援の拠点であり，保育士はその中心的な役割を担うことも，社会から求められている。これもまた，保育士の日常的な業務に携わることで理解が深まる。

2) 職員間の役割分担と連携

保育士の役割を理解するためには，保育士間はもとより，その施設に配置されている他の専門職も含めた職員間の役割分担や連携についても学ぶことが重要である。保育士の具体的な支援は，子どもや保護者一人一人に直接関わることが中心となるため，実習生は保育士と子ども（集団），保育士と保護者というように，一人の保育士の仕事を追いがちである。

しかし，視野を広くしてみると，他の保育士が関わっていたり，保育士同士で相談したりということが頻繁に行われている。また，施設によっては，保育士以外の専門職（児童指導員，臨床心理士，医師，作業療法士，母子支援員など）が配置されており，多様な専門性をもった人々が連携しながら，一人一人の子どもの支援を行っている。他職種の役割や他職種との連携を理解することは，ひるがえって，保育士のもつ独自性や保育士ならではの専門性をより明確に理解することへとつながる。

また，前述した通り，保育士の職務には地域の子育て支援も含まれる。地域社会における他機関や他の社会資源との連携についても，園庭開放や地域の自治会との交流など，機会があれば積極的に参加し，理解を進めていきたい。

3) 保育士の役割と職業倫理

保育士は，子どもの最善の利益を尊重し，子どもの育ちを支える。これは，保育士の社会的な役割であり使命でもある。この役割をまっとうするために，保育士は，専門的な知識と技術をもって，子どもの心身の発達に直接関わり，保護者の子育てを支援するという日々の業務にあたる。人同士が関わり合う保育や支援の場ではさまざまなことが起こる。保育士はその都度，判断しながら行動するが，その判断は倫理観に裏づけられたものでなければならない。守秘義務をはじめとした職業倫理は，保育士であるためには欠かすことができない。なぜならば，子どもに関わる専門職である保育士は，子どもの権利を擁護した

り代弁したりすることも社会的に求められているからである。

　近年の社会状況の変化の中で，子育て不安や不適切な養育，児童虐待というような子育てに困難を抱える家庭は増えている。保育所も保育所以外の児童福祉施設もこれらの家庭に対する支援を行う場として，そして保育士はその子どもや保護者を支援する者として，社会からも期待されている。保育や支援の場で子どもや保護者を尊重することや傷つけないことも，実習を通して理解する大切な事柄である。

（4）実習生の理解――自己理解
1）自己を理解する

　実習生は保育実習を通して，子どもや保育士などの職員と関わりながら実践を積み重ねる中で，職域と子どもを理解し，保育士の仕事を学ぶ。加えて，自分自身を理解することも，保育実習の目的の一つである。その手立ての一つとして評価がある。実習の評価は，実習を充実したものとするために，また，保育士としての資質を培うために行うものである。実習の評価には，実習施設が行うもの（他者評価）と，実習生自身が実習を振り返るもの（自己評価）がある。

　実習施設による評価は，保育士になろうとする（保育の専門性を身に付けようとしている）段階にある人が，保育士としての資質をどれだけ培うことができたかということを見るものである。ゆえに，実習生として求められる態度や姿勢，知識や技能がその評価の観点となる。前述したように，保育実習は単なる参加経験ではなく，「その習得した教科全体の知識，技能を基礎とし，これらを総合的に実践する応用能力を養うため，児童に対する理解を通じて保育の理論と実践の関係について習熟させること」を目的として行われるものである。子どもの最善の利益を尊重することができているか，子どもにとって重要な他者となりうるか，という観点で評価される。これは，試験で良い点を取ることや何らかの技術に秀でていることに対する評価とは大きく異なるだろう。保育士になるために必要な資質とは何か，自分の長所や短所は何かを考える上で重要な指針となる。

第Ⅰ部　保育実習に取り組む前に

　他者評価とともに実習生自身が実習を振り返る自己評価も重要である。保育士は，質の高い保育を展開するために，絶えず資質向上に努めることが求められている。その手立ての一つとして自己評価がある。自らの保育実践と子どもの育ちを振り返り，次の保育に向けて改善を図る。それにより保育士の質を高めることができるのである。このことは，実習生も同様である。保育実習という専門的な実践活動を通して，子どもや保育士と関わる中で，多様な経験をする。その中で，できたことやできなかったこと，楽しかったことやつらかったことを振り返り，自分自身の課題を見出し，次の実習や保育士としての仕事につなげていくのである。

2）自己実現に向けて

　保育実習を通した自己理解は，もう一つ，自分自身のキャリアデザインにも大きく関わる。キャリアデザインとは，職業を自分の人生にどう位置づけるかを自分でデザインすることである。養成校の学生ならば，卒業後の進路の一つに保育士があるだろう。将来，自分が保育士として働いているイメージを，実習を通して形作るのである。学生は，保育所や保育所以外の児童福祉施設という場において，実習生という立場で子どもたちと関わる中で，これまでにない多様な経験をする。そこで改めて，子どもと関わる楽しさや厳しさ，面白さや難しさを感じるだろう。あるいは，保育士の姿や自らの実践から，保育という仕事の面白さや難しさも感じるだろう。これにより，将来の保育士像，なりたい保育士の自己イメージを形作ることができる。中には，子どもと十分に関わることができなかったり，自分の知識不足を痛感したりし，保育士には向いていないと思うこともあるだろう。しかし，自分自身の足りないことや苦手なことを客観的に分析し理解することも，自己の課題を明確化するためには大切なことである。課題が見えてきたならば，それを克服するための方法を考えればよいのである（図1-2）。

　さらに学生は，実習を振り返る中で，自分自身のもつ，児童観や保育観や養護観といったものを認識する。子どもとは何か，保育とは何か，養護とは何か。それは，保育士が，いろいろな場面に直面した際にその対応を判断する拠りど

図1-2 保育実習を通して

出所：筆者作成。

ころとなるものである。自分が保育士として仕事をするにあたり，大切にしたいことは何か。それを理解することも，保育実習を通してなされるのである。評価を受け，実習を振り返ることは，実習の到達点ではない。自分の未来に向けた出発点である。

3　保育現場の職員が実習生に望むこと

(1) 保育所の立場から

1) 現場の実際

保育所には0歳児から就学前までの子どもたちが過ごしている。保育士が，子ども一人一人に寄り添い保育をする中で，日々子どもたちのありのままの姿に出会う場所である。

ミルクを飲みながら安心して保育士の目をじっと見つめる0歳児。おもちゃを出したり入れたり，繰り返し遊びを楽しむ1歳児。友だちのもっているおもちゃがほしくて「僕の気持ちわかって！」と言わんばかりに一生懸命に表現する2歳児。レストランの店員になりきって「いらっしゃいませ」「何にしますか？」とごっこ遊びを楽しむ3歳児。保育士と一緒にハラハラドキドキしながら絵本を楽しみ，読み終えて安堵の表情を浮かべる4歳児。友だちと協力し，試行錯誤しながら積木の家を作る5歳児など，それぞれに表情や行動，仕草や身体表現，言葉などで気持ちを表している。

2) 実習生に望むこと

① 子ども一人一人に寄り添う姿勢を大切に

保育所での実習においては，「子どもがかわいくて，子どもとの時間が楽し

い」と感じるだけでなく，どのように関われば子どもの活動の妨げにならず，よりよい発達を支えられるのか考えることが大切である。

　例えば実習中，遊びの中で意識を高くもって積極的に関わろうとして「いや」と言われた時，大人の思いが先行し「なぜ？」と不安に思う場面がある。しかし，子どもの目線に立つと，突然遊びの世界に（大人が）入ってこようとしたことに対し，「いや」と伝えた大切な気持ちに気づく。子どものありのままの姿に込められている思いを大切にしたいところである。

　また，子ども同士の関わりを見守る中で自己主張の場面と出会うことがある。「どちらに原因があったのか」と解決しようと焦り，難しさを覚えることもあると思う。自己主張の場面も，一人一人が相手に気持ちを伝えようとしている姿であると意識して関わることで，双方のわかってほしい気持ちに気づく。経験年数を重ねた保育士でも，お互いの気持ちを大切にした関わりができていたのかと葛藤することも多い。一つひとつの関わりを振り返る中で，大人の思いや決めつけで子どもを見るのではなく，言葉や行動にとらわれない，その時の子どもの心の動きに目を向けたい。

　② 「子どもとともに歩み，子どもから学ぶ」姿勢を大切に

　保育現場では，食事や排泄，衣服の着脱など，生活面での関わりも多くある。特に年齢が小さいほど，言葉にはならない気持ちをさまざまな表現（表情，仕草，身振り，泣く，笑うなど）で伝えようとする姿に出会うと，実習生として積極的に関わりたい気持ちとともに，戸惑う場面もあるのではないだろうか。大切なのは子どもの気持ちに共感したり，大人がしようとする前に言葉をかけたりするなど，子どもにとって安心できる心地よい関わりを心がけることである。表情や仕草から子どもがどのような気持ちでいるのか，その中で子どもの何が育とうとしているのかを考え，子どもの伸びる力や可能性を信じて関われるよう努めたい。「一人一人を大切にする」ことや「丁寧に保育をする」ことは，保育士がどう関わったかではなく，子どもにどのように伝わり，子どもがどのように感じたかということが大切になる。そして，「本当に子どもの気持ちが尊重されていたのか」と振り返ることで，失敗や気づきや学びが課題となり，

自分自身を見つめ直す機会にもなる。子どもとともに歩み，子どもから学ぶ，このまなざしをすべての子どもたちに持ち続けたい。

　実習の中でうまくいったことや難しく感じたこと，養成校での学びと現場での実際や疑問など，協議の中で共有することで保育士も自らの保育を振り返り，学ぶことを大切にしている。子どもの心身の育ちを見守り，支えることと同時に保育を通して自分自身も成長していくことを意識して実習に臨み，新しい世界と出会ってほしい。

（2）養護系施設の立場から

1）現場の実際

　養護系施設に入所している子どもの年齢は，施設によって異なるが，0歳から18歳までと幅広い。乳児，幼児のみならず，小学生から高校生以上までの年齢に応じた発達について学習しておいてほしい。その上で，一人一人の特徴や性格に合わせた支援を行うことが必要である。集団での生活ではルールが決められ，それに従った画一的な支援が行われやすい。しかし，実際には一人一人のニーズは違い，その充足の方法も違う。個を尊重し，丁寧に関わることが，自分は愛されているという満足感を感じ，成長や発達につながる。そして，一緒に遊ぶ，活動する，食事をするといった生活の中での経験を共有しながら信頼関係が作られていく。楽しかった，嬉しかった，悲しかったなどの子どもの気持ちに共感し，言語化できるとよいだろう。

　虐待を受けた子ども，失敗経験が多かった子どもは，自信のないことが多い。日常生活の中で，物事に対して投げやりである，自己選択・自己決定ができにくいなどの様子が見られる。このような場合，特にほめる機会を意識して作ってほしい。できたことはもちろん，「できていて当たり前」と思われることであっても褒めることは大切で，その積み重ねが自信へとつながっていく。不適切な行動が目につきやすい子どもは，適切な行動がわかっていない，また，誤って学習していることがある。注意するとエスカレートすることもある。不適切な行動には過剰に反応せず，適切な行動を伝え練習する，そしてできたら褒

めることが必要である。このようなよい循環を作ることが，よい関係を作ることにもつながる。これは短い実習の中では難しい面もあると思うが，チャレンジしてみてほしい。

２）実習生に望むこと

① 子どもと関わる際の基本姿勢

　実習に取り組むにあたっては，目的をもち，それを自分の言葉で話せるように準備することが大切である。学びたいことが明確であれば，施設の理念，取り組みの意図の理解，自身が具体的にどう動くかにつなげやすくなる。その上で，積極的に質問して理解を深めてほしい。

　子どもと関わる際の基本姿勢として，積極的に関わる姿勢が重要である。児童養護施設をはじめとした養護系施設には，さまざまな理由で家族と生活できない子どもが入所している。近年では虐待を受けた子どもや障害児が増えている。アタッチメント形成の問題から，警戒心が強く攻撃的，反対に初対面でも馴れ馴れしく距離の取り方が近過ぎる子どももいる。人との適切な関わり方を身に付けていくために，意識的に子どもにはたらきかけることが必要である。また，入所している子どもたちにとっては，施設は家庭に代わる場所である。自分の家に知らない人である実習生が入ってくることに抵抗を感じる。笑顔で接する，自己紹介・挨拶をする，部屋を訪ねる時はノックをするなどの配慮をしながら積極的な関わりへとつなげてほしい。

② 施設での家庭支援への着目

　家庭での生活が再び行えるように，施設がどのような取り組みをしているかにも着目してほしい。家族と子どもと施設の関係をどう作っていくか，また，児童相談所などの関係機関とどのように連携していくかについて学ぶことができるだろう。

　養成校でこれまで学んできたことと，施設での実践を通して学ぶことを結びつけ，実りある実習となるよう努力してほしい。

(3) 障害児・者系施設の立場から

1) 現場の実際

　障害児の施設では，生きる力を育むための療育が行われる。そして，利用する子どもの家族にとっては，自分の子どもの障害特性を専門的に学ぶ機会があり，障害児の育ちの基礎を知ることができる。また，障害者の施設では，作業活動などが行われている。障害者にとって，作業に取り組むことが収入を得て，自分たちの生活を豊かにすることにつながるといった認識は難しい。しかし，利用者が作業を意欲的に取り組むにはどのような工夫をすればよいか，どういった方法があるかを考え，関わることが支援するという意味になる。実習生は，この作業活動を利用者とともに行うことで，「支援」というものを学ぶことになる。

　このように，障害児・者系施設は，一人一人の生活の幅を広げ，障害があっても人としてより良い生活を行うための手掛かりをつかむために存在しているといえる。

2) 実習生に望むこと

① 「障害」に対する不安の払拭

　保育士を目指す学生が障害児・者系施設への実習が決まった際，その大半は「不安」「とまどい」を感じるのではないだろうか。それは，大学生になるまでに経験した障害児・者との「あまり楽しくない思い出」や，障害について理解しようと思って学習した教科書や参考書に記されている不安をあおるような情報，マスコミで取り上げられる虐待を過度に表現した情報などが影響すると思われる。

　このような障害児・者系施設へ実習に参加することへの学生の不安は，実習開始までに一番多く聞かれる。しかし，不安はそれで終わる場合が多い。なぜなら，概ね10日間の実習中に必ず「障害があっても，その人たちは『一人の人として見る目』をもつこと」ができるようになるからである。

　本書を読んでいる学生にとって，自宅と養成校の往復が生活のすべてであろうか。例えば，好きな食べ物，休日の過ごし方，好きな人，アルバイト，親孝

行，頑張っていることなどは，人によってさまざまであろう。障害児・者福祉支援を担う上では，障害児・者が，そのような「人としての生活の幅」をもてるよう，働きかけることが大切である点を覚えておいてほしい。

② 障害児・者福祉に関わる支援者として

保育士を目指す学生は，将来，「人を育てる」「人に伝える」「人を支える」「人に寄り添う」という，人と関わる代表的な仕事をすることになる。

障害児・者系施設職員は，障害児・者一人一人に対する個別支援計画の達成までに数年を費やし，また，一生継続する可能性もある支援目標についてさまざまな角度から考える。それらに関して，「実習生に同じように取り組んでほしい」と求めることはない。したがって，障害者との関わりの中で支援目標を達成できなかったからといって，実習そのものの評価が低くなることはない。

図序-2に示したように，実習生にとっては，支援のスタートから「見る」→「感じる」→「知る」までで十分である。そして次に，「聞く」ということが追加できるとよりよい。「聞く」思いが生じることは，受け入れ側の施設としての聞きやすさの提供ができていること，そして，実習生の積極性が見られることになり，「実習の成功」を意味するからである。

また，実習生は，実習中に感じた思いや違和感を施設の職員に遠慮なく伝えてほしい。このことは，障害児・者施設の運営において，非常に大切な意味をもってくる。例えば，障害者支援施設（成人の施設）における利用者の呼び方について，「〇〇ちゃん」などの呼称を使う現象が見られることがある。このような，施設の中だけで許されているような出来事を見かけた場合は，遠慮なく施設の管理者などに伝えてほしいと思う。実習生の意見は障害福祉施設の「宝」である。

限りある概ね10日間の実習であるが，これを経験した学生は障害児・者福祉支援に関わる関係者となる。この先どこで暮らし，どのような仕事や生活をしたとしても，地域には必ず障害者が共に暮らしている。また，保育士の資格を有し，子どもの育成や対人援助の仕事に従事すると，多くの障害児・者と出会い，関わることになる。そのような人たちの生活の幅が，正しく・広く・大き

くなるように，実習生の力を貸してもらえればと思っている。

本章のまとめ

　保育実習は，保育士資格を取得すること，保育士として働くために欠かすことのできない，経験的な学習をする科目である。保育所や保育所以外の児童福祉施設という現場における体験により，さまざまな事柄を学ぶことができる。保育実習を実りあるものとするためには，保育実習の意義や目的，実習の仕組みについてしっかりと理解することが求められる。

　さらに，保育実習で体験したことを振り返り，その後の学びや仕事に活かすためには，現場の先生方が実習生に望むことを踏まえながら，①保育所，保育所以外の児童福祉施設についての理解，②子どもの理解，③保育士の仕事・職業倫理，④実習生の自己理解の4点について，保育実習を通して考えることも求められる。

参考文献

全国保育士養成協議会編『保育実習のミニマムスタンダード』北大路書房，2007年。
新保育士養成講座編集委員会編『保育実習　改訂1版』全国社会福祉協議会，2015年。
厚生労働省『保育所保育指針解説書』フレーベル館，2008年。
寺尾文尚『ゆたらかに――仲間と協働でつくる人間学』三学出版，2011年。
こどもたちの保育・療育をよくする会編著『療育ってええな！――ママとパパの声で
　つくりました』かもがわ出版，2012年。
児童養護施設等の社会的養護の課題に関する検討委員会社会保障審議会児童部会社会
　的養護専門委員会「社会的養護の課題と将来像」2011年。
庄司順一・鈴木勉・宮島清編『施設養護実践とその内容』福村出版，2011年。

第2章 保育実習の理解に向けて

―― 学びのポイント ――

本章では，前章までの内容を踏まえ，保育実習の位置づけ，保育実習Ⅰ・保育実習Ⅱ・保育実習Ⅲといった段階ごとの学習内容・つながり（関連性）などについて解説する。それぞれの段階で学ぶべき内容，関連する科目を把握するとともに，保育士として求められる専門性や人間性，倫理，さらには充実した実習にするために必要な点などについて学び，理解を深めていってほしい。

1 保育実習
――カリキュラムの概要とその目的――

(1) 養成校における実習と科目

第1章でも述べたように，保育実習の目標としては，①保育所，保育所以外の児童福祉施設についての理解，②子どもの理解，③保育士の仕事・職業倫理の理解，④実習生の理解（自己理解）があげられる。これらについては，実践を通じて実際に理解していくこととなる。しかし，その理解は実習現場だけで得られるものではなく，養成校において習得した学びとが互いに関連し合って深まるものである。そのため，保育実習を行う時期も「原則として，修業年限が2年の指定保育士養成施設については第2学年の期間内とし，修業年限が3年以上の指定保育士養成施設については第3学年以降の期間内とする」と定めている。つまり，既習の知識・技術をもって実習に臨み，実践をし，その内容を振り返りながらさらに保育における知識・技術を高めていくための設定である。この「知識・技術の獲得，実践，振り返りのサイクル」は，保育士の専門性を高めるために必要なことである（図2-1）。

(2) 保育士資格取得に関係する科目

　保育士資格を取得するために，それぞれの養成校にて定められた保育士資格科目は，厚生労働省に定められた必修51単位（保育実習6単位），および選択必修9単位（保育実習3単位）である。必修51単位は，「保育原理」「子ども家庭福祉」などの保育の本質・目的に関する科目，保育の対象の理解に関する科目，保育の内容・方法に関する科目，保育実習，「保育実践演習」等の総合演習の六つの系列に分けられている(2)。それぞれの養成校において，どの科目がどの系列のものであり，各科目で学んだことは何かについては，実習開始までには各自で確認をしてほしいところである。これらの既習の知識・技術を実習前に確認することは，保育実習の理解と効果に大いに貢献するものである。なお，それぞれの実習と関連性の深い科目については後述する。

図2-1　知識・技術の獲得，実践，振り返りのサイクル

出所：筆者作成。

(3) 保育士の専門性

　『保育所保育指針解説書』には保育士の専門性として，①子どもの発達に関する専門的知識を基に子どもの育ちを見通し，その成長・発達を援助する技術，②子どもの発達過程や意欲を踏まえ，子ども自らが生活していく力を細やかに助ける生活援助の知識・技術，③保育所内外の空間や物的環境，さまざまな遊具や素材，自然環境や人的環境を活かし，保育の環境を構成していく技術，④子どもの経験や興味・関心を踏まえ，さまざまな遊びを豊かに展開していくための知識・技術，⑤子ども同士の関わりや子どもと保護者の関わりなどを見守り，その気持ちに寄り添いながら適宜必要な援助をしていく関係構築の知識・技術，⑥保護者等への相談・助言に関する知識・技術などと，6項目をあげている(3)。これらの専門性は，すべて完璧に実習生に求められるものではないが，現場の保育士がどのようにこれらの専門性に向かい合いながらその職務を全うしていくかという視点を学ぶことは，非常に大切である。

（4）保育士に求められる人間性

さらに「保育所保育指針」では，「保育士等は常に自らの人間性や専門性の向上に努めるとともに，豊かな感性と愛情をもって子どもと関わり，信頼関係を築いていくこと」が記されており，専門性のみならず人間性も重要なことがわかる。

では，この「人間性」とは，どのようなことを意味するのであろうか。ここでは保育実習などでトラブルを引き起こしかねない内容を取り上げ，保育士の立場としてだけでなく，対人援助職である職業人としての人間性について考えてみる。

1）保育に取り組む姿勢

特に初めての実習においては，実習生としてどのように子どもに対応したらよいかなど，不安はつきないものである。実習に取り組む前にしっかりと準備し，イメージをもっておくことで積極的に実習に取り組むことができる。特に，下記に記すことは，保育現場が学生に望む最も初歩的姿勢である[4]。

- 挨拶をしっかりと。明るく元気に。
- 子どもたち一人一人の育ちを大切に。
- 時間を守る，提出物の期限を守る。
- 協調性を意識する。
- 自ら学ぼうとする気持ちをもつ。

また，実習日誌をはじめとするさまざまな提出物については，期限を守ることはもとより，「実習担当者に読んでいただく」という意識をもち，丁寧に記入することを心がけなければならない。さらには，誤字脱字がないよう，辞書を活用する習慣も身に付けていくとよい。

認識すべきは，保育現場では「将来の保育士となる学生の勉強のために」と前向きな形で受け入れてくださっているということである。実習生を受け入れるということは，現場の保育士にとってかなりの負担となる。そのことをしっ

かりと理解し,「実習させていただいている」という自覚をもって臨まなければならない。

2）体調管理

保育実習の期間は,それぞれ,概ね10日間と定められている。その実習に臨むに当たって十分な体調管理が求められる。普段から生活リズムを整え,実習中に体調を崩さないような配慮は,実習生として最低限のマナーである。

また,子どもたちのことを考えて,風しん・麻しんなどの予防接種についても推奨されていることへの意識ももってほしい[5]。

2　保育実習Ⅰ（保育所）及び保育実習Ⅱにおける学習内容

第1章でも述べたように,「保育実習Ⅰ」は,「保育所における実習2単位」と「保育所以外の児童福祉施設における実習2単位」で構成される必修科目である。また,「保育実習Ⅱ」は保育所などでの実習2単位,「保育実習Ⅲ」は保育所以外の児童福祉施設などでの実習2単位の内いずれかを履修する選択必修科目になっている。

保育実習Ⅰ（保育所）[6]は,学生にとって保育所や幼保連携型認定こども園などでの初めての実習となるため,第一に保育所などの実態,子どもの生活の様子などを把握・理解していくことが大切である。

保育実習Ⅱを選択する学生は多い。また,必修科目にしている養成校もある。保育実習Ⅰ（保育所）を経て,保育所における保育士の役割の理解をさらに深めることが目的である。保育所での2回目の実習となるため,特に指導計画の作成,実践,観察,記録,評価などといった内容が入ってくる。それまでに学んできた内容について,実践を通じて再確認し,深めることが大切である。さらには,実習全体を通して自分自身の課題を明確にし,その改善に努めなければならない。

なお,保育実習Ⅰ（保育所）と保育実習Ⅱで求められる学習内容及び関連科目については,表2-1の通りである。

第Ⅰ部　保育実習に取り組む前に

表2-1　保育実習Ⅰ（保育所）及び保育実習Ⅱで求められる学習内容と関連科目

実習種別	学　習　内　容	関連科目
保育実習Ⅰ （保育所）	1．保育所の役割と機能 　(1)　保育所の生活と一日の流れ 　(2)　保育所保育指針の理解と保育の展開 2．子ども理解 　(1)　子どもの観察とその記録による理解 　(2)　子どもの発達過程の理解 　(3)　子どもへの援助や関わり 3．保育内容・保育環境 　(1)　保育の計画に基づく保育内容 　(2)　子どもの発達過程に応じた保育内容 　(3)　子どもの生活や遊びと保育環境 　(4)　子どもの健康と安全 4．保育の計画，観察，記録 　(1)　保育課程と指導計画の理解と活用 　(2)　記録に基づく省察・自己評価 5．専門職としての保育士の役割と職業倫理 　(1)　保育士の業務内容 　(2)　職員間の役割分担や連携 　(3)　保育士の役割と職業倫理	「保育原理」 「教育原理」 「子ども家庭福祉」 「保育者論」 「保育の心理学」 「子どもの保健」 「子どもの食と栄養」 「保育の計画と評価」 「保育内容総論」 「保育内容演習」 「乳児保育Ⅰ・Ⅱ」 　　　　　　　　など
保育実習Ⅱ	1．保育所の役割や機能の具体的展開 　(1)　養護と教育が一体となって行われる保育 　(2)　保育所の社会的役割と責任 2．観察に基づく保育理解 　(1)　子どもの心身の状態や活動の観察 　(2)　保育士等の動きや実践の観察 　(3)　保育所の生活の流れや展開の把握 3．子どもの保育及び保護者・家庭への支援と地域社会等との連携 　(1)　環境を通して行う保育，生活や遊びを通して総合的に行う保育の理解 　(2)　入所している子どもの保護者支援及び地域の子育て家庭への支援 　(3)　地域社会との連携 4．指導計画の作成，実践，観察，記録，評価 　(1)　保育課程に基づく指導計画の作成・実践・省察・評価と保育の過程の理解 　(2)　作成した指導計画に基づく保育実践と評価 5．保育士の業務と職業倫理 　(1)　多様な保育の展開と保育士の業務 　(2)　多様な保育の展開と保育士の職業倫理 6．自己の課題の明確化	＊保育実習Ⅰ（保育所）と共通。

出所：「指定保育士養成施設の指定及び運営の基準について」（平成30年4月27日子発0427第3号）を基に筆者作成。

表2-2 保育実習Ⅰ（施設）及び保育実習Ⅲで求められる学習内容と関連科目

実習種別	学 習 内 容	関連科目
保育実習Ⅰ（施設）	1．施設の役割と機能 　(1)　施設の生活と一日の流れ 　(2)　施設の役割と機能 2．子ども理解 　(1)　子どもの観察とその記録 　(2)　個々の状態に応じた援助や関わり 3．養護内容・生活環境 　(1)　計画に基づく活動や援助 　(2)　子どもの心身の状態に応じた対応 　(3)　子どもの活動と生活の環境 　(4)　健康管理，安全対策の理解 4．計画と記録 　(1)　支援計画の理解と活用 　(2)　記録に基づく省察・自己評価 5．専門職としての保育士の役割と倫理 　(1)　保育士の業務内容 　(2)　職員間の役割分担や連携 　(3)　保育士の役割と職業倫理	「保育原理」 「子ども家庭福祉」 「社会福祉」 「社会的養護Ⅰ」 「子ども家庭支援論」 「障害児保育」 「社会的養護Ⅱ」 「子育て支援」　など
保育実習Ⅲ	1．児童福祉施設等（保育所以外）の役割と機能 2．施設における支援の実際 　(1)　受容し，共感する態度 　(2)　個人差や生活環境に伴う子どものニーズの把握と子ども理解 　(3)　個別支援計画の作成と実践 　(4)　子どもの家族への支援と対応 　(5)　多様な専門職との連携 　(6)　地域社会との連携 3．保育士の多様な業務と職業倫理 4．保育士としての自己課題の明確化	＊保育実習Ⅰ（施設）と共通。

出所：表2-1と同じ。

3　保育実習Ⅰ（施設）及び保育実習Ⅲにおける学習内容

　第1章で述べたように，保育実習Ⅰ（保育所以外の児童福祉施設など，以下，施設）における実習施設は多岐にわたる。そのため，どの施設種別で実習に取り組むかによって，その内容は大きく異なる。ただし，保育所実習と同様，まず

は配属の実習施設における子ども（利用者）の生活状況や保育士の業務などについて理解することが重要となる。

　保育実習Ⅲも，保育実習Ⅰ（施設）と同様に実習施設が多岐にわたるため施設種別ごとにその内容が大きく異なる。ただし，どの施設種別であっても，保育実習Ⅰ（施設）で学んだことを通して深めていこうという意識が求められる。保育実習Ⅲは，保育実習Ⅱと比べて選択する学生が少ない養成校が多い。ただし，保育実習Ⅰ（施設）とは異なる施設種別で実習に取り組める，あるいは同じ種別であっても異なる施設での取り組みにより子どもへの支援の方針や取り組みの内容などの違いが理解できるなどといったメリットがある。したがって，施設に興味をもっていたり，就職を希望したりしている学生にとっては貴重な経験ができる実習といえる[7]。

　なお，保育実習Ⅰ（施設）と保育実習Ⅲの学習内容及び関連科目については，表2-2に示している。

4　保育士に求められる倫理

　すべての保育実習において，実習先で知り得た子どもや保護者などに関する秘密保持について，十分に留意することが必要である（守秘義務）。これらのことは，専門職というより職業人としての倫理であるが，当然のことながら実習生としても，同等に扱われるためその内容を理解していくことは大切である。

　なお，保育士に求められる倫理を示したものとして「全国保育士会倫理綱領」（表2-3参照）があるが，その内容・意味について考える姿勢をもつことが求められる。そして，「子どもの最善の利益」を尊重する保育士としての責務を考えるきっかけとしてほしい。

第2章 保育実習の理解に向けて

表2-3 全国保育士会倫理綱領

すべての子どもは，豊かな愛情のなかで心身ともに健やかに育てられ，自ら伸びていく無限の可能性を持っています。
　私たちは，子どもが現在（いま）を幸せに生活し，未来（あす）を生きる力を育てる保育の仕事に誇りと責任をもって，自らの人間性と専門性の向上に努め，一人ひとりの子どもを心から尊重し，次のことを行います。
　　私たちは，子どもの育ちを支えます。
　　私たちは，保護者の子育てを支えます。
　　私たちは，子どもと子育てにやさしい社会をつくります。

（子どもの最善の利益の尊重）
1．私たちは，一人ひとりの子どもの最善の利益を第一に考え，保育を通してその福祉を積極的に増進するよう努めます。
（子どもの発達保障）
2．私たちは，養護と教育が一体となった保育を通して，一人ひとりの子どもが心身ともに健康，安全で情緒の安定した生活ができる環境を用意し，生きる喜びと力を育むことを基本として，その健やかな育ちを支えます。
（保護者との協力）
3．私たちは，子どもと保護者のおかれた状況や意向を受けとめ，保護者とより良い協力関係を築きながら，子どもの育ちや子育てを支えます。
（プライバシーの保護）
4．私たちは，一人ひとりのプライバシーを保護するため，保育を通して知り得た個人の情報や秘密を守ります。
（チームワークと自己評価）
5．私たちは，職場におけるチームワークや，関係する他の専門機関との連携を大切にします。また，自らの行う保育について，常に子どもの視点に立って自己評価を行い，保育の質の向上を図ります。
（利用者の代弁）
6．私たちは，日々の保育や子育て支援の活動を通して子どものニーズを受けとめ，子どもの立場に立ってそれを代弁します。
　また，子育てをしているすべての保護者のニーズを受けとめ，それを代弁していくことも重要な役割と考え，行動します。
（地域の子育て支援）
7．私たちは，地域の人々や関係機関とともに子育てを支援し，そのネットワークにより，地域で子どもを育てる環境づくりに努めます。
（専門職としての責務）
8．私たちは，研修や自己研鑽を通して，常に自らの人間性と専門性の向上に努め，専門職としての責務を果たします。

社会福祉法人　全国社会福祉協議会
全国保育協議会
全国保育士会

出所：全国保育士会HP（http://www.z-hoikushikai.com/kouryou/kouryou.htm，2015年11月3日アクセス）

5　充実した保育実習に向けて

　保育実習を充実したものにするためには，それぞれの実習（保育実習Ⅰ・Ⅱ・Ⅲ）の意義・目的，学習内容などについて意識した行動がカギとなる。それが実習に向けての準備となり，さらには実習に取り組む意欲の向上にもつながるものである。実習生（学生）が実習に対して真剣に向かい合い，一生懸命に取り組もうとするからこそ，実践現場の保育士（実習指導者）もそれに応じるがごとく，より質の高い実習につながっていくものである。

　そもそも何のために保育実習を履修するのか，保育現場はどのようなところで保育士としての職務は何か，保育現場で子どもたちはどのような生活を送っているのか，その子どもたちの育ちを支えている保育士の具体的な援助はどのようなものなのかなど，学んでいくべき事柄は多々ある。今一度，実習に出る前に自分自身に問いかけをしてほしい。

　おそらく，「子どもが好きだから」という理由で保育士を目指した学生が多くを占めるであろう。子どもに関わる専門職を目指す上で，それは非常に大切なことではあるが，実際に保育現場へ出るにあたっては，意識改革が必要ではないだろうか。保育士は対人援助職の一つである。他の対人援助職を目指す者が，その理由に「援助対象者が好きだから」というケースはどれだけ見られるであろうか。例えば，看護師を目指そうという者は，「患者が好きだから」ということでその職を目指すのではなく，「病気やけがをした人々の助けになりたい」「患者に体調が良くなってもらいたい」などという具体的な目標をもっているものである。

　保育士を目指すきっかけとしては「子どもが好きだから」という理由で問題はないが，保育現場での実習に取り組むにあたっては，「子どもたちに○○のような支援をしたい」などと具体的なイメージをもてるように，意識を改革していくことが求められるのではないだろうか。そのような意識をもって保育実習に臨むと，積極性が増し，実習への理解も深まり，さらに充実した学びの場

第2章 保育実習の理解に向けて

になるのではないかと考える。

―― 本章のまとめ ――

　本章では，保育実習の位置づけとともに，それぞれの段階（保育実習Ⅰ・保育実習Ⅱ・保育実習Ⅲ）ごとの学習内容・つながり（関連性）などを述べた。そして，関連する科目，保育士として求められる専門性・人間性，倫理，さらには実習を充実させるために必要な点などについて説明をしてきた。
　たた漠然と「子どもに関わる仕事がしたい」「資格取得のために実習に取り組まなければならない」ではなく，それぞれの実習段階において，何のために，何を学びに行くのかを明確にし，意欲的に実習に取り組んで欲しい。そのことが，将来の保育士としての専門性，さらには，人間性の向上につながるものと考える。

注
(1) 「指定保育士養成施設の指定及び運営の基準について」（平成27年3月31日雇児発00331第29号），2015年3月。
(2) 「児童福祉法施行規則第6条の2第1項第3号の指定保育士養成施設の修業教科目及び単位数並びに履修方法」厚生労働省告示第198号，2001年5月。
　※厚生労働省告示第278号，2010年7月改正現在。
(3) 「保育所保育指針」厚生労働省告示第141号，2008年3月。
(4) 溝口武史ら「保育者を目指す学生に望むこと」『全国保育士養成協議会第54回研究大会研究発表論文集』2015年，46頁。
(5) 「指定保育士養成施設の保育実習における麻しん及び風しんの予防接種の実施について」厚生労働省雇用均等・児童家庭局（雇児保発0417第1号），2015年4月。
(6) 保育実習Ⅰ（保育所）の実習先には，保育所のみならず，幼保連携型認定こども園，小規模保育A・B型，事業所内保育事業も含まれている。本書では「保育実習Ⅰ（保育所）」という表記にしているが，この点を踏まえたものである。
(7) 養成校によっては，保育士資格に加え，幼稚園教諭免許状，小学校教諭免許状，いわゆる「3免」を取得できるところもある。この中で，小学校教諭を目指している学生にとっては，小学校にも児童養護施設などから通ってくる子どもがいる，さまざまな課題を抱えた家庭があることなどを考慮すると，保育実習Ⅲを選択し，施設に関する学びを深めておくことも大切である。

参考文献
柏女霊峰監修，全国保育士会編『改訂版　全国保育士会倫理綱領ハンドブック』全国

第Ⅰ部 保育実習に取り組む前に

　　社会福祉協議会，2009年。
　厚生労働省「保育所保育指針」2008年3月。
　厚生労働省雇用均等・児童家庭局「指定保育士養成施設の指定及び運営の基準について」2013年8月。
　厚生労働省雇用均等・児童家庭局「指定保育士養成施設の保育実習における麻しん及び風しんの予防接種の実施について」2015年。
　全国保育士養成協議会「学生の自己成長感を保障する保育実習指導のあり方　保育実習指導Ⅰ・Ⅱ・Ⅲを中心に」『専門委員会課題研究報告書』2014年。
　全国保育士養成協議会「指定保育士養成施設卒業生の卒後の動向及び業務の実態に関する調査報告書Ⅰ──調査結果の概要」『保育士養成資料集』第50号，2009年。
　全国保育士養成協議会「指定保育士養成施設卒業生の卒後の動向及び業務の実態に関する調査　報告書Ⅱ──調査結果からの展開」『保育士養成資料集』第52号，2010年。

第3章　保育実習に取り組む上での準備・留意点

学びのポイント

　本章では，保育実習に向けての準備と留意点について解説する。前半では，実習前に準備するものとして日常生活上の基本的マナーと職務上の守秘義務について，実習上の日誌などの書き方についてあげている。実習生とはいえ，実習現場では社会人としての振る舞いが求められる。したがって，挨拶などの基本的なマナーや実習生として守るべきルールについては，普段から気にとどめておいてもらいたい。特に，守秘義務などの倫理的行動は重要な事柄であるため，よく内容を理解した上で，実習に臨む必要がある。

　後半部分では，実習先の選定手順などを説明している。期間が限られており，貴重な経験ができる実習をさらに実り多いものにするためにも，ここで示した事前の下調べや事前学習の方法などを活用し，実習の意義と目的を定め，実習への意欲を高めてもらいたい。

1　保育実習に取り組む前に踏まえておくべきこと

(1) 保育実習に取り組む上でのマナー

1) 社会人としてのマナー

　実習とは机上では学ぶことのできない高度な専門的スキルを習得する機会であるとともに，将来の職業選択や保育士としての適性や職業的興味を考える貴重な機会である。こうした「学び」の目的以前に実習生が身に付けておかなければならない基本的事項として「マナー」がある。

　例えば，大きな声で挨拶をする，室内では帽子をとるといった日常生活における基本的なマナーの他に，部屋に通された時の座る位置や名刺の受け取り方，目上の人に対する言葉遣いなどの社会人としてのマナーも事前に学んでおこう。

その中でも、特に重要なこととして挨拶がある。挨拶はコミュニケーションの中で最も基本となるものであるため、これができていないと、「実習も期待できないだろう」という印象を実習先に与えてしまいかねない。

「当然、挨拶はできる」と考える学生は多いが、実際に実習現場へ入ってみると、簡単なものではないようである。まったく新しい環境で初対面の人々に対して、自分から挨拶をして回るということは、慣れない学生たちにとっては勇気がいることである。また、実習中は身体的、精神的にも疲れていたり、落ち込んだりしていることもある。こうした状況でも、率先して誰に対しても大きな声を出して気持ちの良い挨拶を続けることは、それなりの決心と根気が必要である。したがって挨拶も実習目標の一つと考え、明るい声で挨拶を続けてもらいたい。

2）個人情報

個人情報とは生存する個人の情報であって、氏名や生年月日の記述などによって特定の個人を識別することができるものをいう。つまり、子どもの名前、住所や家族などについてである。児童福祉施設の中には、複雑な事情があって施設に入所している子どもも多いため、こうした情報の取り扱いには細心の注意を払わなければならない。児童福祉法では、「保育士は、正当な理由がなく、その業務に関して知り得た人の秘密を漏らしてはならない。保育士でなくなった後においても、同様とする。」（第18条の22）といった秘密保持義務が規定されている。これは実習生も例外ではないと考えてほしい。実習生がこうした個人情報について特に注意すべきものとして実習日誌がある。日誌内に記入する個人名についてはイニシャルにするなど、実習指導者の指示に従って秘密保持に努め、個人情報などを記録した文章やパソコン、記録媒体が紛失や盗難に遭わないように、保管に関して最大限の配慮をしなければならない。また、通勤時での会話などにもこうした情報が流出しないよう注意が必要である。

最近ではSNSなどのインターネットを通した情報発信が一般化してきており、手軽に自分の意見や考えなどを不特定多数の人々と共有することができるようになっている。こうしたことを背景に、安易に書き込んだ内容から個人情

報が漏えいし，本人のみならずその周りの人々に多大な被害を及ぼす事件も多くなっている。したがって，実習中はもちろんのこと，実習後においても，知り得た情報に関する書き込みなどを一切しないよう，実習生一人一人が気をつけなければならない。

（2）文章を書く上での基本事項・間違いやすい漢字

　実習生は，毎日，実習日誌を書くことになる。ここでは，このような記録をつけることの必要性を考えてみてほしい。

　保育士の仕事は，子どもと直接関わる保育業務が大半を占めるが，それだけではなく日誌や指導案，個別支援計画の作成なども重要な職務の一つである。では，なぜこうした記録をとる必要があるのであろうか。それは，記録をつけることで，情報を整理したり，職員間で共有したりすることができ，根拠のある支援につなげることができるからである。したがって，記録をつけない支援は専門職が行うものとはいえない。

　そして，実習生にとって実習日誌を書くことの意義は，自己研鑽にある。つまり，その日の実習体験を文章化して振り返ることで，新しい気づきや疑問点，反省点などの整理が可能になる。それらを踏まえることで，次の日の実習目標などを設定でき，より良い実習へとつなげられる。また，実習担当者にとっては，実習日誌を確認することで，実習生の所感や感性など，日頃の実習風景からは見てとれない，実習生の内面を知ることができ，より的確な実習指導につなげられるなどの意義があるといえる。

　以上，記録を書くことの意義について述べたが，実習生が文章を書く上で注意すべき点は，読み手を意識することである。書き手の意図が読み手に正確に伝わるという部分は，記録を書く上で重要である。しかし，こうした記録技術は一朝一夕で身につくものではないため，日頃から意識しながら文章を書く必要がある。また，他者が読むものであるため，丁寧に読みやすい字で書く，話し言葉を用いない，誤字脱字がないようにするなど，基本的な注意点は守るとともに，一度書いた文章は何度も読み返す習慣をつけておくことも必要である。

表3-1 実習日誌で間違いの多い漢字の例

	誤	正
①	除々に慣れてきた	徐々に慣れてきた
②	実習を初める…	実習を始める
③	〜のように接っすると…	〜のように接すると…
④	実習に望むにあたって…	実習に臨むにあたって…
⑤	Aさんと係わるうちに…	Aさんと関わるうちに…
⑥	うまく対拠する…	うまく対処する…
⑦	〜の処偶について…	〜の処遇について…
⑧	〜を専問とする…	〜を専門とする…
⑨	〜は危検であると思い	〜は危険であると思い
⑩	〜が欧りかかり…	〜が殴りかかり…
⑪	倒えば…	例えば…
⑫	既制品のおもちゃでは…	既製品のおもちゃでは…
⑬	ケンカの仲栽を…	ケンカの仲裁を…
⑭	〜を触わる	〜を触る
⑮	〜の援助枝術について…	〜の援助技術について…
⑯	〜の配虚をする	〜の配慮をする
⑰	〜の押し会いになり…	〜の押し合いになり…
⑱	〜を完璧にこなす	〜を完璧にこなす
⑲	〜の奮囲気が変わり…	〜の雰囲気が変わり…
⑳	申し訳けありません	申し訳ありません

出所：筆者作成。

表3-1に，実習日誌の中で間違いの多い漢字の例を載せている。確認してほしい。

（3）記録の文体

記録の様式には，客観的事実を時系列に沿って記録するものと，事実とともに記録者の主観的な解釈や分析が加えられたものがある。作成に当たり，さまざまな文体が用いられるが，ここでは，保育・福祉現場で主に用いられる文体である，①叙述体，②説明体，③要約体について取り上げることとする。

1）叙述体

　ケースワーク面談などで使われる最も基本的な記録文体である。「叙述」とは順を追って物事を述べることである。保護者との面接過程などで起こった出来事，保護者や保育士の発言や行動など，客観的事実に従い整理し，それらを時間的順序に沿って記述していく。叙述体には，さらに圧縮叙述体と過程叙述体に分けられる。

　圧縮叙述体は，支援過程を圧縮して要点をまとめ，比較的端的に記述していく文体である。過程叙述体は，支援過程についての出来事，やりとり，動作，行動などを詳細に記述するもので，スーパービジョンなどの教育訓練でよく用いられている。

> **例**
>
> 　夕食前，廊下でAが一人で座り込んでいたため，「一緒にトランプでもする」と尋ねると「トランプなんてしたことないから嫌だ」と答え，自分の部屋に戻って行った。夕食後にAの部屋を通りかかると，一人で部屋にいるのを見かけたため，「一緒に絵でも描こうか」と誘った。しかし，「赤ちゃんみたいな絵だから嫌だ」といって断られた。「じゃあ，卓球する？」と聞くと「下手くそだから嫌だ」と言って部屋から飛び出して行ってしまった。その後，職員にこの出来事について報告すると，Aのそうした言動は以前から見られるとのことであった。

2）説明体

　「説明」とは，ある事柄をわかるように述べることである。説明体は，客観的事実とともに，保育士の解釈や分析，考察などの主観的見解が加わった記録のことである。

> **例**
>
> 　夕食前，Aが廊下で一人寂しそうに座っていたため，「一緒にトランプで遊ぼう」と誘うと「やったことがないから嫌だ」と言って部屋に戻ってしまった。それから，夕食後に部屋に一人でいたAに，絵を描くことや卓球などの遊びに誘うが，自分が上手でないことを理由に断り，今にも泣きそうな表情で部屋を出て行ってしまった。
> 　職員によると，こうした言動は以前からあり，Aができないことを理由に遊びを断るのには，何らかの理由があると考えられる。今後，Aの言動の背景について明らかにし，どのようにすれば遊びに応じてくれるのかを考えていきたい。

3）要約体

「要約」とは要点をまとめるということである。要約体は，支援過程や内容，その他の情報を素材とし，系統立てながらポイントを明確にしていく文体である。叙述体とは違い，保育士の思考を通して支援過程全体の概要が把握できるように要約されるものである。

> ── 例 ──
> Aが一人でいたため，トランプや卓球などの遊びに誘うが，自分が上手くできないことなどを理由に断られた。職員によると，こうした言動は以前から見られるとのことで，何らかの理由があると考えられる。今後，Aの言動の背景を明らかにし，遊びに応じてもらうための方法について考えていきたい。

以上のように記録の文体について説明したが，実習日誌の書き方で特に注意すべき点は「客観的事実」と自分なりの解釈や考察を加えた「意見」とを明確に区別して記述することである。これらを区別せずに書くと，根拠が乏しく，説得力の欠ける文章になってしまう。したがって実習日誌を書く際は，根拠となる「事実」を明確に示してから，「意見」を述べることを意識しながら書くように心がける必要がある。

2　保育実習に向けた準備

（1）実習先の選定

1）実習先の選定にあたって

実習とは座学での理論（養成校での学び）を具体化したり，実習現場の現状を知ったりするといった意味だけではなく，将来の職業選択や保育士としての職業適性，職業的興味を考える上でも重要な意味をもつ。実習先の選定は，こうしたことを念頭に置いて慎重に選ぶ必要がある。実習先の決定については，養成校の中ですでに実習先が決定しており，その中で学生を割り振るといった「割り当て型（養成校による配当）」や，学生が自分で実習先を探し，決定する「自己開拓型」などがある（施設実習の場合は前者の方が多い）。ここでは，「自己

開拓型」の実習先の選定について説明していくことにする。

　実習先の選定時期になると，慌てて実習先を探しはじめる学生や，どのように実習先を見つけたらいいのかわからず，途方に暮れる学生を見かける。そのような事態にならないためにも，早い時期から実習に関連するようなボランティアに参加したり，見学に行ったりするなど，自主的に学習機会を増やし，実習先についての理解を深めていくことが必要である。

　また，実習は，実習生，実習生を送り出す養成校，それを受け入れる実習施設の三者間の合意によって行われる。そのため，受け入れをお願いする実習施設や養成校などの事情により，自分が希望した実習先に行くことができないこともある。しかし，そのようなことを理由に，実習に対して消極的になったり，実習意欲を失ったりしてはならない。実習は，机上では学ぶことのできない高度な技術と知識を身に付けることができる貴重な機会である。自分に与えられた環境の中で，問題意識や目的意識を失わず明確な実習課題をもって，日々の懸命に実習に取り組むことにより得られるものは，何物にも代え難いものになるはずである。

　では，これから実習先の選定にとりかかる前に，実習施設としてどのような所があるのかをまず確認してみよう（表1-3参照）。そして，それらの施設の専門機能と法的根拠などの基本的な事柄を調べてみることが重要である。次に，具体的な実習先の選定になるが，そのためには何かしらの動機が必要である。単に「自宅から近い」「なんとなく」などといった漠然とした理由では，その後の実習が主体的に取り組めるとは考えにくい。したがって，まずは実習に対する問題意識と目的意識を明確にし，それを基に実習先の情報を収集し，自分に合った実習先を検討していく必要がある。

2）問題意識・目的意識の明確化

　実習では，実習生としての立場を自覚した上で積極的に取り組む必要がある。前述したように，具体的な実習先を決める前に，実習先としてどのような種別の施設があるのかを調べ，その専門的機能や法的根拠などの基本的な事柄などを理解しておかなければならない。それを踏まえた上で，具体的に希望する実

第Ⅰ部　保育実習に取り組む前に

表3-2　実習イメージを明確にするための書き込みシート

	設　問	設問に対する自己の考え
①	なぜ，保育士資格を取得したいと思ったのか？	
②	養成校での学びの中で，興味・関心をひかれたものはどんなことか？	
③	実習でどのような事を学び，経験したいと思っているのか？	
④	将来，どのような仕事に就きたいと考えているのか？	
⑤	自分の体力や健康状態を考え，どのような実習形態，例えば，宿泊か通勤のどちらがいいのか？　連続した実習か，分散した実習がいいのか？	
⑥	実習を終えた自分を想像して，今の自分と比べどのような良い変化が起こっていると思うか？　また，実習に行くことにより，自分にどのような変化を期待しているのか？	

出所：関西福祉科学大学社会福祉実習教育モデル研究会編『相談援助のための福祉実習ハンドブック』ミネルヴァ書房，2008年，64頁を基に筆者作成。

習先を考え，「なぜそこを選ぶのか，そこで何を経験したいのか，どのようなことを学び，どういった知識を深めたいのか」といった点を自問しながら，自己の実習課題を決定することが必要である。

それでも実習先がなかなか決まらない場合は，頭の中を整理するためにも，表3-2の設問に対する答えを考え，自己の実習イメージを作り上げてみて欲しい。

3）実習先の選定方法

実習先の選定において特に大切なことは，実習生と実習先のマッチングである。実習生の望む実習と実習先の望む実習生，お互いのメリットが一致することが理想的である。

では，実習先は実習生にどのようなことを望んでいるのであろうか。実習先が実習生を受け入れる意義について考えてみたい。保育所や児童養護施設などの福祉現場は日々の日常業務に追われ，多忙を極めているのが現状である。こうした状況の中で，現場が実習生を受け入れているのはなぜだろうか。

実習先が実習生を受け入れる理由として，以下の点があげられる。

① 次世代を担う後継者の育成のため。
② 実習指導を通し，自身の仕事を客観的にみることや振り返りができる。
③ 実習生らしい新しい感性と視点を知ることで，マンネリ化しがちな日常業務に変化が生まれる。
④ 実習生という第三者の目が入ることにより，支援方法や保育内容，施設運営などが適正に行われているかを再確認でき，仕事に対して適度な緊張感を保つことができる。

しかしながら，こうしたことに加えて時間と労力を費やし，実習生の指導にあたること，施設にとって多大な負担となることは間違いない。したがって，実習生は「保育現場の先生方が日々の多忙な業務の時間を割いて実習指導を行ってくださっている」ということを理解しておこう。

それでは，具体的な実習先の選定作業に入ろう。実習先の選定のための判断材料として，必要なことは情報収集である。例えば，保育所，児童養護施設などのように同じ種別であっても，地域特性や施設の規模，施設形態や運営理念など，施設それぞれに特性があり，実習内容についても違いがある。自分の実習テーマにあった施設を見つけるためにもまず，関心のある施設の情報収集から始めてみる。情報収集のためには，例えば以下の方法がある。これらの方法を駆使して，ある程度の実習イメージを作り上げ，自分に合った実習先を検討してみよう。

① 施設のパンフレットを集める。
② インターネットや施設のホームページ，関連サイトを調べる（例：WAM NET, http://www.wam.go.jp/content/wamnet/pcpub/top/）。
　＊検索窓から施設について検索ができる仕組みになっている。
③ 実習へ行った先輩の話や実習担当教員の意見を聞く。
④ 実習報告集などを調べ，過去の実習生の実習報告を熟読する。
⑤ ボランティア活動を通し，施設の雰囲気をつかむ。

(2) 養成校での事前学習

　学生が実習を終えた際，反省点として多く挙げるのが，「もっと事前学習をしておくべきであった」という後悔の言葉である。実習は限られた期間内で行われるものであり，その中で実りの多い実習にするためには，事前学習を十分にしていくということはいうまでもない。実習は，現場でしか学ぶことができない知識や技術を学ぶことができる貴重な機会であるが，このような学びを深めるためには，事前の準備が何よりも必要なのである。同じ施設で実習に取り組んだ学生であっても，それぞれの事前学習の準備の違いで，実習開始のスタートラインからすでに差がついており，その後の実習成果も大きく変わってくる。したがって，実習を終えてから後悔することがないように，事前学習の重要性について理解し，学習の準備を進めてもらいたい。

　事前学習の目標と内容については，「指定保育士養成施設の指定及び運営の基準について」において例示されているので参考にしてほしい（表3-3）。また，これらの内容を理解するために，一般的には実習担当教員による講義だけではなく，現場職員を外部講師として招き，日々の実践や実習のポイントについて話を聞く機会や，先輩学生による実習報告会，施設見学やオリエンテーションなど，さまざまな学びのスタイルがある。

(3) 実習施設でのオリエンテーション

1) オリエンテーション

　オリエンテーションとは，実習開始のおよそ1カ月前から1週間前を目途に実習先へ訪問し，実習指導者と顔合わせを行い，実習前における準備や実習にあたっての注意事項，実習内容の確認を行うことである。実際に実習現場に赴き，説明を受けたり，見学をしたりすることにより，現場の雰囲気をつかんでおくことは，実習を目前にした学生にとって不安と緊張を和らげることにもなり，これからの実習を円滑に行う上でも重要な意味をもつ。

　実習先とのオリエンテーションの日程調整は，基本的に学生が直接，実習先に電話をかけて行うことが多いが，学生にとって実習先に電話をかけるという

第3章 保育実習に取り組む上での準備・留意点

表3-3 「保育実習指導Ⅰ」及び「保育実習指導Ⅱ又はⅢ」の教授内容例

科目名	保育実習指導Ⅰ（演習・2単位）	保育実習指導Ⅱ又はⅢ（演習・1単位）
目 標	1．保育実習の意義・目的を理解する。 2．実習の内容を理解し，自らの課題を明確にする。 3．実習施設における子どもの人権と最善の利益の考慮，プライバシーの保護と守秘義務等について理解する。 4．実習の計画，実践，観察，記録，評価の方法や内容について具体的に理解する。 5．実習の事後指導を通して，実習の総括と自己評価を行い，新たな課題や学習目標を明確にする。	1．保育実習の意義と目的を理解し，保育について総合的に学ぶ。 2．実習や既習の教科の内容やその関連性を踏まえ，保育実践力を培う。 3．保育の観察，記録及び自己評価等を踏まえた保育の改善について実践や事例を通して学ぶ。 4．保育士の専門性と職業倫理について理解する。 5．実習の事後指導を通して，実習の総括と自己評価を行い，保育に対する課題や認識を明確にする。
内 容	1．保育実習の意義 　(1) 実習の目的 　(2) 実習の概要 2．実習の内容と課題の明確化 　(1) 実習の内容 　(2) 実習の課題 3．実習に際しての留意事項 　(1) 子どもの人権と最善の利益の考慮 　(2) プライバシーの保護と守秘義務 　(3) 実習生としての心構え 4．実習の計画と記録 　(1) 実習における計画と実践 　(2) 実習における観察，記録及び評価 5．事後指導における実習の総括と課題の明確化 　(1) 実習の総括と自己評価 　(2) 課題の明確化	1．保育実習による総合的な学び 　(1) 子どもの最善の利益を考慮した保育の具体的理解 　(2) 子どもの保育と保護者支援 2．保育実践力の育成 　(1) 子どもの状態に応じた適切な関わり 　(2) 保育の表現技術を生かした保育実践 3．計画と観察，記録，自己評価 　(1) 保育の全体計画に基づく具体的な計画と実践 　(2) 保育の観察，記録，自己評価に基づく保育の改善 4．保育士の専門性と職業倫理 5．事後指導における実習の総括と評価 　(1) 実習の総括と自己評価 　(2) 課題の明確化

出所：「指定保育士養成施設の指定及び運営の基準について」（平成27年3月31日雇児発0331第29号）を基に筆者作成。

ことは，大変緊張するようである。実際，学生から「緊張のあまりに，事前に聞いておくべきことを聞き忘れた」「正しい言葉遣いができず，まとまりのない会話になってしまった」などといった失敗談をよく耳にする。このような事態にならないように，事前に話す内容や聞くべきことを書き出す，言葉遣いに自信がない場合は何度も事前に練習しておくなどの準備を行うことが必要であ

第Ⅰ部 保育実習に取り組む前に

表3-4 オリエンテーションの電話のかけ方の例

実習先に電話をかける
「私（わたくし），○○大学○○学部幼児教育学科△年の□□□（フルネーム）と申します。×月×日から保育実習でお世話になります。オリエンテーションのことでお話しさせていただきたいのですが，保育実習をご担当されている先生はいらっしゃいますでしょうか？」

担当者につながった場合 ⇩　　　　　　　　担当者が不在の場合 ⇩

担当者につながった場合	担当者が不在の場合
「私（わたくし），○○大学幼児教育学科△年の□□□（フルネーム）と申します。×月×日から保育実習でお世話になります。オリエンテーションの日程の件で，お電話させていただきました。いつ頃，お伺いしたらよろしいでしょうか？」 日程が決まったら， 「わかりました。○月○日○曜日○時にお伺いします。（必要な書類等）実習の手引き，実習日誌，筆記用具以外に持参するものはありますか？」 持参する物等の確認が終わったら最後に， 「お忙しいところありがとうございました。どうぞよろしくお願いいたします。失礼いたします。」 などと答え，相手が受話器を置いたことを確認してから電話を切る。	「いつ頃，お戻りでしょうか」 戻ってくる時間がわかる場合は，その時間にもう一度電話をする。時間が不明な場合は， 「では，また改めてお電話いたします。お忙しいところありがとうございました。失礼いたします。」 などと答え，相手が受話器を置いたことを確認してから電話を切る。

出所：筆者作成。

る（表3-4参照）。また，オリエンテーション当日までに，実習先への交通経路や所要時間，提出すべき書類（個人票，健康診断書，細菌検査（検体検査）説明書，実習評価票，誓約書など）の確認や事前学習を十分に行い，万全の備えでオリエンテーションに臨まなくてはならない（表3-5）。

2）オリエンテーション時の服装

　オリエンテーションは，実習前における準備や注意事項，実習内容の確認だけではなく，実習指導者と実習生が顔合わせを行う機会でもある。したがって，そこでの第一印象が，その後の実習に影響するものと考えてよい。「オリエンテーションから実習が始まっている」という自覚と，「これから学ばせていただく」という実習生としての立場をよく理解しておくことが必要である。

表3-5 オリエンテーション時の確認チェックシート

チェック欄	確認事項	留意点
☐	施設の概要	○施設の沿革や運営目標，事業内容，特色などについての説明を受ける。 ・パンフレットや実習生用の資料が配られた場合はよく目を通し，家に帰ってからも熟読しておくこと。 ・口頭での説明の場合はメモをとり，不明な点はそのままにせず質問をすること。 ・施設の構造や設備，立地条件なども事前に知っておくこと。
☐	実習に際しての注意事項	○実習に際しての心構えや基本姿勢などについて，諸注意を受ける。また，実習中の服装や容姿，必要な持ち物について確認する。 ・施設実習の場合は，食事は持参するのか，施設の提供する食事を利用するのかを確認しておくこと。 ・遅刻，欠席，台風などの災害時の対応方法や緊急時の連絡方法，実習後の実習日誌の受け取り方法などについても確認しておくこと。
☐	実習日程と実習時間	○実習期間と勤務時間の確認を行う。 ・実習開始日，終了日の確認と勤務時間の確認をすること。 ＊特に，実習時間が養成校で定められた時間数を満たすかどうか確認しておくこと。
☐	通勤・宿泊方法	○通勤・宿泊に関わる事柄を確認する。 ・通勤による実習の場合は，利用する交通機関の確認をする。 ＊実習先まで公共交通機関で行ける場合は可能な限り，それらを利用して通勤すること。車やバイク，自転車での通勤が養成校で認められている場合は，施設の許可をとり，駐車，駐輪場所の確認をしておく。 ・宿泊実習の場合は，宿泊先の設備や宿泊に際して必要な持ち物，宿泊に関しての注意事項や規則を確認しておく。
☐	食費・宿泊費等の費用	○食費，宿泊費など，実習生が負担する費用について確認する。
☐	実習プログラム	○実習担当者に，実習計画を見てもらったり，実習中に具体的に学びたいことや経験したいことを伝えたりする。また，実習先で実現可能な具体的な実習プログラムを組んでもらうようにする。 ＊実習生は事前に，実習テーマや実習課題などの実習計画を立てているが，実際には実習生が立ち会えない場面や，実習生には任せられない仕事もあり，実習計画通り実習を行えるとは限らない。

出所：関西福祉科学大学社会福祉実習教育モデル研究会編『相談援助のための福祉実習ハンドブック』ミネルヴァ書房，2008年，66頁を基に筆者作成。

服装については，リクルートスーツが一般的であるが，実習先によってはオリエンテーション時にボランティアを行うところもあり，着替えを持参するように言われたり，望ましい服装の指定があったりすることもあるため，その際は実習先の指示に従うとよい。「何でもかまいません」「普段着でいいです」と言われた場合は，清潔感のある服装を心がけ，装飾品（ピアス，ネックレス，指輪など）はつけて行かないようにする。また，髪型・髪の色，爪，化粧などの身だしなみやバッグなどの持ち物についても細心の注意を払う必要がある。

3）オリエンテーションでの確認事項

オリエンテーション時の具体的な留意点と確認事項について，表3-5に示しておく。

4）オリエンテーション後

オリエンテーション後は，あまり時間を置かずに，実習担当者から受けた諸注意や留意点，配布された資料などを整理し，まとめておくことが必要である。また，実習までに調べておくことや知っておくべき知識などの新たな課題が見つかった場合はそのままにせず，実習開始までに事前学習として取り組むことも必要である。

本章のまとめ

　本章では，実習に向けての準備と留意点について解説した。実習前に身に付けておくべきこととして，社会人としてのマナーがある。こうしたことは養成校での学びというよりも日常生活での経験の積み重ねである。実習前に意識的に社会経験を積んでいくことも重要である。また，守秘義務については十分な理解が必要である。情報通信の発達により，さまざまな情報を瞬時にインプット・アウトプットすることが可能となっている。こうしたことから，情報の流失により被害を受けるケースも多くなっている。したがって，実習前に専門職としての高い倫理観を備えておいてもらいたい。

　最後に，実習先の選定についてであるが，これらも慎重に行っていくべきである。限られた期間の中で，実習を学び多いものにするためにも，本章で書かれている選定方法を参考に，明確な意義と目的意識を実習までに確立させ，事前学習による基礎知識を十分に身に付けてから実習に臨んでもらいたい。

参考文献

愛知県保育実習連絡協議会「福祉施設実習」編集委員会編『保育士をめざす人の福祉施設実習:新保育士養成カリキュラム　第2版』みらい，2013年。

岩間文雄編『ソーシャルワーク記録の研究と実際』相川書房，2006年。

岡本榮一・小池将文・竹内一夫・宮崎昭夫・山本圭介編『三訂　福祉実習ハンドブック』中央法規出版，2003年。

岡山県保育士養成協議会編『施設実習の手引き』岡山県保育士養成協議会，2011年。

関西福祉科学大学社会福祉実習教育モデル研究会編『相談援助のための福祉実習ハンドブック』ミネルヴァ書房，2008年。

谷川裕稔・富田喜代子・上岡義典編著『教育・保育実習ガイドブック――振り返りができるポートフォリオつき』明治図書出版，2014年。

第Ⅰ部　保育実習に取り組む前に

コラム1

保育所実習における学生のエピソード
―― 養成校の実習指導室から

　毎年，保育所実習が近づくにつれ，実習指導室には連日多くの学生が訪れます。ほとんどの学生が，真剣に実習準備をしています。しかし，ある年のこと，周囲のそのような様子も気にも止めず，「何とかなるだろう」と何も準備をしていない学生Cさんがいました。

　Cさんは，保育所での事前のオリエンテーションにおいて，「初めての実習なので，ピアノや部分実習はありません。子どもたちと積極的に関わってください」とご指導いただきました。そのため，Cさんは他の学生が必死で準備していても，他人事のように考えていました。その様子を見ていた私は，「手遊びや絵本を読む練習などをしておいた方がいいよ」とアドバイスしました。するとCさんは，渋々，授業などで覚えた手遊びを練習するようになりました（何度か練習の様子を見ましたが，あまり意欲的ではありませんでした）。

　その後，実習を終えたCさんが実習指導室に来て，実習の話をしてくれました。実習中，担当の先生に緊急の用事が入り，少しの間，保育室から離れられる時間がありました。担当の先生はCさんに，「手遊びなどをして，子どもたちと遊んでおいて」と言われました。突然のことで驚きましたが，練習した手遊びをすることにしました。これは子どもたちと楽しく一緒に遊べましたが，しばらくすると，ほとんどの子どもが退屈してしまいました。そこで，1～2回練習しただけの手遊びをしようとしましたが，うる覚えであったため，途中で止まってしまい，うまくできませんでした。すると，子どもたちは走り回り，収拾がつかなくなってしまいました。Cさんはこの経験から，「もっと子どもたちと楽しく遊べるように，手遊びや絵本を練習しよう」と考えたそうです。

　このエピソードからもわかるように，保育所実習で部分実習などに取り組まない場合でも，ちょっとした時間で遊べる手遊びや絵本などのレパートリーを増しておくと，子どもたちとより楽しく時間を過ごすことができます。また，子どもたちが楽しく遊ぶためには，少なくとも実習生自身が楽しいと感じる必要があります。このことを忘れずに，実習前には，十分な準備をしてほしいと思います。

第Ⅱ部　保育所実習

第4章	保育所実習に取り組むにあたって① ――保育所の機能・役割

学びのポイント

　本章では，実習を行う保育所の役割，保育の原理，社会的責任，さらには実習の流れや保育士の役割などを学ぶ。いずれも保育所や実習に関わる基礎的な事項である。これまでの授業（例えば，保育原理や保育者論など）で学んできた内容と重なる部分も多いが，そこで使用した教科書やノートで振り返りながら本章の内容を学習していくと，さらに理解が深まるだろう。基礎をしっかり学ぶことが実習での応用，発展につながると考えて取り組んでほしい。

1　保　育　所

　ここでは，実習を行う保育所の概要についておもに「保育所保育指針」[1]の内容を基に説明する。

(1) 保育所の役割

1) 保育所保育の目的

　保育所保育の目的は，「入所する子どもの最善の利益を考慮し，その福祉を積極的に増進することに最もふさわしい生活の場でなければならない」と示されている（表4-1）。ここでいう「子どもの最善の利益」とは，保育士や保護者を含む大人の利益が優先されるのではなく，子どもの人権を尊重することの重要性を表している。子どもの人権に関しては，「児童の権利に関する条約」[2]において定められており，大きく分けて「生きる権利」「育つ権利」「守られる権利」「参加する権利」[3]という四つの権利が示されている。

　「最もふさわしい生活の場」とは，『保育所保育指針解説書』[4]では，子どもが

第4章 保育所実習に取り組むにあたって①

表4-1 「保育所保育指針」「第1章 総則」「(1) 保育所の役割」

> ア 保育所は，児童福祉法（昭和22年法律第164号）第39条の規定に基づき，保育を必要とする子どもの保育を行い，その健全な心身の発達を図ることを目的とする児童福祉施設であり，入所する子どもの最善の利益を考慮し，その福祉を積極的に増進することに最もふさわしい生活の場でなければならない。
> イ 保育所は，その目的を達成するために，保育に関する専門性を有する職員が，家庭との緊密な連携の下に，子どもの状況や発達過程を踏まえ，保育所における環境を通して，養護及び教育を一体的に行うことを特性としている。

さまざまな人と出会い，関わり，心を通わせながら成長していくために，乳幼児期にふさわしい生活の場を豊かにつくりあげていくことと説明されている。

実習では，1日の生活の大半を過ごす保育所において，保育士が子どもたちにとって居心地良く安心して生活できる環境をどのように整えているかをまず学ぶ必要がある。

2）保育所保育の特性

保育所保育の特性は「家庭との緊密な連携の下に，子どもの状況や発達過程を踏まえ，保育所における環境を通して，養護及び教育を一体的に行うことを特性としている[5]」（表4-1）とされる。

ここでいう「養護と教育の一体性」とは，子どもの現在のありのままを受け止め，その心の安定を図りながらきめ細かく対応していく養護的側面と，保育士などとしての願いや保育の意図を伝えながら子どもの成長・発達を促し，導いていく教育的側面とを一体的に展開することを意味する。実習においても養護と教育が切り離せるものではないことを意識し，自らが部分実習や責任実習を行う際には，養護と教育の視点をもって計画を立てることがたいへん重要となる。

「環境を通して行う保育」に関しては，保育所保育の基本は，環境を通して行うことであるといわれるほど重視されている。子ども一人一人の状況や発達過程を踏まえて環境を整え，計画的に保育環境を構成していくことが基本となる。実習では，環境との相互作用を通して子どもが何を経験しているかを理解してほしい。そして，保育士が乳幼児期の子どもの成長にふさわしい保育環境

をいかに構成しているかを学んでほしい。

（2）保育の原理と保育所の社会的責任
1）保育の方法
　『保育所保育指針解説書』[(6)]では，保育の方法について「状況の把握と主体性の尊重」「健康安全な環境での自己発揮」「個と集団」「生活や遊びを通しての総合的な保育」といった視点から説明している。

　① 状況の把握と主体性の尊重

　保育士は子どもの状況や生活の実態を把握し，子どもの思いや願いを受け止めながら保育することが重要といえる。このことは，保育所保育が日々の生活の積み重ねの上に成り立っていることを意味する。一方で，実習生は概ね10日間という限られた期間しか保育に参加しない。そのため，子どもの状況を把握するために実習生がまず行うことは，"いま・ここ"での子どもたちの姿をよく観察するとともに，これまでの子どもたちの興味・関心や仲間関係，クラスでの集団生活の状況を知ることである。そのためには，子どもの様子をよく観察することや保育者に質問すること，可能であれば子どもに関する記録を見せてもらうことなどが重要になる。

　② 健康安全な環境での自己発揮

　子どもたちは保育所の中で長時間生活している。そのため保育士は，一人一人の生活リズムを大切にするとともに，乳幼児期にふさわしい健康，安全で情緒の安定した生活を送れるよう援助する必要がある。実習生には，保育士がどのように子どもたちの生き生きとした活動を支え，健康安全な保育の環境を構成しているかを学んでほしい。

　③ 個と集団

　実習生の話を聞くと，自分に興味をもってくれた子どもと関わりがちになり，保育士から全体が見えていないと指摘されることが多いようである。保育は，一人一人の子どもに配慮するとともに，子ども相互の関わりを大切にし，集団としての成長を促すことを重視している。実習生の立場であっても，自分に興

図4-1 保育の環境と保育士・子ども・保護者との関連

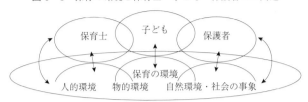

出所:筆者作成。

味をもってくれる子どもとの関わりだけでなく、実際の子どもの姿や言動を少し俯瞰的に見て、子どもたちが何を経験しているかを考察することが大切となる。

④ 生活や遊びを通しての総合的な保育

子どもにとっての遊びは、「遊びには様々な要素が含まれ、子どもは遊びを通して思考力や想像力を養い、友達と協力することや環境への関わり方などを体得」するものであり、「何よりも今を十分に楽しんで遊ぶことが重要」と指摘されている。このように子どもたちの発達にとって遊びが大切なことは言うまでもない。実習においても子どもとともに遊びを十分に楽しんでほしい。一方で、遊びが停滞する場面や子ども同士のトラブルに遭遇することもある。このような場合も子どもたちの主体性を尊重するという原則に立ち返り、子どもたちの気持ちや思いを受け止めることを心がけたい。「〇〇ときはこのように対応する」といったマニュアル的な解決では、表面的には解決しても子どもの成長を促すことにならない場合もあることを感じ取ってほしい。

2) 保育所の環境

前述したが、保育所保育の基本は、「環境を通して行う保育」である。図4-1に示したように保育は、子ども・保護者・保護者と保育の環境との相互作用によって成り立っている。では、ここでいう環境とは何を意味するであろうか。「環境」とは、保育士や子どもなどの「人的環境」、園舎や園庭、施設設備、用具や遊具、素材などの「物的環境」「自然環境や社会の事象」、さらには時間や空間、雰囲気など、子どもを取りまく情緒的な環境のすべてを含んでいる。

それぞれの環境について次に説明する。

① 人的環境

保育所での人的環境でいうと，保育士がまず思い浮かぶであろう。ただし，保育所には，保育士以外に調理員，看護師，事務員，嘱託医などがいる。スタッフ同士が連携して保育を行っている実態を理解してほしい。

また，クラスの担任が一人担任や複数担任であることも考えられる。環境としての担任の役割を理解するため，担任の表情や声かけの調子，醸し出す雰囲気などにも注目する必要がある。複数担任の場合は，どのような役割分担がなされているか注目してほしい。そして，実習生も人的環境としてあることを自覚し，子どもたちのためのより良い環境となることを目指す必要がある。

② 物的環境

物的環境とは，保育所の設備[8]，遊具，教材，素材，装飾などを示している。クラスに入室した際には，さまざまな物的環境に注目してほしい。壁には子どもたちの誕生日や季節，行事をモチーフにした壁面装飾や保育目標・保育計画が貼り出されている場合が多い。また，子どもたちが作成した作品や描いた絵などが掲示されていることもある。注目してほしいのは，それらの掲示に込められた担任の思いや願いである。

また，クラスに用意されている遊具や素材などを見てほしい。遊びの環境として子どもたちの発達や"いま・ここでの"興味・関心に応じた遊具や教材が用意されている。また，製作コーナーやブロックや積み木のコーナー，ままごとセットが用意されたコーナーが設置されている場合もある。園庭にはすべり台やブランコといった固定遊具や砂場や水場，築山などがあるかもしれない。子どもたちがクラスの内外のさまざまな環境とどのように関わっているかを理解し考察してほしい。

③ 自然環境・社会の事象

自然環境とは，園内外の植物や動物，昆虫などを示している。園庭で樹木や野菜等を植栽している場合やビオトープ[9]がある場合もある。また，園周辺の自然環境も子どもに大きな影響を与えるものと考えられる。また，社会の事象と

表4-2 「保育所保育指針」「第1章 総則」「(5) 保育所の社会的責任」

> ア 保育所は，子どもの人権に十分配慮するとともに，子ども一人一人の人格を尊重して保育を行わなければならない。
> イ 保育所は，地域社会との交流や連携を図り，保護者や地域社会に，当該保育所が行う保育の内容を適切に説明するよう努めなければならない。
> ウ 保育所は，入所する子ども等の個人情報を適切に取り扱うとともに，保護者の苦情などに対し，その解決を図るよう努めなければならない。

して，社会的な出来事に興味・関心を抱くような環境が用意されている場合もある。例えば，日本や世界の言葉，食，天候，地域のお祭りや世の中で話題になっているイベント（オリンピックやワールドカップなど）などを保育の環境やテーマとして取り入れている場合がある。

3）保育所の社会的責任

保育所が特に守らなければならない社会的責任としての三つの事項が規定されている（表4-2）。(1)は「子どもの人権の尊重」，(2)は「地域交流と説明責任」，(3)は「個人情報保護と苦情解決」を示している。これらのことは実習生であっても当然守られなければならないことである。特に実習で知り得た子どもなどの個人情報を適切に扱うことが求められる。インターネットのSNSやブログに情報をアップロードしないことはもちろんのこと，友達や家族にも個人情報を話すことがないようにしたい。これらのことが守れない場合，自分の行為が法律に触れることを自覚する必要がある。

（3）近年の保育所を取り巻く動向
——子ども・子育て支援新制度と保育所実習との関連

2012（平成24）年に成立した「子ども・子育て関連三法」に基づいて，2015（平成27）年から「子ども・子育て支援新制度」がスタートした。この新制度では，「幼保連携型認定こども園」（以下，認定こども園）が新たに整備され，学校及び児童福祉施設として法的位置づけがなされた。また，小規模保育事業，事業所内保育事業などが新たに市町村の認可事業として位置づけられた。保育実習との関係でいうと，幼保連携型認定こども園，小規模保育事業，事業所内保

育事業も保育実習Ⅰ（保育所），保育実習Ⅱの実習施設に加えられている。今後これらの施設で保育実習を行う場合があると考えられる。ここでは特に幼保連携型認定こども園の特徴を説明する。

新たな幼保連携型認定こども園では保育内容の基準となる「幼保連携型認定こども園教育・保育要領」が告示されており，幼保連携型認定こども園で実習する場合には事前に内容を把握しておく必要があるだろう。実際の実習において特に配慮すべき事項としては，保育所より子どもの入園時期や１日の在園時間が多様であることが考えられる。例えば，同じクラスに幼稚園の一般的な降園時間である14：00に降園する子どもと，17：00以降まで園にいる子どもが在籍していることがある。生活の連続性や生活リズムの多様性に配慮した関わりが，より求められるといってよい。

2　保育所の生活と保育士の役割

（1）クラスの編成

保育所には，市町村から「保育の必要な事由」[14]に該当すると認定された０歳児から就学前までの子どもが原則として通っている。クラスの編成に関しては，多くの保育所が３歳未満児と３歳以上児を分け，さらに同一年齢で構成される場合や異年齢で構成される場合があると考えられる。

保育所では幼稚園とは異なり，３歳以上児は異年齢でクラスを構成している場合がある。例えば，３歳，４歳，５歳児が共に過ごすクラスでは，年長児に憧れることや，年下の子を思いやりいたわる，といった関係が形成される場合もある。一方で，同一年齢のクラスでも４月生まれから３月生まれの子どもがおり，その差が11カ月となる場合もある。どのようなクラスに配属されても，一人一人子どもの興味・関心や発達の個人差を配慮した働きかけが必要といえる。

（2）1日の生活における子どもの活動・保育士の役割

　保育所実習ではまず，保育所の1日の流れ（デイリープログラム）を理解することが大切となる。ある程度1日の活動の見通しや内容を理解できていないと積極的に実習に取り組むことが難しくなる。

　表4-3に1日の生活における主な子どもの活動，保育士の役割をまとめた。実習生は，ここにまとめられている保育士の役割を学内の事前学習や保育所のオリエンテーションなどでよく理解し，実際の実習では観察実習や参加実習，指導実習などを通して体験的に学ぶこととなる。

（3）保育士の専門性と役割

　保育士の専門性，つまり，専門的知識や技術はどのようにとらえられるだろうか。『保育所保育指針解説書』[15]には次の六つが示されている。

① 乳幼児期の子どもの発達に関する専門的知識を基に子どもの育ちを見通し，その成長・発達を援助する技術
② 子どもの発達過程や意欲を踏まえ，子ども自らが生活していく力を細やかに助ける生活援助の知識・技術
③ 保育所内外の空間や物的環境，様々な遊具や素材，自然環境や人的環境を生かし，保育の環境を構成していく技術
④ 子どもの経験や興味・関心を踏まえ，様々な遊びを豊かに展開していくための知識・技術
⑤ 子ども同士の関わりや子どもと保護者の関わり等を見守り，その気持ちに寄り添いながら適宜必要な援助をしていく関係構築の知識・技術
⑥ 保護者等への相談・助言に関する知識・技術

　表4-3の保育士の役割を見ると，ここでは特に①～⑤の専門性が発揮されて子どもたちの1日の生活が営まれていることがわかる。もちろん1回の実習で専門的知識や技術が身に付くものではなく，保育士としてキャリアを重ねる

第Ⅱ部　保育所実習

表4-3　保育所における1日の子どもの活動・保育士の役割

	子どもの活動	保育士の役割
登　園	・早い子どもは7時台から登園している。 ・子どもによってはかばんから物を出す、タオルをかける、着替えをするといった朝の支度を自分で行う。	・保育士は子どもたちの健康状態を連絡帳や保護者からの聞き取りなどで把握する。 ・乳児[1]の場合は、特に検温、触診、視診等で健康状態をしっかり把握する。 ・スタッフ同士で出欠席の状況や、子どもたちの健康状態などの情報を共有する。 ・年齢や発達に応じて朝の支度等自分でできることは自分で行うように援助する。
日中の生活	〈排泄・清潔〉 ・1日の大半を過ごす保育所では、排泄や清潔等の基本的な生活習慣が日々営まれる。 〈朝の会〉 ・登園後、朝の会で挨拶、呼名、合唱などを行う。 〈課題活動〉 ・季節や年齢によっては造形、音楽、運動等の課題活動を行う。	・保育士は生活習慣の自立に関して、生活リズムを整えるため年齢や個々の発達状況に応じた働きかけを行う。 ・乳児のオムツ交換などでは、保育士が1対1でゆったりと関わることが望ましい。 ・挨拶、呼名、合唱、1日の予定の説明等、子どもたちにとって気持ちのよい1日のスタートとなるように心がける。 ・子どもたちが楽しみながら課題に取り組めるような環境構成や言葉かけを行う。
遊　び	〈自由遊び〉 ・子どもたちは年齢や個々の発達に応じたさまざまな遊びに取り組む。 〈室内・室外での遊び〉 ・さまざまな素材、教材、自然との触れ合いを通した遊びを楽しむ。 〈異年齢での遊び〉 ・異年齢の友だちとの遊びから、子どもの興味や関心の広がりが見られる。	・子どもたちが伸び伸びと安全に遊べるように環境を整え、必要に応じて子どもたちの関係の仲立ちをしたり、遊びを見守ったりする。 ・五感（見る・聴く・臭う・触る・味わう）を使った遊びが展開するように援助する。 ・季節や天候によっては近隣の公園等へ散歩に出かける。 ・人と関わる力を育むために、さまざまな年齢の子どもと関わる機会を設ける。
食　事	〈おやつ〉 ・午睡後だけでなく、乳児の場合は朝におやつを食べる場合が多い。 〈昼　食〉 ・手洗い、うがいをし、年齢によっては自分たちで配膳等行う。 ・友だちと一緒に食べることで楽しさも広がる。	・適切な食習慣を身につけるため、子どもたちに手洗い・うがいなどを促す。 ・衛生面に配慮しつつ配膳、食育等の情報も交えて楽しく食事ができるように援助する。
午　睡	・昼食後に歯磨き、パジャマ等に着替えて寝つく。 ・年齢によっては午睡をせずに遊びや課題活動を行う場合もある。	・歯磨きや着替えを促す。子どもたちが寝つくまで読み聞かせ等を行う。 ・午睡中に連絡帳を書く、スタッフ同士の話し合い、保育の準備等を行う。また、交代で休憩を取る。
降　園	・保護者が迎えに来た子どもから随時降園する。延長保育では17時以降も保育を利用する子どももいる。	・子どもの1日の様子等を保護者に伝える。 ・降園後、振り返りの話し合いや清掃、明日の保育の準備などが行われる。

注：(1)　ここでいう乳児は主に3歳児未満児を示している。
出所：筆者作成。

中でこれらの知識や技術の構築，再構築を繰り返しながら身に付けていくものである。つまり，上記の専門性は将来の目標（ゴール）であり，自分が将来をかけて身に付ける専門性の「見通し」としてとらえてほしい。まず実習では，養成段階としての基礎的な専門的知識や技術を習得することを目指すこととなる。

3　今後，保育士にますます求められる役割と実習での学び

　ここでは，特に今後保育士に求められる役割を三つあげて説明したい。保育士として成長していく中で徐々に身に付けていくべきことが多く含まれているが，将来を見通す意味で実習でのこれらの学びを意識してほしい。

（1）保育所におけるチーム保育を学ぶ

　当たり前のことだが，保育は保育士が1人で行うものではない。保育士として成長していくためには，職員集団の中で協働して実践を行う力や，たとえ利害が対立する際にも解決していく力が求められる。実習は，実際に保育士（保育士以外の看護師，調理員なども含める）が，チームとして保育に取り組んでいる様子を肌で感じることができる機会である。保育がさまざまな人との関係の上に成り立っていることを学んでほしい。

（2）反省的実践家としての保育士像を学ぶ

　近年，「反省的実践家」[16]という保育士の専門性を特徴づけるモデルが紹介され，保育士の成長における振り返り（省察）の重要性が論じられている。ここでいう「反省的」とは，保育士が日々の振り返り（省察）を常に行い，それを次の保育につなげる継続的な営みを意味している。省察は実習において本格的に始まるといってもよい。実習中たいへんな思いをして書く日誌は，日々の保育や自らの関わりを振り返り，翌日以降への改善につなげる重要なツールの一つである。日誌などの記録や保育所での話し合い（反省会など）を通して，"実践""振り返り""改善""次の実践への気づき"を繰り返すことが，保育士の

専門性を高める最も有効な方法といえる。実習が「反省的実践家」としての第1歩となると考えられるのである。

（3）保育所における保護者支援を学ぶ

子育て支援の担い手として保育士の役割の重要性が指摘されている。この背景には，親になることの難しさ，孤立化する子育て，親役割を担うことと社会的な自己実現との葛藤などの子育てに関する課題がある。

実習では実際に保護者と関わる機会は少ないかもしれない。しかし，保育所がどのように保護者などに保育の内容を発信，説明しているかを学ぶことはできるであろう。保育所の入口にはたいてい情報ボードがあり，その月の行事の予定や園庭開放の日時などが掲示されている。また，保護者が見えるところに保育所の保育方針や目標，保育中の写真やその取り組みの説明文（これらはポートフォリオと呼ばれることもある）が掲示されている場合もある。保育士に質問することができれば，どのような意図で作成しているか尋ねてみよう。保育所からの「おたより」や「通信」も保護者や地域に保育所の保育内容を発信する重要なツールである。個人情報に注意する必要があるが，どのような内容が発信されているかを知ることも大切な学びとなる。実習生には"保護者と子どもの成長を共に喜ぶ"，子育てのパートナーとしての保育者の役割を学んでほしい。

本章のまとめ

本章の内容は「保育とはこうあるべき」「子どもとの関わりにはこのことが大切」といった，保育の原理や保育士の役割を示したものであり，一度は他の授業でも聞いたことのある内容であったのではないだろうか。それだけ大切な内容である。実習においても，これら保育の基本的な考え方を基にして自らの実習を振り返り考察してほしい。

ただ，実習先の保育所では，「保育とはこうあるべき」と教えられた内容と異なる保育が行われていると感じることがあるかもしれない。そうした場合も落胆したり，保育所を非難したりすることは避けてほしい。なぜなら，「なぜそうなのか」とその背景や理由を問い続けることが自らの成長につながるからである。

注

(1) 厚生労働省『保育所保育指針解説』フレーベル館，2018年。
(2) 1989年「児童の権利に関する条約（子どもの権利条約）」は国連で採択され，1990年国際条約として発効した。日本は1994年4月22日に批准し，1994年5月22日に発効した。
(3) 「生きる権利」とは，病気やけがをしたら治療を受けられることなど。「育つ権利」とは，教育を受け，休んだり遊んだりできること。考えや信じることの自由が守られ，自分らしく育つことができることなど。「守られる権利」とは，あらゆる種類の虐待や搾取などから守られること。「参加する権利」とは，自由に意見をあらわしたり，集まってグループをつくったり，自由な活動を行ったりできることなど，である。
(4) 厚生労働省，前掲書。
(5) 同前書。
(6) 同前書。
(7) 同前書。
(8) 保育所の設備については，児童福祉施設の設備及び運営に関する基準第5章に，保育室，ほふく室，屋外遊戯場（園庭等），調理室等の設備や用具，面積の基準が記載されている。
(9) 保育所では，園庭に植物や動物，昆虫等が存在できる環境条件を備えた空間としてビオトープがつくられている場合がある。
(10) 厚生労働省，前掲書。
(11) 「子ども・子育て支援法」「認定こども園法の一部改正法」「子ども・子育て支援及び認定こども園法の一部改正の施行に伴う関係法律の整備等に関する法律」を指す。
(12) 0−2歳児を対象に定員が6人以上19人以下の少人数で行う保育事業をいう。
(13) 0−2歳児を対象に会社の事業所の保育施設などで従業員の子どもと地域の子どもを一緒に保育する事業をいう。
(14) 保育を必要とする事由とは，就労（フルタイムのほか，パートタイム，夜間，居宅内の労働など，基本的にすべての就労を含む），妊娠，保護者の疾病，障害，災害復旧，求職活動（起業準備を含む）などで保育が必要となった子どもがいる家庭が該当する。
(15) 厚生労働省，前掲書。
(16) ドナルド・ショーンは，刻々と複雑に変化する状況を感じ取り，その時々の課題を状況と対話しながら即興的，柔軟に対応していく過程を「行為の中の省察」（Reflection in action）と呼び，反省的実践家の中核としている（ショーン，ドナ

ルド/佐藤学・秋田喜代美訳『専門家の知恵——反省的実践家は行為しながら考える』ゆみる出版，2001年)。

参考文献
ショーン，ドナルド/佐藤学・秋田喜代美訳『専門家の知恵——反省的実践家は行為しながら考える』ゆみる出版，2001年。
石川昭義・小原敏郎編著『保育者のためのキャリア形成論』建帛社，2015年。
無藤隆・北野幸子・矢藤誠慈郎『認定こども園の時代——子どもの未来のための新制度理解とこれからの戦略48』ひかりのくに，2014年。
大嶋恭二・岡本富郎ら編『保育者のための教育と福祉の事典』建帛社，2012年。

第5章	保育所実習に取り組むにあたって② ——子どもの発達的特徴の確認と関わり方のポイント

--- 学びのポイント ---

　保育実習において，子どもとどのように関わったらよいか，それを考える上で子どもの発達の特徴についての知識と理解は必要不可欠である。学校の授業では，「保育の心理学」や「発達心理学」「乳児保育」といった科目においても学んできた内容である。

　保育所は，1歳児クラス，2歳児クラスなどと年齢ごとのクラス編成があり，3～5歳児は混合で異年齢保育をしているところもある。実習で配属クラスが決まったら，そのクラスには何歳何カ月の子どもがいるのかを把握しておかなければならない。それは，実習の時期がいつか，春なのか秋なのかによって，あるいは7月生まれまでの子どもが多いなど，子どもたちの出生日の違いによっても異なってくる。実習では，お座りやつかまり立ちができはじめた乳児は注意して見ていないと，転倒してしまい大きな怪我につながってしまうかもしれない，あるいは，まだ指で「きつね」が作れない年齢の子どもたちに「コンコンきつね」の手遊びをしてしまったら……など発達の特徴を知っていれば配慮や対応を考えられることがたくさんある。

　本章では，3歳未満の乳児と3歳以上の幼児に分け，「保育所保育指針」に示された「発達過程」の八つの時期区分を基に，主として，①姿勢・運動や全身運動に関する側面，②手指の制御や物の操作に関する側面，③人とのやりとりや言語認識に関する側面，④自我や社会性に関する側面から子どもの発達的特徴について説明するとともに，実習における「関わり方のポイント」を示した。

1　乳児の発達

　保育所には，産休明けで入所してくる生後57日目，2カ月足らずの乳児（3歳児未満児）が最も小さい赤ちゃんである。この時期の乳児は，どんな動きをして，何に興味をもち，どんな表情が特徴なのだろうか。実習生自身の記憶は

ほとんどなく，言葉でのやりとりがまだできないか十分でない0，1，2歳の発達について，想像力を働かせて学ぶことが望まれる。

（1）「おおむね6カ月未満」――0歳児クラス

1）姿勢・運動

6カ月未満の乳児を見たら，まずあおむけの姿勢の特徴，首のすわり具合，寝返りについて確認してみよう。

生後3カ月頃になると，首がすわり始め，あおむけの姿勢ではそれ以前の左右非対称な姿勢（資料5-1）から対称的な姿勢（資料5-2）へと変化し，手と手，足と足を活発に触れ合わせる様子が見られる。さらに，生後5カ月頃を過ぎると，手で足を触れる（資料5-3），手で足をつかみそれを口へ持っていくといった発展的な左右対称姿勢へと変化する。

また，生後4カ月頃には，これまで以上に首がしっかりとすわり，上半身をよじったり，背中を反らしたりするのは，寝返りの準備である。さらに，うつ伏せにするとそれ以前では，突っ伏してしまっていた頭を，床から持ち上げられるようになるなど，平面的な世界から立体的な世界へと乳児がとらえる空間が拡大してく。

生後5～6カ月頃には，寝返りができるようになる。初めは，あおむけからうつ伏せへ，右回りか左回りかいずれか得意な方から始まる。次第に，うつ伏せからあおむけ，その右回り左回りも可能になり，静的な世界から動的な世界へと移行することになる。

関わり方のポイント　首がすわり始めたら，日中の機嫌のよい時間にうつ伏せ姿勢をとらせてみよう。最初は，腕の下にバスタオルを丸めたものなどで支えてあげてもよい。うつ伏せになったときに，あるいは自ら寝返りをした場合にも，そこに保育士や他の赤ちゃんの顔が見えたり，おもちゃがあったりなど「楽しい世界」を準備することが大切である。

2）物を見る力と手指の動き

乳児の物を見る力をとらえるポイントは，動く物をどのくらい目で追うこと

第5章　保育所実習に取り組むにあたって②

資料5-1　左右非対称姿勢　　資料5-2　左右対称姿勢　　資料5-3　発展的左右対称姿勢

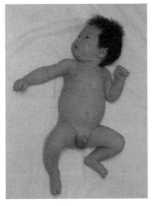 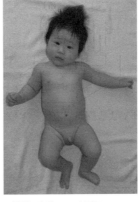 

撮影：中村秀生。　　　　　　撮影：資料5-1と同じ。　　　撮影：資料5-1と同じ。

ができるかという追視であり、さらに見ることに手の動きが伴ってくる「目と手の協応」をとらえることが大切である。

　生後3カ月頃になると、上下や左右に動く物を追視できるようになり、そばを通る人の姿を目で追ったり、振り返って気になるものを見るなど、外界を見ようとする姿勢が積極的になってくる。さらに5カ月頃には、動く物を360度左回り、右回りどちらも追視することができ、それがあおむけだけでなく、うつ伏せの姿勢や抱っこされている場合など全方位にとらえられるようになる。

　また、生後4カ月頃には、あおむけの姿勢の赤ちゃんに物を差し出すと、それを生き生きとした表情で見た上で、親指と人さし指がはさみのように開いてその物に接近・到達するようになる。これが、物へのリーチング、目と手の協応の始まりを示す重要な特徴である

　　　関わり方のポイント　　この時期は、まずは赤ちゃんの目を見ること、互いに見つめ合うこと自体が重要な関わりの一つになる。人以外にも、オルゴールメリーや吊りおもちゃ、モビールなどを見て楽しめる環境が大切である。また、吊りおもちゃを見せて左右、上下さまざまな方向に動かして見せたり、目と手の協応が始まったら、ガラガラなどの触れると音がする多様なおもちゃを差し

出してみよう。その際，いきなり手に渡すのではなく，まず視覚でとらえさせ，乳児自身が手を伸ばして取りたくなるというように，目標をとらえた自発的活動を導くように働きかけることが大切である。

3）微　　笑

乳児は，まだ言葉でのやりとりはできないが，泣き，発声など，さまざまな表情の変化で自分の気持ちを表現している。中でも，「微笑」の特徴をとらえることがポイントである。

赤ちゃんには，胎内にいるときから微笑と同じ表情が見られる。口角が上がり微笑んでいるかのような「自発的微笑」や「生理的微笑」である。それが生後2カ月を過ぎ，3カ月頃には，あやしかけに対しにっこりと微笑みを返したり，声が伴うなど，あやし甲斐が出てくる。これは，人の写真や絵などに対しても見られる反応である。また，生後4カ月頃には，対面する人に"乳児の方から"にっこりと微笑みかけるようになることが重要な特徴である。さらに5カ月頃には，母親や担当保育士など親しく接する人にはよく微笑むのに対し，見知らぬ人をじっと見つめるなど異なる反応を示すというように，微笑にも発達的変化がある。

関わり方のポイント　あやしかけは「〜ちゃん，おはよう」「〜くん，こんにちは」などまずはやさしく名前を呼びかけ，あいさつをすることから始めてみよう。徐々に，乳児の表情を読み取り，それを言葉にできるよう意識して関わることが大切である。また，生後4カ月頃に見られ始める乳児からの微笑をとらえるには，乳児の正面から，そして静かに対面してみよう。

(2)「おおむね6カ月〜1歳3カ月未満」——0〜1歳児クラス

1）全身運動

乳児期後半になると，はいはい，お座り，つかまり立ち，そして歩行といったそれぞれの運動機能の発達的変化に注目しよう。

「はいはい」は，お腹を床につけたまま腕や足先の力で進む「ずりはい」から始まり，次に，お腹を床から上げ，左右の手と膝を使ったいわゆる「四つ這

い」，さらに，床との接地面が手と足の裏だけの「高這い」へと変化していく。

　また，お座りの姿勢である「座位」も初めはお尻だけでなく両手も床に着けて何とかバランスを保っている。それが，手を使わなくても座位の姿勢がとれるようになっていく。

　さらに，立つことの始まりは，「つかまり立ち」である。机や段ボール箱などに手をついて立ち上がるというもので，さらに，そこから「伝い歩き」へと発展し，地面から何の支えも使わずに独り立ちすることが可能になっていく。

　おおよそ10カ月頃には，これらの姿勢を獲得するだけでなく，四つ這いから座位へ，座位からつかまり立ちへ，つかまり立ちから座位へというように，姿勢の変換も自由になる。それ以前では，四つ這いはできてもそこから座位になれない，あるいはつかまり立ちはできても，座位になれず大泣きしたり，ドスンと大きな尻もちをついたり，といった姿が見られ，姿勢を変えること自体も発達の結果ということがわかるだろう。

　以上の全身運動の発達を前提として，いよいよ１歳前後から歩行が始まる。初めは，１歩だけ，さらには２，３歩と両手を前に上げてバランスをとることから，次第にバランスをとる手は横に，さらにその手は下がっていく。

　　関わり方のポイント　　この時期の乳児は動きが活発になり，行動範囲が拡大する。そのため，はいはいなどの移動や姿勢の変換をしたくなるよう，巧技台やマット・タオルなどを活用して，斜めや段差，起伏を作ったり，乳児が移動した先に遊具を配置するなど，魅力ある環境構成を工夫してみよう。また，乳児が押したりその中に入って遊べる箱や，引っ張って歩くようなおもちゃも楽しめるだろう。ただし，そこには不安定な物につかまって立とうとしたり，段差を降りようとして頭から落ちたりするなどの危険も多い。そのため，保護マットを敷くなど，安全面への配慮とすぐ手が出せる位置での見守りが不可欠である。

　２）手による物の操作

　乳児期後半になると，手を使って遊ぶバリエーションも豊かになる。初めは，物をつかむ，取ることだけができるが，９カ月前後には，持った物を自ら手放

すということができるようになる。そうなると,乳児は何でも手に取っては次々手放し,結果としてさまざまな物を散らかすような探索行動が盛んになる。また,10カ月前後に,器に物を入れようとする,のせようとする,あるいは両手に持った物を打ち合わせるといった調整的な操作へと大きな転換を経て,「入れる」「のせる」操作が可能になる。

関わり方のポイント　この時期には,木製,プラスチック製,さらには牛乳パックなどで手作りした大小さまざまな積木や,布製,ビニール製,ゴム製などのボール,ティッシュのように次々取り出せるハンカチや布と箱を準備して,つかむ・持つ,手放す,投げるなどさまざまな探索行動を引き出してみよう。積木を打ち合わせたり,積んだ積木を崩したり,ボールを転がしたりなど,それぞれの物でどのように遊ぶかモデルを見せて促すことも大切である。さらに,「入れる」操作に向けて,積木を入れるコップやお皿,ボールを入れる箱や的当てのような穴の開いたボードなどを準備し,手を使った遊びを発展させていくことが求められる。

3) 言語認識

この時期は,移動や姿勢の変換ができるようになり,自由になった手で物の操作ができるようになると,行きたい場所,触ってみたい物への要求も高まってくる。そのような思いを人とやりとりする手段の一つが指さしであり,それは話し言葉の基礎であると同時に,この時期の子どもたちのコミュニケーションを理解する上で重要な行動である。

子どもたちの「指さし」にはどんな特徴があるか注目してみよう。まずは,指さしと言っても,他者の指さしを理解する段階から始まる。乳児は人の指さしを見て,初めは指そのものや指さしをしている人の顔をじっと見る。それが,次第に指をさされた先にある物や人などを見ることができるようになる。また,人さし指を伸ばして指さす前に,まず欲しい物や行きたい場所に手を伸ばす手さしから始まる。それを経て,見つけた物(叙述の指さし),欲しいもの(要求の指さし)などへの指さしが盛んになる段階へと変化する。

関わり方のポイント　乳児の手さしや指さしが見られたら,それが乳児の

思いや発見などに共感する重要なタイミングである。「〜があったね」「〜ほしいの？」「〜見つけてよかったねー」などと言葉にして応答しましょう。このような共有経験を通じて，乳児は指さし・手さしをして訴えるとそれに応えてもらえるということ，さらに，指さしたものと言葉との関係を学んでいくのである。

さらに，このような経験を十分積み重ねた後，今度は「ワンワンどれ？」などと聞かれたことに対し応える指さし（応答の指さしまたは可逆の指さし）につながっていく。この指さしは，おおよそ1歳半ば頃までに可能になるが，それには他者からの問いかけに応じる能力や言葉の理解が必要であり，言葉でのやりとりに不可欠なものである。

4）人とのやりとり

この時期の人とのやりとりに見られるもう一つの特徴は，人見知りである。それは，6〜7カ月頃から，呼びかけられると恥ずかしそうな表情を見せたり，見知らぬ人と対面すると背を向けたりすることに始まり，初対面の人が部屋に入ってくると泣く，見知らぬ人をわざわざ見ては泣くなど，「8カ月不安」（Spitz, R）と呼ばれたりする。[1]これは，母親や担当保育士といった特定の他者との愛着（アタッチメント）関係が形成されていることを示す重要な特徴である。

また，乳児にとって信頼できる人との関係を基盤として，10カ月頃には，ボールのやりとりや「ちょうだい」に対し渡そうとするといった物を介して人と関わることができるようになる。ここで大切なことはボールを渡そうとしたり，「ちょうだい」と言ったりする他者の意図に応えよう（拒否しよう）とする姿勢・態度であって，結果として物を渡したかどうかではない。

関わり方のポイント　実習生にとって，人見知りをする乳児との関わりには難しさを感じるかもしれない。特にその傾向が強い場合や最も激しい時期は乳児に直接関わることは避け，ボールをころがして見せる，近くにおもちゃを置いてみるなど物を介した間接的な関わりから始めてみよう。また，実習生自身が担当保育士らと親しく接している様子を乳児に見せることによって，"この人は遊んでくれる人かな"，"この人は怖い人ではないのかな"と感じてもら

うきっかけになる。

(3)「おおむね1歳3カ月～2歳」——0～1歳児クラス

1）全身運動

　おおよそ1歳前後に始まった歩行は，1歳半ば頃になると，歩く速さ，距離，安定感が増し，1歳後半には手すりを持って階段の昇り降りができるようになる。さらに，両足を同時に地面から離して跳んだり，段差からの飛び降りに挑戦しはじめる。

　関わり方のポイント　この時期は，歩くことを通して外の世界への関心を広げていけるよう，目的地への移動や散歩の際の，一見無駄に見えるような寄り道や道草，その中での"発見"を大切に，ゆったりじっくり付き合う時間と気持ちのゆとりをもてるようにすることが大切である。また，この時期は小さな段差や溝，落ちている小石・遊具などにつまずいて転倒してしまうこともあるため，安全面への配慮が不可欠である。

2）物の操作と道具使用

　「入れる」「のせる」などの操作が盛んになると，一つのお皿に入れるだけでなく，二つのお皿に入れ分けたり，それを交互に移し替えたり，積木を一つ「のせる」だけでなく，何個も高く積み上げたりといった遊びへ発展する。さらに，この時期は道具への関心が高まり，積極的に使うようになる。食事や遊びの場面で，スプーンで食べものをすくおうとしてうまくいかず，スプーンを持たない手でスプーンに食べ物をのせたりする姿もよく見られるが，これは道具を使いたいという気持ちの表れであると同時に，物に対する直接的関与から間接的関与への変化を示すより高次な特徴であることを知っておこう。

　関わり方のポイント　1歳児は道具使用への興味・関心が高まることを踏まえ，砂・水，粘土などの，①「変化する素材」とスコップ・バケツ・お皿などの，②「道具」を使って，③「友だち」と一緒に遊ぶ。この三つの要素を含む遊びや活動のバリエーションを考えてみよう。

3）言葉の獲得

　1歳児の言葉の発達にはどのような特徴があるのだろうか。まず，その前の生後8〜9カ月頃から，食べ物を見たりお腹がすくと「マンマンマン」と特定の発声をしはじめ，1歳前後には最初の有意味語（初語）「マンマ」などを発するようになる。初めは，食べ物は何でも「マンマ」，動物は何でも「ワーワ」など大きなカテゴリーでとらえ，自分の要求や感情を表現するが，1歳半ばを過ぎると，猫に「ワンワン」と言った後，「ニャンニャンだよ」と訂正されると，「ニャンニャン？」と真似て言えるようになり，牛は「モーモ」，羊は「メーメー」などと分化が進み，語彙の飛躍的増大を遂げていく。さらに，2歳近くなると，二つの語がつながり「ブーブ，キタ」「ワンワン，イッタ」「チャッチャ（お茶），チョーダイ」などの二語文での表現が始まる。

　関わり方のポイント　　言葉の発達は，音声の面に注目しがちであるが，決してそれだけではない。言葉の発達で重要なことは，心が惹かれる体験と伝えたい気持ち，そして伝えたら受け止めてくれる人間関係である。実習生としてこの点をよく理解して関わることが大切である。例えば，1歳児は遊びの中で，積木を高く積めたこと，道具などを使って食べられたという達成感，その強く心が惹かれた体験が発声や表情の変化となって現れ，他者に伝えたい気持ちにつながるとともに，それを保育士が「できたねー」「上手だねー」「すごいねー」などと受け止めることが大切である。その受け止められた言葉が心に残り，自らの言葉となっていく。

4）自我の芽生え

　1歳3カ月前後から，「〜したい」「〜しよう」という気持ち（"つもり"）が芽生えはじめる。一方で，それに応じてもらえないと，のけぞったり床にひっくり返ったり，たとえ「〜したら…になるよ」と解決策や見通しを示してもほとんど受け入れらない。それが1歳半ば頃には，「〜したい」気持ちは一層強まるが，相手の言葉に耳を傾けられる"間"をもつことができるようになる。同時に，簡単な見通しや因果関係を理解しはじめ，気持ちを立ち直らせることもできるようになる。

関わり方のポイント　この時期の自我の芽生えへの配慮として，1歳前半では，要求に応じられない場合でも基本は「〜したかったね」と子どもの気持ちを言葉にして受けとめることである。1歳半ば頃からは，食べさせられるといった受身的な文脈よりも「どれから食べる？」「どっちにする？」といった選択を促す言葉かけや何のつもりで食べるかを選ぶよう促すなど選択肢を豊かに考え，子ども自ら積極的に決定できるような対応が求められるだろう。

（4）「おおむね2歳」──1〜2歳児クラス

1）全身運動

　2歳前半には，段差からの飛び降りで両足を同時に着地できるようになり，線の上や縁石，タイヤの上や土手を歩いたり，小さな溝をまたいだり，さらには水の中を渡るなど抵抗に対して全身で立ち向かう動きを好んでするようになる。さらに，2歳後半には，左右交互に足を出して階段を上ったり，築山や滑り台を手足の指先に力を入れてよじ登ったり，モデルがあれば開脚や股覗きなどの身体制御ができるようになる。

　関わり方のポイント　前述のような，起伏に富んだ空間で全身を使って抵抗に立ち向かう活動が豊かにできるような環境構成が大切である。またそれらの経験を通して，「ジブンデデキタ」という満足感，達成感を身体全体で感じられるよう配慮することが必要である。

2）物の操作と見立て・つもり

　2歳になると，指でVサインが作れるようになり，積木を使った遊びでは，高く積んだ後，横に長く並べるなど，「積む→並べる」「高く→低く（積む）」などの複数の異なる操作を順に展開できるようになる。また，単なる1列の積木構成ではなく，2列，3列などにしてそれを電車やバス，ビルなどに見立てることができる象徴機能の発達が見られる。さらに，2歳後半には，積むことと並べることの二つの操作を順に組み合わせた構成ができるようになり，左右非対称なトラックや間隔をあけてトンネル・家などを作ることができるようになる。このような見立てる力は，描画や粘土遊びなどでも発揮される。

第5章　保育所実習に取り組むにあたって②

関わり方のポイント　見立て・つもりの世界を豊かに育てていくためには，2歳児が積木やブロックなどで作ったもの，描いたものが何かを尋ねそれを共感的に受けとめたり，実習生からも想像を膨らませ，2歳児の作品に対しさまざまに意味づける関わりが大切である。また，保育士や母親の生活の中での行動を再現するような遊び，あるいは絵本の中のキャラクターをイメージしたごっこ遊びが展開できるようエプロンやスカート，バッグや帽子などの小物を準備しておくとよいだろう。

また，2歳児は，1歳児のように食べるふりをするだけでなく，ご飯を作ってそれを配るふり，切符を渡すふりをして電車に乗るごっこなど，「～して」「…する」といった二つ以上の単位のふりやごっこ遊び(2)が展開していけるよう配慮することも大切である。

その他，動物になったつもりで，両手を頭に当て両足で跳ぶウサギ，両手でVサインをして横歩きをするカニ，片腕を伸ばして左右に大きくゆらし大またで歩くゾウなど，身体を使ったつもり遊びも楽しめる時期である。

3）言語認識

2歳前半は，「大－小」「多い－少ない」など見た目に多い方や大きいものの区別から始まり，自我の育ちと関連して，おやつやおもちゃなど多い方や大きい方を自分のものと意味づけたりする。これらは，単に物の名前や動作を表現する言葉とは異なり，関係の中で決まる二次元的な概念の世界が開けてきたことを意味する。その表現は，「オオキイゾウサン」「チイサイネズミサン，イタ」など二語文から三語文，さらには多語文へとつながっていく。

関わり方のポイント　2歳児とのやりとりでは，対比的な関係・概念の理解を支えるような言葉かけを工夫しよう。例えば，「これは大きい積木，こっちは小さい積木だね」や「朝は寒いね，でもおひさまが出ると暖かいね」といった「大－小」「寒－暖」，あるいは「〇〇ちゃんは保育園に行くけど，赤ちゃんは保育園行かないね」「〇〇ちゃんは保育園に行くけど，お母さんはお仕事に行くよね」などの「する－しない」，「保育園－お仕事」などと子どもたちの身近なところから対比的な関係を見出し，やりとりの内容に活かしていくこと

表5-1　乳児（3歳未満児）の発達的特徴の概要

	6カ月未満	6カ月～1歳3カ月未満	1歳3カ月未満～2歳	おおむね2歳
姿勢・運動	・あおむけ：非対称→対称性→対称性の展開 ・首がすわる ・寝返り	・はいはい：ずりばい→四つ這い→高這い ・お座り ・つかまり立ち ・姿勢の変換：はいはい⇔お座り⇔つかまり立ち ・歩行開始	・歩行の安定 ・階段の上り下り（手すり使用） ・両足跳び	・飛び降り ・抵抗に向かう姿勢 ・階段を交互に上る
手指の操作	・目と手の協応（物へのリーチング）	・物をつかむ→つかむ＋手放す→入れる，のせる	・入れ分け，移し替え ・道具使用	・Vサインをつくる ・作った物を何かに見立てる ・積む＋並べる操作の組み合わせ
言語認識	・物を見る力：上下左右の追視→全方位の追視	・指さし理解→手さし→指さし（要求，叙述等） ・初語の誕生	・可逆（応答）の指さし ・二語文	・大小，長短の比較ができる ・多語文
自我社会性	・自発的・生理的微笑→微笑み返し→選択的微笑	・人見知り ・物を介したやりとり（ボールの受け渡し）	・"つもり"の芽生え ・気持ちの立ち直り	・自分の名前を使った要求・主張

出所：筆者作成。

が大切である。

4）自我の育ちと友だち関係

　2歳児は「魔の2歳児」や「terrible twos」と呼ばれるように，「ジブンデシタイ」という気持ちや自分の物への執着が強まり，自己主張がさらに顕著になる。そして，子ども自身の思う通りのやり方でなかったり，途中で手伝われたりすると，1からやり直しになってしまう。例えば，保育室のドアが少し硬いので，閉めるのを手伝うと，またそのドアを開けて最初から閉め直すなどである。同様に，自分の場所や物についても，お昼寝用の自分の布団に友達の足が少し入っただけで，「～チャンノ」と押し出そうとしたり，自分のタオルを友達が親切で持ってきてくれても「～チャンノ」と奪い取るようにタオルかけに戻して自分でやり直したりする姿が見られる。その一方で，自分で一通りやってみてできないときには「テツダッテ」と援助を求めてきたり，一所懸命取

り組んでできたことは「ミテミテ」と称賛を求めてくる。自分の気持ちが尊重され，自分を認めてもらうことを求める姿が特徴である。

関わり方のポイント　この時期の自我の育ちにおける重要な特徴である「〜チャンノ」「〜チャンガ」などと自分の名前や愛称を使った表現がどのような場面でどのような行動に使われているか，確認してみよう。また，この時期の自我の育ちへの配慮として，たとえ子ども自身にはできないことであっても，1番最初は子どもに納得がいくまでさせ，援助はその後にすることである。ただし，これはいつも必ずできるわけではないため，どのような場面や行動でそのような対応をするのかを考えておかなければならない。また，友達のお手伝いをしてあげたい気持ちも強まるが，自分でしたい気持ちと対立してトラブルが生じることにもなるため，それぞれの気持ちを丁寧に言葉で伝えていくことが大切である。

以上，乳児（3歳未満児）の発達的特徴の概要は，表5-1の通りである。

2　幼児の発達

幼児（3歳以上児）については，年齢では幼稚園とも重なり，学生自身の幼少期における部分的な記憶が残っている年齢でもある。そのため，自身の体験やその時の気持ちなどを思い起こし，それと照らし合わせながら理解を深めていくことが大切である。

(1)「おおむね3歳」——2〜3歳児クラス
1）全身運動
3歳になると，走る・跳ぶ・よじ登るだけでなく，階段を交互に降りる，ぶら下がる，片足で立つなどの身体制御が可能になる。さらに，「足を上げ（る）」ながら，「前に進む」といった異なる二つの動作を一つにまとめることで達成される片足跳び（ケンケン）への挑戦が始まり，3歳後半には片足跳びで前進することができはじめる。

関わり方のポイント　3歳児には，身体を使った複数の動きが体験できるような環境設定を工夫したい。例えば，フープでのケンケンパでスタートし，鉄棒にぶら下がる，段差の昇り降り，両足跳びで前進などを順に行うサーキットや自然の中でそのような体験ができるよう考えてみよう。

2）手指の制御

3歳になると，描画では，閉じた丸や十字などが書け，さらに丸の内側には目鼻口，外側に耳や髪の毛，手足など，円形の内・外の両方に描き込むことによって，顔や頭足人を描くことができるようになる。また，両手を同時に開閉させたり，異なる二つの動作を一つにまとめる両手の交互開閉にモデルを見ながら挑戦しはじめる。

関わり方のポイント　両手の開閉ができ，Ｖサインもできるこの時期，「グーチョキパーで何つくろう」「おべんとう箱」「やきいもグーチーパー」といった手遊びが楽しめるようになる。歌うスピードを変えたり，バリエーションをつけて難易度をつけるなど，さまざまな工夫をすれば，3歳前後の幅広い年齢でも楽しむことができるだろう。

3）言語認識

3歳になると，見た目では判断できない「重い―軽い」「男―女」「姓―名」といった二次元的な認識の獲得が進み，「前ここ来たことあるね」や「あと2回寝たら，おばあちゃん家に行くよね」など，「現在―過去」「現在―未来」といったとらえ方ができるようになる。また，「お腹すいたときどうする？」「眠いときどうする」といった問いに対し，聞かれた時の状況（「おなかすいてない」）ではなく，一般的な回答（「ご飯食べる」）ができるようになる。さらに，数に関心をもつようになり，1から10くらいまで数えたり，3個まで選び取ったりすることができるようになる。数の呼称は，3歳以前にも見られるが，数の選択はおおよそ，3歳は3個まで，4歳になると4以上の数もわかるようになる。しかし，数を概括する力，つまり，「全部でいくつある？」という問いに対し，3個ある積木を数えて最後の数である「3」個と答えることは3歳児にはまだ難しい場合が多い。

関わり方のポイント　数の理解には呼称，選択，概括の側面があることを踏まえ，それぞれの理解について，おやつを配ったり，人数や順番を数えたりといった生活や遊びの中で楽しく学んでいけるような工夫が大切である。

4）自我の育ち

自分のことを「ボク」「ワタシ」「オレ」などと一人称で言うようになり，保育園でも乳児クラスから幼児クラスへ進級した嬉しさ，「おにいちゃんになった」「おねえちゃんになった」気持ちに溢れている。そんなやる気に満ちた3歳児は，お手伝いなどにも積極的で，少し難しいことでも「～したら～できる」というポジティブな見通しをもって取り組む。ただし，これには実力が伴っていないこともあり，3歳児にとっては思いがけず（大人から見るとやっぱり）失敗をすることも少なくない。

関わり方のポイント　そのような3歳児の失敗には，「だから言ったのに」という態度ではなく，子どもの「～したかった」という気持ちを受け止め，「～したらできるんじゃない？」と具体的な方法を示してみよう。

(2)「おおむね4歳」——3～4歳児クラス

1）全身運動

4歳になると，ケンケンで前進する距離が5mくらいまで伸び，4歳後半にはその距離をUターンして戻ってくるまでに脚力が発達する。また，手と足両方の動きに注意を向け，三輪車や補助輪付自転車に乗る，手は頭において耳の動き，足はしゃがんだ姿勢で跳ぶうさぎ跳びなどの身体制御が可能になる。

関わり方のポイント　二つの異なる動作を一つにまとめる力が発揮できる遊びとして，前述以外には，曲に合わせて走り回り音楽が止まったら止まる，手拍子が鳴ったら座るなどがあり，聞きながら身体の動きの制御を楽しく行えるようにしよう。

また，生活や遊びの中でルールを理解し，守ることもできはじめるため，鬼ごっこやしっぽとり，かくれんぼなどの単純な遊びから，徐々に椅子取りゲームなどに発展させていけるとよいだろう。その際，最初は保育士（実習生）が

オニ役のモデルになって見せることが大切である。

2）手指の制御

4歳になると，手指の制御の巧緻性が高まり，両手の交互開閉では，モデルなしでつまずきながらもでき始め，4歳後半には10回以上継続でき，開閉の速さの切り替えにもついていこうと努力しはじめる。また，描画では四角が書け，はさみの扱いも巧みになり，左手にもった紙を少しずつ調整しながら，右手にもったはさみでジクザクや波線に沿って切るなどの協応動作が可能になる。

関わり方のポイント　4歳になると，「コンコンきつね」の手遊びで子ども自身が一緒に指を動かして楽しめるようになる。それは，5本の指を「きつね」の形にするための制御，つまり，小指と人差し指は伸ばしたまま，中指・薬指・親指は屈曲させることができ，「きつね」の口にあたる3本の指を開閉させるような動きを左右どちらの手でもスムーズにできるようになることが前提となっている。

また，製作活動では，はさみを使って四角や丸の形を切り抜いたり，うず巻線に沿って切ったり，さらにそれをのりで画用紙に貼るなどができるような内容を考えていくことが大切である。

3）言語認識

4歳になると，「だって〜だから」と理由が言えるようになり，数の理解も4以上の選択，概括がわかるようになる。さらに，記憶力にも変化がみられ，ランダムな4数の記憶と再生が可能になる。例えば，「4739」の場合，2数を1単位として「47」を聞いて覚えながら，「39」を聞き，直近に聞いた「39」は保持しながら「47」を再生し，続けて「39」と順に再生できるようになる。これも，異なる2数1単位を時系列的にまとめていく力が必要であり，3歳では，「39」や「739」など直前に聞いた数字を答えやすい傾向が見られる。例えば，生活の中では「事務室でカードをもらってから，給食室で人数を伝えてね」と言われた二つの事柄を，3歳児では，後に聞いた「給食室で人数を伝える」だけの記憶にとどまってしまうが，4歳になると二つの意味を記憶し，やり遂げられる記憶力へと発達する。

関わり方のポイント　　生活の中での二つの指示に応じられない場合，記憶力の問題が関連しているかもしれない。そのような子どもには，"数のまねっこ遊び"として，1秒に一つの数字を言うようにして，ランダムな4数の復唱が可能になっているか確認してみるのもよいでしょう。

4）自制心の育ち

身体や手指，記憶力など二つの異なる動作・事柄を一つにまとめる力が充実してくると，気持ちをコントロールする面でも大きな変化が見られる。4歳半ば頃になると，「恥ずかしいけれど，きちんと挨拶をする」「さみしいけれど，おつかいに行く」など，ネガティブな感情を自らコントロールして，ポジティブな行動を実行することができるようになる。これは単なる我慢ではなく，自制心の形成という人格の発達にとって重要な特徴である。

関わり方のポイント　　4歳頃になると，それ以前のやる気や自信に満ちた姿から，「〜だけれども」と葛藤する姿が見られるようになり，以前は言えていた「仲間に入れて」という一言が「入れてもらえなかったらどうしよう」と思うと言えなくなるなど，行動の開始や物事の決定に時間がかかったり，葛藤を乗り越えられずネガティブな感情に陥ってしまうことがある。一見後退したかのように見えるこのような場面で，「前はちゃんと言えていたでしょ」とむやみに叱咤激励したり，「まだ難しいよね」と挑戦の芽を摘むのではなく，揺れ動く気持ちをまずはありのままに受け止め，そこから自制心の形成につなげていくことが重要である。[3]

(3)「おおむね5歳」——4〜5歳児クラス

1）運動遊び

5歳頃になると，鉄棒，縄跳び，ボール遊びなどこれまで以上に運動遊びが活発になる。それと同時に，氷おにや警察と泥棒，ドッジボールなどルールのある身体を使った集団遊びも盛んになる。ルールを共有して遊ぶことから，次第にルールを守ることによって遊びが楽しくなることが理解できるようになる。

関わり方のポイント　　5歳児に対しては，遊びの中でのルール違反や鬼決

めなどでトラブルが生じても，大人がすぐに解決策を示すのではなく，子どもたち同士で話し合い，答えを導き出せるような援助を実習生としても心がけていくことが大切である。

2）3次元的認識

5歳頃になると，それ以前の二つの異なる動作を一つにまとめる力に基づく「好き―嫌い」「できる―できない」などの二分的・対比的認識から，その中間をとらえられるようになり，時間的には過去と未来の間にある「現在」，空間的には左と右の間にある「真ん中」，価値的には好き，嫌いの中間である「ふつう」など3次元的な認識が形成されてくる。その結果，積木を1個，2個，3個，4個と系列化して斜めの構成を含む階段を作ったり，斜めの線を組み合わせて三角形を描いたり，三方向の人物画では横向きや後ろ向きをとらえはじめ，前向きとは異なる表現が可能になる。

　関わり方のポイント　　3次元的認識の獲得により，色違いの3本のひもを交互に編んで1本の縄にし，運動会での縄跳び競技（表現）に利用するといった取り組みも可能になる。初めは，短い縄を編んで練習し，最終的には自分で跳ぶのに丁度良い長さの縄にしていく。その際，上手に編める子どもに手本になってもらうなど，子ども同士で教え合う関係を引き出せるよう工夫してみよう。

3）社 会 性

5歳頃になると，社会性を培うことのできる世界がこれまで以上に豊かになり，協調性を身に付けられるようになる[4]。自分自身や友だちについて，「背は低いけど，走るのは早い」「給食を食べるのは遅いけど，お絵かきは上手」など，それぞれの長所や短所を多面的にとらえられるようになる。また，この時期は，友達にできないことを教える際，代わりにすべてしてあげるのではなく，やり方を示して友だちができる部分は尊重する間接的・部分的な手助けができるようになる。その結果，教えてあげた友達の「できた」経験が自分自身の喜びの経験となって，自己信頼感を培っていく。

　関わり方のポイント　　敵―味方，売り手―買い手など二手に分かれ，その

間にルールを媒介させ，両者の役割や立場を交代したりする活動の中で，役割意識，感情移入ができはじめる。これらのごっこ遊びやその中での役割において，「リアル」さを求めるようになってくる⁽⁵⁾。そのため，お店の買い物袋や使わなくなった洋服・雑貨などを集めたコーナーを作っておくとよいだろう。

(4)「おおむね6歳」──5歳児クラス

1）運動遊び

6歳前後には，側転，跳び箱や竹馬など，「踏み切る，空中での身体制御，着地」の3要素を含むさまざまな運動遊びに熱中し，補助輪なしの自転車にも挑戦するようになる。走りながらボールをついたり，蹴ったりなど，走りながら重心を制御する力が巧みになってくる。

　　関わり方のポイント　　身体の大きさや運動能力には個人差もあるため，運動が苦手な子どもに対しては，跳び箱での手を着く位置を明確にしたり，竹馬に乗るときのコツを伝えるなど，「その子に合った目標」を設定し，一つずつ達成することによって自信と次への意欲につなげていくことが大切である⁽⁶⁾。

2）構成遊び

手指の巧緻性が高まり，手先を使ったより細かい作業や詳細な表現が可能になる。縦，横，斜めの三次元の構成や，さまざまな色や形，大きさを組み合わせ，立体的な乗り物や建物など，完成をイメージしながら構成することができるようなる。

　　関わり方のポイント　　積木やブロック，編み物やビーズ通し，あるいは折り紙などの構成遊びにじっくりと集中して取り組めるコーナー作りが大切である。また，活動や時間の区切りで中断した場合や翌日にも継続的に作成に取り組めるよう，途中段階の作品を取っておくスペースや，完成した作品を展示できるスペースを作っておくことで，子どもたちの意欲にもつながっていくだろう。

3）文字・数への関心

文字への興味は4歳前後から見られるが，6歳頃になると，目の前にいない

表 5-2 幼児（3歳以上児）の発達的特徴の概要

	おおむね3歳	おおむね4歳	おおむね5歳	おおむね6歳
全身運動	・走る・跳ぶ・階段を交互に降りる ・ケンケンに挑戦	・ケンケン，うさぎ跳びができる ・三輪車，自転車に乗る	・鉄棒，縄跳び，ボール遊び ・身体を使った集団遊び	・「踏み切る，空中での身体制御，着地」の3要素を含む運動遊び
手指の操作	・閉じた丸，十字，頭足人が書ける ・両手の交互開閉に挑戦	・四角を書く ・両手の交互開閉ができる ・紙を調整しながら，はさみで曲線を切る	・積木で階段を作る ・三角形を書く ・三方向の人物画に挑戦	・作る物をイメージして，縦，横，斜めの三次元を構成したり，様々な形や色を組み合わせる
言語認識	・男―女，姓―名，重―軽などの対比概念の獲得が進む ・10まで数える	・理由が言える ・10までの呼称，4の選択，概括ができる ・4数復唱ができる	・三次元的な認識の形成	・文字と数への関心が高まる
自我・社会性	・「ボク」「ワタシ」「オレ」などの自称詞の使用	・自制心の形成	・長所や短所を多面的に捉える ・間接的・部分的な手助けができる	・話し合い，譲り合いによる役割分担や役決めができる ・勝つために，仲間を「排除」しない秘策を考え出す

出所：筆者作成。

相手に自分の気持ちを伝える手段として書き言葉を使うようになる。また，数の理解が進み，笛が鳴った数だけボールを集める遊びや，時計を見ながら，長い針が「9」のところで「ごちそうさま」など時間を意識して生活することが習慣になってくる。

関わり方のポイント　文字との関わりでは，単なる文字の学習ではなく，「おじいちゃん」「おばあちゃん」あるいは「サンタクロース」などに自分の気持ちを伝える手紙やはがきを書く，自分の名前を書くなどの活動を通して，楽しみながら，文字の必要性を感じられるようその関心を育て就学へとつなげていくことが大切である。

4）社 会 性

複数の役割があるような当番活動や劇遊びなどで，子ども同士話し合い，譲り合って役割分担や役決めができるようになっていく。また，ルールのある集

団遊びでも，子ども同士で意見を出し合って新たなルールを作ったり，遊びの参加者の状況を見ながら柔軟にルールを変更したりできるようになる。また，「勝つ」ために作戦を立てたり，協力し合ったりするようになる。

関わり方のポイント　　リレーで勝つための「作戦」などでは，足の遅い子どもや障害児を排除しない秘策を子どもたちなりに考え出していく。そのため，先入観をもたずに子どもたちの考えを引き出し，話し合うための援助を心がける必要がある。

以上，幼児（3歳以上児）の発達的特徴の概要について，表5-2に示した。

本章のまとめ

　冒頭で，子どもとどのように関わったらよいか，それを考える上で子どもの発達の特徴についての知識と理解は必要不可欠である，と述べた。それと同時に，子どもの発達には個人差があり，それぞれの子どもに得意，不得意があることも事実である。本章で述べた発達の特徴やその該当年齢はあくまで目安である。しかし，そのおおまかな発達の特徴についての知識があるからこそ，初めてその目安との違いをとらえることができる。ただし，発達は早ければ良いというわけではなく，また，子どものある力を単に「できる-できない」という次元のみでとらえてしまってはいけない。それぞれの子どものできている部分はどのようなでき方か，できない部分はどこか，その際の子どもの「こうしよう」「こうなりたい」と努力する姿，その子どもの良い部分に目を向けることが大切である。

　目の前にいる子どもの発達の"事実"を尊重し，その姿から改めて自らの発達についての知識を問い直して学ぶとともに，一人一人の子どもが時間の中で変化していく過程をとらえられるようになることが求められる。

注
(1) Spitz, René A. Die Entstehung der ersten Objektbeiziehungen/René A. Spitz; miteinem Geleiword von Anna Freud. 1960.（古賀義行（訳）『母-子関係の成り立ち――生後1年間における乳児の直接観察』同文書院，1965年，55-66頁）
(2) 寺川志奈子「2～3歳の発達の姿」白石正久・白石恵理子編著『教育と保育のための発達診断』全国障害者問題研究出版部，2009年，103頁。
(3) 藤野友紀「4歳の発達の姿」白石正久・白石恵理子編『教育と保育のための発達

診断』全国障害者問題研究会出版部，2009年，132頁。
(4) 田中真介監修，乳幼児保育研究会編著『発達がわかれば子どもが見える——0歳から就学までの目からウロコの保育実践』ぎょうせい，2009年，126頁。
(5) 河原紀子監修・著，港区保育を学ぶ会著『0〜6歳子どもの発達と保育の本』学研教育出版，2011年，93頁。
(6) 金子龍太郎・吾田富士子監修『保育に役立つ！ 子どもの発達がわかる本』ナツメ社，2011年，212頁。

参考文献

片山紀子・荒木美知子・西村美佳『保育実習・教育実習の設定保育——これではじめての実習も大丈夫』朱鷺書房，2012年。

金子龍太郎・吾田富士子監修『保育に役立つ！ 子どもの発達がわかる本』ナツメ社，2011年。

河原紀子監修・著，港区保育を学ぶ会『0〜6歳子どもの発達保育の本』学研教育出版，2011年。

西川由紀子『かかわりあって育つ子どもたち——2歳から5歳の発達と保育』かもがわ出版，2013年。

田中昌人・田中杉恵『子どもの発達と診断①——乳児期前半』大月書店，1981年。

田中昌人・田中杉恵『子どもの発達と診断②——乳児期後半』大月書店，1982年。

田中昌人・田中杉恵『子どもの発達と診断③——幼児期Ⅰ』大月書店，1984年。

田中昌人・田中杉恵『子どもの発達と診断④——幼児期Ⅱ』大月書店，1986年。

田中昌人・田中杉恵『子どもの発達と診断⑤——幼児期Ⅲ』大月書店，1988年。

田中真介監修，乳幼児保育研究会編著『発達がわかれば子どもが見える——0歳から就学までの目からウロコの保育実践』ぎょうせい，2009年。

白石正久・白石恵理子編『教育と保育のための発達診断』全国障害者問題研究会出版部，2009年。

第6章 保育所実習の実際

学びのポイント

　保育所実習は保育所に行った初日からスタートするのではなく，学内での実習指導が開始した時からスタートしている。実習先は子どもの命を預かる場であり，保育士は子どもの安全を第一に考え，その上で子どもの成長を願い，計画を立て保育を行っている。

　保育所実習ではその大切な子どもと関わり，子どもや保育士や保護者から専門職としての学びを深めさせてもらうことになる。そのため，社会人としての心構えが当然要求される。実習に臨む態度が学生気分では困るのである。そのために事前に多くのことを知識として得ておき，実習先では理論と実践の融合を図ることができるように努める必要がある。本章では実習前にどのような準備をして，実習中はどのように子どもや保育士と関わり，実習後にすべきことについて学ぶ。

1　事前学習

(1) 部分保育・半日保育・全日保育の準備

　実習生は学内授業などで模擬保育などを行ってから実習に臨むことが多いが，実際に子どもを前にして保育を行う機会は，学内授業では困難であろう。

　模擬保育では大人が子ども役，先生役を演じて保育を行う。子どもを前にして行う保育では，子どもからの反応や，子どもの動きなど，発達段階に応じた反応を予測しきれないため，実習で初めて子どもの前で保育した際に，子どもの姿を想像できていなかったと実感することも多い。

　保育現場での学びは，単に子どもを観察するだけで得られるものではない。保育士が何に注意を払い，どのようにして子どもや保護者と関わっているのか，保育においてどのような事前準備が必要なのか，子どもたちにどのように声か

けをしているのかなど，保育士の言動一つひとつに意味があることを読み取ることで，その職務内容や意味が理解できるのである。このような経験を積み重ね，子どもの製作やリズム活動などを30分〜1時間程度担任保育士に代わり担当する「部分保育」や，給食前後までの保育を担任保育士に代わり担当する「半日実習」や，1日の保育を担任保育士に代わって担当する「全日保育」を任せられることとなる。全日実習，半日実習を責任実習という場合もある。

事前に設定保育についての指示がなくても，毎日子どもたちの前で1冊絵本を読ませてもらうというぐらいの心づもりはしておいてほしい。子どもたちに読み聞かせる場合は，単に絵本を持参するだけではなく，その絵本のストーリーを暗記するぐらい読み込んでから実習に臨むようにする。「絵本はすべてひらがなだから」といって読まずに持参すると，子どもたちの前で読み間違えたり，間違った解釈に基づく読み聞かせをすることもある。

実習開始後に保育の事前準備に取り組もうと思っても，日々の実習日誌の作成に追われ，部分保育などの事前準備まで手が回らず，準備不足のまま保育をすることになる。年間計画から週案・日案まで立てて保育をしている保育士からすれば，計画性の無い実習生の態度は，指導するに値しないという気持ちになることもある。また日々成長している子どもたちは，伸びる芽を存分にもっているため，実習に対する準備が不足している実習生や無計画な実習生の保育が，子どもたちの成長にとって大切な1日を奪ってしまうという自覚をもたなければいけない。

実習期間中に配属される年齢が事前にわかっているのであれば，その年齢に応じた絵本や紙芝居，エプロンシアター，パネルシアター，ペープサートなど，保育の流れに応じて，できる準備は実習開始までに計画的に済ませておく方がよい。

保育所では入園式，卒園式，運動会，音楽会，生活発表会だけではなく，それ以外にも保育の中には，保護者参観日，祖父母参観日，防犯訓練，避難訓練（地震・火災・津波など），交通安全教室，子どもの日，虫歯予防デー，時の記念日，田植え体験，海の日，プール開き，お泊り保育，バス遠足，芋ほり，地域

交流，製作展，クリスマス会，コマ回し大会，節分，ひな祭りなど，年間行事は保育所によって多少違いはあるものの，子どもが経験することを行事として保育の中に織り交ぜていることも多い。そのため，どの時期に実習するかによって，その行事から大きくそれるような部分保育を考えていくのではなく，保育は計画的に行われているため，実習生であっても月案や週案に沿った保育を考えていく必要がある。

　例えば，4月末からはこいのぼり製作，5月には母の日にちなんで家族の絵を描く，6月にはアジサイやカエルの製作，虫歯予防デーにちなんで歯磨きの大切さを教える，歯磨きの話をする，時計の製作をする，9月頃に実施する運動会に向けて竹馬の練習を始める。また，12月に音楽会が開催されるのであれば，10月頃より楽器遊びを始める，1月にはかるた大会，こま回し大会をしながら，2月の生活発表会に向けて子どもたちと題材決めをしたり，役を決めていったりする。このように，季節を先読みして保育士は子どもたちに無理のないような形で，その年齢月齢に応じた素材を使って製作できるようにしたり，どのような内容で話を進めていくのかなどを考えており，その遊びを通して行事を楽しむことができるように計画を立てているのである。

　5月＝こいのぼり製作，と考えがちではあるが，保育士の行う保育は，単にこいのぼりを作ることだけが目的ではない。子どもの日は5月のゴールデンウイーク中にあるため，子どもたちが保育の中でこいのぼりを十分に楽しむことができるようにするためには，4月中旬ごろからこいのぼり製作のための準備にとりかかるとよいであろう。子どもたちがその保育を十分に味わえるようにするためには，どのような話から始まり，どのような絵本を選び，どの素材を使って子どもたちにどこまでさせるのか，その製作はいつから取り掛かり，いつ完成させ，どのくらいの期間こいのぼりを使った保育をするのか，など，保育士はほぼ詳細な内容を決めているのである。

　このように，実習生として子どもたちにどのような保育をしたいか，ということを優先させるのではなく，保育士が立てた年間行事や月案を基に，実習生として子どもたちに何をどのような素材で，どのような遊びとして提供してい

くのが望ましいのかを考えなければならない。

　計画を立てて集団で行うのが保育所保育である。計画を立てずに行ってしまうと行き当たりばったりの保育になり，子どもの発達を見通したものとは言い難くなる。

（2）体調管理

1）実習前の体調管理

　実習に行くためにはさまざまな準備をしていなければならない。心身の健康は子どもたちの前に立つ先生として，当然身につけておかなければならないことの一つである。大学生活を送る上では許されることでも，実習先では許されないこともある。昼夜逆転の生活をしている場合は，生活リズムを改善をしたり食生活にも留意したりして，心身ともに健康な状態を実習前から心掛ける必要がある。

2）健康診断書と細菌検査（検体検査）・感染症予防

　実習先からは実習前に健康診断書の提出や細菌検査（検体検査）の実施を求められるところが大半である。

　大学などで行われている健康診断書だけでは検査項目が不足する場合もあり，細菌検査（検体検査）については実習する保育所によっては，必要な項目が違ったりするため，どのような検査を受けておかなければならないかということを知る必要がある。

　特に，持病がある場合などは，実習に耐えうることができるかどうかの診断を医師から受けておかなければならない。もし配慮を必要とする場合は，養成校の実習担当者と保育所に事前に申し出ることにより，可能な限り配慮はしてもらえるであろう。

　細菌検査（検体検査）にあたっては，検査前には生ものを避ける，生ものを触った箸をそのまま使わないなどの注意も必要になってくる。健康診断や検体検査で再検査になった場合，あるいは結果を提出できないような場合，細菌検査（検体検査）で「異常なし」と証明されるまで，実習をすることができない。

「麻しんに関する特定感染症予防指針」において，「医療・福祉・教育に係る大学並びに専修学校の学生及び生徒に対し，幼児，児童，体力の弱い者等の麻しんにり患すると重症化しやすい者と接する機会が多いことを説明し，当該学生並びに生徒の麻しんのり患歴及び予防接種歴を確認し，麻しんに未り患又は麻しんのり患歴が不明であり，かつ，麻しんの予防接種を必要回数である2回受けていない又は麻しんの予防接種歴が不明である場合には，当該予防接種を受けることを推奨するよう依頼するものとする」こととしている。風しんに関しても，「風しんに関する特定感染症予防指針」において，「医療・福祉・教育に係る大学及び専修学校の学生及び生徒に対し，幼児，児童，体力の弱い者等の風しんに罹患すると重症化しやすい者や妊婦と接する機会が多いことを説明し，当該学生及び生徒の罹患歴及び予防接種歴を確認し，いずれも確認できない者に対して，風しんの抗体検査や予防接種を推奨する」こととしている。

麻しん風しんについてはまずは各個人で過去の罹患歴や予防接種歴（回数や抗体も含めて）を確認することが必要である。麻しんの場合，抗体が確認できなかった場合や，過去に罹患したことがない者で予防接種が未接種あるいは1回しか予防接種を行っていない場合については，予防接種を受けることが望ましいとされている。

風しんについては，抗体が確認できなかった場合や，過去に罹患したことがない者で予防接種が未接種の場合については，予防接種を受けることが望ましいとされている。これらの抗体検査や予防接種については，実習先から求められる提出書類の1つになっているところもある。

子どもたちと関わる際，実習生自身が感染源になることがあってはならない。保育士は子どもたちの命を守ることや安全への十分な配慮が必要だからである。さらに子どもたちを預けている保護者は何らかの理由により，日中保育ができない状況にあるため，子どもを休ませることが容易ではない。実習生の体調不良が原因で，クラスの子どもや保育所内で大量感染してしまうことなどがあれば，責任問題になることもありうる。

実習は日々の大学生活とは違い，緊張感を伴った社会の場での経験であると

いうこと，遅くまで記録を書かなければならないという，幾重にも体調を崩しやすい要因があるため，体調管理を怠ってはならない。

3）実習中の欠席

　子どもの健康を第一に考えるのであれば，体調管理の行き届いた状態で実習に臨むのが望ましい。そのためには，日頃から手洗いうがいなどの習慣を付けておき，実習に耐えうることができるだけの体力を備えることなどが必要になってくる。

　子どもから病気をもらうこともある。実習生自身が幼いころに水疱瘡，おたふく風邪などに罹患しておらず，実習期間中に罹患する学生もいるほどである。事前の予防策として計画的に何をしなければならないかを考えて，実習に臨むためには数カ月前から行動する必要があるものもある。

　万が一体調不良で実習を欠席する場合には，必ず病院を受診し，その結果をその日の内に保育所へ報告する。欠席連絡については，実習開始時間までに必ず保育所に連絡することと，養成校の実習担当者などにも連絡を入れておくなど，決められた報告先に連絡をしなければならない。法定伝染病[1]の場合は，出勤停止期間が決まっているが，治癒により実習再開可能日が決定次第，保育所にその日を連絡，実習再開日の調整を行うようにする。

　無断で欠席すると，保育所の保育士は，子どもの保育に加えて実習生の安否まで心配しなければならなくなる場合もあるため，無断欠席は厳禁である。

2　実習中の態度

（1）身だしなみ

　実習に臨む姿勢としては，まずは身だしなみから気を付ける必要がある。オリエンテーション及び通勤時は，通常はリクルートスーツに白のYシャツ・ブラウスを着用するが，保育所によっては私服で通勤するように言われることもある。私服で通勤する際は，短パンやサンダルは厳禁である。また，更衣室の関係で，保育にはいる服装で通勤するように言われることもある。

　保育実習にはアクセサリーや華美な化粧，香水，ネイル，髭などのおしゃれ

は必要ないため控えなければならない。また，しゃがんだ時に腰回りや胸回りが見えるような服装も不適切である。

　長い髪は束ねるようにし，ヘアピンの使用は避けた方が良い。髪が長い場合は実習前にカットし，ヘアピンを使用しない長さにしておく方がよい。

　保育中の服装として，保育所によっては黒っぽい服装を嫌うところもあったり，ズボンはジャージのところ，ジャージ不可のところなどその保育所独自の服装コードがあるので留意したい。

　その他不明点は，オリエンテーション時に確認し，その際の指示に従い，忘れ物が無いようにしたい。

（2）実習初日
1）出勤から保育室に入るまで

　実習初日は通勤に要する時間など，わからないことがたくさんあるため，決められた時間より少し早目に出勤するようにしたい。

　例えば，オリエンテーション時に「8時30分から実習開始しますのでそれまでに更衣を済ませておいてください」と言われた場合，実習先には8時過ぎを目途に到着し，更衣を済ませて8時半には実習開始できる準備を整えるようにしなければならない。あまりにも早く到着しすぎるのも失礼にあたるが，社会では遅刻は許されないと考えなければならない。万が一交通機関の事情で遅延していた場合は，速やかに保育所に連絡をして事情を話し，駅などで延着証明を発行してもらい，到着後に保育所の保育士に渡すようにする。

　保育所の周りには保育所の保育士だけではなく，子どもや保護者，近隣住民がいる。そのため，職員室の先生にだけ挨拶をするのではなく，出会った人には明るく挨拶をする，靴をそろえる，素早く行動する，などを心掛けてほしい。

　実習生は保育所や子どもたちの様子などわからないことが多いため，さまざまな面で戸惑うことだろう。しかし，新しい場所で初めて出会う子どもたちや保育士や職員との関わりであるため，最初はわからないことばかりでも仕方がない。受け入れる保育士もどのような学生なのかわからないため，手探りの状

態で指導しておられることもある。

　保育室の中の子どもたちも，見知らぬ人がクラスにいるという状況であるため，子どもたちに変な緊張感をもたせてしまう。まずは実習生としての緊張感はもちつつも，保育士や子どもたちには笑顔で，積極的に関わっていく気持ちが大切になってくる。

　2）保育室に入ってからの動き

　保育室では，実習生としてどのような仕事を担わなければならないのか，自分にできる仕事は何なのかを積極的に聞いて覚えることが求められる。掃除用具がどこにあるかわからないから何もしない，何をするのか指示されていないから動かない，という消極的な態度は，実習へ向かう態度として良い評価を得ないばかりか，実習生自身の学びも薄くなってしまうだろう。

　実習生といえども，子どもにとっては「先生」である。子どもの発達と安全を第一に考え，どのようにして環境を整えると，子どもたちの発達を促すことができるのかを自主的に考えられるようになってほしい。

　実習生から「実習期間中，子どもたちと関わらせてもらえなくて掃除ばかりさせられた」という声を聞くこともある。しかし，子どもの環境を考えた際，直接子どもたちと関わることだけが重要ではなく，どのようにすると子どもたちが気持ちよく保育所生活を送ることができるのかということを考え，楽しんで掃除をすることも実習のうちである。子どもたちに適切な環境を整えることを任されている，という前向きな発想に転換していくと，掃除も大切な仕事の一つとしてとらえることができるのではないだろうか。

　初日は子どもの名前を覚えるということ，保育所における保育士の仕事を理解しながら，実習生として取り組むべきことはどのようなものがあるのかをつかんでいく必要がある。

　担当保育士などの指示を仰ぎながら，実習期間中子どもとの関係を築くことができるような関わりを初日から心掛けていきたいものである。

　3）初日の実習日誌

　毎日の実習終了後には実習日誌を書かなければならない。実習日誌は実習し

た翌日に，園長（所長），主任，担任のいずれかの保育士に渡すことになるが，前日の記録用紙を提出すべき保育士を，オリエンテーション時に確認をしておく。担当保育士がいない場合には，他の保育士に確認をして指示を仰ぐようにする。担当保育士がいないからといって提出しないままでいると，「未提出」扱いということにもなりかねない。

　実習日誌については，下書きをして提出をしたものに，添削してもらったものを清書をする所，添削してもらったものを返してもらうだけの所，確認印が押してあるだけの所，など実習先によって異なるため，そこの指示に従って訂正するところは訂正するようにしていく。

　子どもの行動，保育士の配慮や援助など一つひとつに意味があることを汲み取って，日誌の中には起こった客観的事実を，適切な言葉で時系列に書いていくことが求められている。

(3) 実習開始1週間まで
1) わからないことがある時
　実習開始直後においては，まだまだ子どもとの関わりでわからないことが多い。実習生としてどのような動きをしなければならないのかもわからない。しかし，わからないことをわからないままにしておくのではなく，わからないことがあれば担任保育士や担当者などにすぐに聞くようにしたい。「先生は忙しそうだから」ということでタイミングを見計らっていると，保育士は毎日忙しく，忙しくない時間帯はほとんどないため，聞くタイミングを逸してしまうことになるだろう。

　もし保育士が忙しそうにしていれば「今お時間よろしいでしょうか」など，ワンクッションおいて質問してみるのもよい。もし保育士などが忙しく返答できないようならば，質問に応じることができる時間帯などを指定してくれたりするはずである。

　日誌を書いているときに質問事項を思い出したならば，日誌の中に質問を書いていってもよい。

子どもたちの発達のことでの質問事項がある場合など，積極的に質問していった方がよい。養成校に戻ってから教員にたずねても，状況が把握できなければ答えにくいこともある。実習生にも保育士にも守秘義務があるため，保育士は実習生に伝えることができない内容もある。特に障害のある子どもの場合など，特定の障害名をあげることでステレオタイプでとらえてしまうことを避ける配慮から，実習生に障害名を伝えない保育所もある。

2）実習日誌の指導内容理解

実習日誌の書き方について，口頭での指導や指摘された内容を次回以降の実習日誌に必ず反映できるように，指導内容を正しく理解しておく必要がある。

（4）実習の中頃

1）指導計画の作成

実習の中頃以降には子どもたちとの関わりにも慣れ，実習生としての動きもわかりつつある段階である。

保育所実習中に部分保育などをすることが確定していれば，この頃には担当保育士に指導計画を添削してもらい，具体的な保育の進め方を口頭でも相談しておく必要がある。指導計画は，指導実習前日までには指導を受け終えておく必要がある。実習生は指導計画の書き方もまだ未熟であり，保育士から指導を受ける立場にあるため，何度か指導計画を書き直すことを想定して，早めに指導計画の原案を保育士に指導してもらうとよい。

体調を崩しやすいのもこの頃からである。日々の実習日誌に加え，指導計画を書くこと，保育の準備などで睡眠時間が少なくなることが多く，季節によってはインフルエンザや風邪などの流行もあり，体調を崩す学生もいる。

2）子どもとの関わりの中で気を付けなければならないこと

実習期間中に子どもたちとの関わりが密になるにつれて，子どもたちから住所などのプライベートな情報を聞かれたりすることもある。子どもや保護者から住所を聞かれても，実習生はそれに対して答えてはいけないことになっている。もし回答に困った場合は，その場で答えることはせず，保育士にまず相談

しよう。

3）実習期間中の休日の過ごし方

もし，実習中頃に休日がある場合は，設定保育の事前準備をしたり，練習をしたり，今までの実習の疲れを癒すためにのんびりと過ごすことや，睡眠不足を解消するなどして有効に休日を過ごしてほしい。実習期間中はアルバイトをする時間的ゆとりはない。実習期間中の休日を活用してアルバイトしてしまい，翌日の保育時間中に居眠りや失敗をして注意を受ける実習生もいる。

4）訪問指導

実習の中頃以降には，養成校の実習担当教員らによる訪問指導が始まる。

訪問指導に来られた教員に対しては，お礼の言葉を述べた後，現在の状況を話す時間的ゆとりがあれば，状況を話してほしい。保育所で元気に頑張っている学生の様子を見ると，訪問した教員も安心するし，学生が体調不良などで悩んでいれば，適切なアドバイスをくれるであろう。指導実習を行っている場合や，子どもとの関わりを中断することが望ましいと思えない時など，適切でない時は会釈程度しかできない場合もある。

訪問担当教員には，実習終了後に養成校などで改めてお礼を述べる機会をもつとよい。

（5）実習終了前

1）部分実習・責任実習

実習終了前には多くの学生が指導計画に沿った部分又は責任実習を実施する。実習時間は実習先によっても異なるが，指導計画を書かずに10分程度絵本と手遊びをする時間をもらったり，30分から40分程度の保育に関する指導計画を書いた上で設定保育をする，給食までの時間を担当する，全日実習で丸1日実習生がリーダーとなり保育をすることもある。また，養成校教員の訪問日時に合わせて設定保育することもある。保育所によっては研究保育をすることもあり，そのあり方はさまざまである。

2）子どもたちへのプレゼント

　実習最終日においては，子どもたちへの最後のあいさつをしたり，保育所の許可を得ることができたならば，子どもたちに手づくりのプレゼントを渡したり，保育所へ壁面構成をプレゼントしたり，感謝の手紙を読んだり歌や楽器演奏をプレゼントすることもある。

　子どもたちや保育士への感謝の気持ちは，実習生の無理のない程度に行うとよい。その際，必ず事前に保育所と相談し許可を得る必要がある。

　もし，手作りのものを子どもたちに渡す場合は，実習の中頃より準備を始めていなければならない。実習期間中にある休日を利用して，プレゼント作りをするのも良い。

　あらかじめ準備できるものがあるならば，実習開始前に大まかなところまで作成しておくと，実習期間中の時間的負担を軽減できるであろう。

3）実習終了後の予定

　実習終了間近になると，実習終了後の予定について保育士から尋ねられることもある。特に養成校が休暇中の実習については，以後の保育所の行事に招待されたり手伝いを頼まれることもある。行事への参加には積極的に応じていく方がよい。就職先として保育所を選ぶことになるかもしれない者は特に，行事を実習生の間に経験しておくことで，行事への経験と知識が蓄積できるからである。

3　実習終了後

（1）実習終了翌日

　実習終了翌日は今までの緊張感から解き放たれる。実習が長期休暇中に実施されるのであれば，実習終了翌日から自由な時間になる。

　しかし，実習終了翌日以降には，実習最終日の実習日誌を保育所に提出すること，お礼状の送付など，実習終了後も実習生としてやるべきことが山積している。

特に実習日誌の提出は，最終日の日誌だけではなく，それまでの日誌や記入しなければならないところをすべて記入し，書き漏らしの無いようにして実習期間中に書いた日誌をすべて綴じて提出しなければならない。

実習日誌の提出方法については保育所の事情もあるが，実習終了翌日に提出することが多い。提出に行った際に実習日誌の受取日を調整することを忘れてはならない。

実習日誌の受け取りについては，授業などの都合上，保育所が指定した日に取りに行くことができない場合は相談に応じてもらえるが，旅行などの自己都合により，実習日誌を指定された日に取りに行くことができない状況は保育所側にとって実習生としての姿勢を疑われてしまう可能性も否めない。また，実習中には欠席した分の補充実習など，さまざまなことが起こりうることを考えると，実習終了直後から多くの予定を組み込んでしまわない方がよい。

実習先から養成校の長期休暇中にボランティアやアルバイトを依頼されることもある。また，保育所の行事の手伝いを依頼されることもある。実習生とは異なる立場からの視点で，子どもたちの行事を見る機会は，貴重な学びとなる。実習後に行事がある場合は自分から積極的に参加させてもらえるように保育所にお願いした方がよい。実習先からのアルバイトやボランティア，行事参加は強制ではないが，積極的に関わらせてもらうという姿勢も必要であろう（第14章参照）。

（2）実習終了後1週間以内

実習終了直後は，実習が無事に終わったという安心感と子どもたちとの別れの淋しさが入り交じる時期である。睡眠時間を削って実習日誌を書いたりすることもなくなり，気が抜ける時期でもある。しかし，実習後から授業が再開される場合は，実習で得た内容を振り返りながら授業を受けることができ，実習前より授業もより理解できるようになってくるだろう。

実習後は養成校の実習担当教員との面談を通して，保育士や子どもたちから学んだことを，これからの学生生活で生かしていくことができるように振り返

る時期でもある。保育士として働くためには何が不足しているのかを改めて考え，自身の数年後，保育士として働いているイメージを膨らませて，今何をしなければならないのか，どのように行動すべきなのかを考えながら残りの学生生活を送ってほしい。

　もし，保育士への希望を失いかけてしまったのであれば，なぜそうなってしまったのか，なぜ保育士という職業が合っていないと認識したのかなど，原因を探り，自らの進路を見失うことのないようにしてほしい。

　ただ，保育士としての就職を悩むことがいけないことではない。むしろ，自分の力量を知ったからこそ，頑張ることができるポイントとそうでないポイントを知ることができたと考えることもできる。しかし，学生はあくまでも実習生として子どもとの関わりをしてきたということであって，保育所のすべてを知り尽くしたわけではない。奥深い保育の世界について，ほんの数週間での実習で保育所保育のことや，保育士職務や子どものことについてすべてがわかるものではないのである。

4　実習終了後の授業への取り組み

　実習期間中に子どもや保育士から多くのことを学び，貴重な実習を経験した後は，保育所保育のことに関する知識や技術が多く身につき，自信をもてる時期でもある。しかし一方では，保育士と自分の力量の差を感じ，自分が保育士として仕事をしていく自信を失いかけている学生もいるかもしれない。

　保育所で働いている保育士も最初は経験不足から不安になったり，失敗を繰り返しながら今ある姿に成長している。学生として実習しているのであるから，自分が保育士としてやっていけるかどうか不安に思うことがあって当然なのである。保育士は毎日保育を行い，日々保育士としての経験日数・年数を積み重ねているのである。

　誰もが自信をもって保育士をしているわけではない。ただ，自信をもっていないからこそ自分に不足しているところを補うための準備をしたり，研修に出

かけたり，先輩保育士のまねをしたりアドバイスをもらったりしている。それが主任であっても園長であっても同じであり，自信をもって主任をしている人，自信をもって園長をしている人は少ないのではないだろうか。色々なことが起こるたびに自信を失ったり，力量不足であると認識したりしながら日々努力しておられるのである。

したがって，学ぶべきことはたくさんある，養成校での学びは理論と実践を結びつける重要なものである，という認識をもつことができるのであれば保育士としての資質は備わっている，と見ることもできる。

子どもや保護者や家族形態などは，時代によって地域によって変化するものである。その変化を敏感に感じ取って，保育に活かすことができるような保育士になるために，学生の頃だけではなく，保育士になってからも学びと自己研鑽は続いていくのである（第14章参照）。

本章のまとめ

　子どもと関わることができて，子どもからたくさんのことを教わる魅力のある保育士という仕事ではあるが，子どもの命を守るために，子どもの発達を遊びの中から促していくためには子どもの遊びや発達の道筋，保護者支援のことなど多くのことを身に付けていなければならない。

　保育士の仕事の実際を身近に感じ取る保育現場では，子どもにとって実習生は学生ではなく「先生」なのである。先生と言われるのにふさわしい態度や，社会人として求められる態度を実習前から身に付けられるように，自己研鑽も行ってほしい。

注
(1) 学校保健安全法施行規則による感染症の種類については，インフルエンザ（鳥インフルエンザ（H5N1）及び新型インフルエンザなどの感染症を除く），百日咳，麻しん，流行性耳下腺炎，風しん，水痘，咽頭結膜熱などがあげられている。

参考文献
相浦雅子・那須信樹・原孝成編著『ワークシートで学ぶ保育所実習1・2・3――『保育実習指導のミニマムスタンダード』対応』同文書院，2008年。
池田隆英・楠本恭之・中原朋生・上田敏丈編著『保育所・幼稚園実習――保育者にな

るための5ステップ』ミネルヴァ書房，2011年。
無藤隆『はじめての幼保連携型認定こども園教育・保育要領ガイドブック』フレーベル館，2014年。
安梅勅江編著『保育パワーアップ講座 応用編』日本小児医事出版社，2014年。
「通知 指定保育士養成施設の保育実習における麻しん及び風しんの予防接種の実施について」雇児保発0417第1号，2015年。
厚生労働省「2012年改訂版保育所における感染症対策ガイドライン」2012年。

| 第7章 | 保育所実習における記録 |

学びのポイント

　実習日誌は，日々の実習で体験したことや学んだことを記録し，翌日の保育実践に活かすための貴重な資料となるものである。多くの実習生は，実習日誌を書くことに多大な時間と労力を要するため，この実習日誌が，実習を「つらい」「大変だ」と感じさせる要因の一つになるケースも少なくない。

　しかし，詳細に記録された日誌は，実習生自身に大きな学びと気づきをもたらし，実習期間のみならず，将来の保育実践にも十分に活かせるものとなり得る。

　本章では，実習記録の意義，目的について述べるとともに，充実した実習日誌を書くための留意点及びポイントについて考えていきたい。

1　保育所実習における記録の意義・目的

(1) 記録の意義

　保育実習における記録，つまり「日誌」は「日記」とは異なる。「～をした」「～と思った」など，事実のみを主観的に記す日記とは違い，日誌は，実際に見たことや体験（実践）したことを具体的に書きとどめ，そこから自分が学んだことや自分なりの考察を記入し，翌日の保育につなげるための大切な記録である。

　また，日誌は，自分以外の人が見ることが前提で書かれるものである点も日記とは異なる。実習日誌であれば，実習担当の保育者をはじめ，主任，園長先生など，保育に携わる複数の保育士に見てもらうことになる。実習指導者は，日誌に書かれたことから，実習生がどこで悩み，疑問を感じ，戸惑っているのかがわかるため，日誌が直接的な指導の手立てとなることが多い。

　さらに，自分自身で保育実践の振り返りをすることはもちろん，日誌の記録

第Ⅱ部　保育所実習

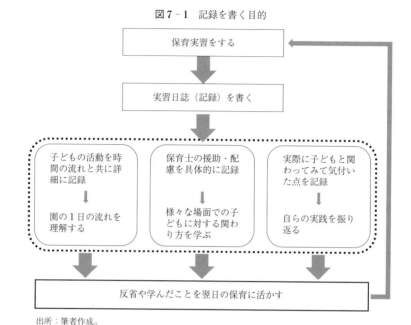

図7-1　記録を書く目的

出所：筆者作成。

によって実習指導者の専門的な視点から保育を振り返ることができる。保育の現場においても，保育記録を基に話し合いが行われることが多く，それによって，保育士間で情報の共有をしたり，子どもを多角的な視点で見たりすることが可能となる。

(2) 記録の目的

では，何のために記録する必要があるのだろうか。

まず，整理して書きとどめることで理解を深めるという点があげられる。実習を通して，実際に子どもと関わり，うまくいった点，難しく感じた点を整理し記録することで，どうすればよかったのか，どこが問題なのかといった反省点や疑問点が見えてくる。子どもの活動を詳細に記録することが園の1日の流れの理解につながり，保育士の動きや援助，配慮などを具体的に記録することで，多様な場面での子どもに対する関わり方を学ぶことができる。それらの記

表7-1 主な「話し言葉」「書き言葉」の一覧

話し言葉（×）	書き言葉（○）
すごく	とても，非常に，大変
やっぱり／やっぱし	やはり
いっぱい	たくさん
けど／でも	けれども／だが／しかし
～とか	～など
～だなあと思った	～だと思った
ちゃんと	きちんと／しっかりと

出所：筆者作成。

録を基に，自らの実践を振り返り，反省や学びを翌日以降の保育に活かしていくことが記録（実習日誌）することの最大の目的である（図7-1参照）。

（3）実習日誌を書く際の留意点

実習日誌を書く際の留意点については第3章で前述している。ここでは表記上の注意点及び誤りやすい表現について記す。

1）子どもの名前は匿名で

記録の中に登場する子どもは，原則としてすべて匿名とする。子どもの名前の頭文字をとってT男（T君），H子（Hちゃん）と書いてもよいが，より子どもを特定できないようにするために，A男，B男，C子などと，登場順にアルファベットで記入する場合もある。

2）話し言葉は使わない

「話し言葉」と「書き言葉」はまったく異なるものである。普段，会話の中で使っている言葉は「話し言葉」（口語）であり，日誌には使えないものが多い。話し言葉を多用すると，読む側に幼稚な印象を与えてしまうので注意したい。表7-1は，その主な例である。

3）「お」はつけない

「お片付け」「お友達」「お当番」「お話」「お弁当」「おままごと」などの「お」を付けるとすべて話し言葉になる。日誌に書く際に「お」は付けないよ

うにする。

4）タブー表現を使わない

以下にあげる表現は，原則として日誌や指導案には使わない表現であるため，使用することをできるだけ避けたい。

- （子どもに）〜させる
- （子どもに）〜してあげる
- （子どもが）〜してくれた
- （子どもに）〜してもらう

2 保育所実習における実習日誌の作成の仕方

実習日誌の様式は各園や地域によって異なるが，ここでは，資料7‐1（120～121頁）を一例として使用し，主な項目について作成のポイントを確認していきたい。

（1）本日の実習目標

1）目標を明確にして実習に臨む

実習全体を通しての目標・抱負を受けて，1日ごとの実習目標を立て，常にその目標を意識しながら実習に臨むことが大切である。例えば，「さまざまな場面における保育士の子どもに対する言葉がけの仕方を学ぶ」という実習目標を立てたなら，当日は，保育士の言葉がけにしっかりと耳を傾けながら観察・参加し，「保育士の援助」や「主な活動の記録」「感想と反省」の欄にも保育士の言葉がけに関する記録や考察が多くなるようにしたい。

2）目標はできるだけ具体的に立てる

日々の目標を具体的に設定することで，明確な視点をもって観察したり，自分なりの課題を意識して子どもと関わったりすることができる。例えば，「保育士と子どもの関わりについて学ぶ」といった漠然とした目標よりも，「トラ

第 7 章 保育所実習における記録

表 7 - 2 具体的な目標例

〈1日目〉

| 本日の実習目標 | 保育園の 1 日の流れを知り，子どもの生活や遊びの様子を観察する。 |

〈3日目〉

| 本日の実習目標 | 0歳児の発達の様子を観察し，それに応じた保育者の援助の方法を学ぶ。 |

〈5日目〉

| 本日の実習目標 | 保育士の子どもへの言葉がけに耳を傾けて観察し，場面に応じた言葉がけを実践する。 |

〈7日目〉（部分実習）

| 本日の実習目標 | 部分実習を通して，子どもの動きや表情を見ながら保育を進めることを学ぶ。 |

〈14日目〉（全日実習）

| 本日の実習目標 | 実践を通して，活動の進め方や，活動の合間の子どもへの働きかけについて学ぶ。 |

〈20日目〉（全日実習）

| 本日の実習目標 | 子どもの興味を引きつける話し方や活動意欲を高める言葉がけを実践する。 |

出所：学生の日誌を基に筆者作成。

ブルの際の保育士の子どもに対する関わり方について学ぶ」という具体的な場面を想定した目標をもって実習に臨む方が，より深い学びと気づきにつながるだろう（表 7 - 2 参照）。

（2）時　　刻

指導計画を立てる際，「時間配分」がポイントの一つになる。1日の活動の流れを時間の流れとともに記録しておくことは，部分実習や全日実習の指導計画を立てる上で大変重要である。後片付けに何分かかるのか，朝の集まりはどれくらい時間をとればよいのか，昼食は何時に食べ始めるのか，「ごちそうさま」は何分後にするのかなど，時間的な見通しをもって計画が立てられるように，1日の流れをできるだけ細かく記録しておきたい。

（3）子どもの活動と保育士の援助

子どもの活動を具体的に記録する。「好きな遊びをする」だけでは，どんな遊びが展開されていたのか，後で見たときにわからない。園庭，保育室，ホー

ルなど，それぞれの場所で見られた遊びをすべて記録しておくと，遊びの流れも把握しやすい。また，その日に歌っていた歌や手遊び，読み聞かせた絵本や紙芝居のタイトルなども，すべて詳しく記録する。日誌を見ると，その日の子どもの姿が思い浮かぶような記録にしたい。

　悪い例，良い例はそれぞれ表7-3のとおりである。

　担任保育士の動きや子どもに対する援助，配慮を記録するための欄であるが，ただ「援助する」「配慮する」と書くのではなく，どのように援助（配慮）していたのか，どのような言葉がけや働きかけが見られたのかを具体的に書いておくと，実際に自分が子どもと関わる際に大変役に立つ。また，指導計画の「保育士の援助・配慮」に直結する欄でもあるため，注意深く観察し，詳細に記録しておきたい。これらの点に関する注意点は以下の通りである。

- 遊びの内容，歌や手遊び，絵本のタイトルなど，具体的に記録する。
- 登園時の保育士の表情や子どもとのコミュニケーションの図り方など，よく観察して記録する。
- 生活面の援助については，どこまで手助けをしてどこからは自分でするよう励ますのか把握できるように書く。
- 給食時の保育士と子どもの会話のやりとり，一緒に食べる中でどのようなことを伝えているのか等，食べている間も気を抜かずに観察する。

（4）実習内容

　実習生自身の動きを記入する。ここでも，子どもとどのような遊びをしたのか，どのように働きかけたのか，どんな言葉がけをしたのかなど，具体的に記録する。例えば，好きな遊びの場面では，単に「子どもと一緒に遊ぶ」「子どもと関わる」と記録するのではなく，「ままごと遊びのお姉さん役になり，お母さん役の女児を手伝ったり，会話のやりとりを楽しんだりする」「鬼ごっこに加わり，ルールを確認しながら一緒に遊ぶ。最初は実習生が鬼になる」など，遊びの中で，どのように子どもと関わったのかを具体的に記録する（表7-4）。

第7章 保育所実習における記録

表7-3 子どもの活動と保育士の援助

〈悪い例〉

子どもの活動	保育士の援助
○随時登園する ○好きな遊びをする （砂遊び，鬼ごっこなど）	・子どもにあいさつをする ・着替えの援助をする ・子どもと一緒に遊ぶ
○朝の集まりをする ・朝のあいさつをする ・歌を歌う ・手遊びをする ・絵本を見る	・元気よく朝のあいさつをし，子どもと一緒に歌を歌う。
○給食を食べる	・子どもと一緒に給食を食べる。

〈良い例〉

子どもの活動	保育士の援助
○随時登園する ・朝のあいさつをする ・持ち物の始末をする ・着替えをする	・笑顔で元気に子ども一人一人にあいさつをし，休日の出来事を聞きながらコミュニケーションを図る ・一番上のボタンを外すところのみを手伝いあとは励ましながら見守り，自分でできたことを十分に認める。
○好きな遊びをする 〈園　庭〉 ・鬼ごっこ（こおり鬼）　・虫探し ・ダム作り（砂場）　・ドッジボール 〈保育室〉 ・粘土遊び　・製作　・ブロック ・ままごと遊び（かぞくごっこ）	・子どもと一緒に遊びながら気の合う友達と好きな遊びを楽しめるよう働きかけたり，必要に応じて関わり方を知らせたりする。 ・常に子どもたちの所在確認をしながら安全に遊べているか見守る。
○朝の集まりをする ・朝のあいさつをする ・出欠調べをする ・歌「あめふりくまのこ」を歌う ・手遊び「はじまるよ」をする ・絵本「おじさんのかさ」を見る	・一人一人の顔を見て笑顔で名前を呼ぶ。 ・保育士も一緒に歌うことで楽しい雰囲気作りをする。 ・期待感がもてるように手遊びを取り入れ，子どもとともに絵本を楽しむ。
○給食を食べる ・「いただきます」のあいさつをする ・食事をする ・「ごちそうさま」のあいさつをする	・全体の様子に気を配りながら楽しい雰囲気で食事ができるようにする。 ・食べることに時間のかかる子どもや嫌いなものがある子どもに「あとこれくらい頑張ってみようね」と言葉がけをし，少しでも食べられるよう励ます。

出所：表7-2と同じ。

表7-4　実習生自身の動きの記入例

本日の実習目標：子ども一人一人の興味・関心に応じた関わり方を学ぶ。

ⅰ実習生の働きかけとそれに対する子どもの反応

主な活動の記録
〈着替え〉朝，戸外遊びから戻り，着替えの援助を行っている際，A子が「先生やって」と言ってきたので，「自分でできるよね」と言葉がけをしたがA子は「できない」と答えた。私が困っていると，担任の先生が「Aちゃんが上手に着替えられるところ，見たいなあ。途中まで先生手伝うからあとは自分でやってみようね」と言った。するとA子は納得して着替え始めた。自信をもてるような言葉がけと，甘えを受け止めながらもすべて援助するのではなく子どもが一人でできた達成感を味わえるような働きかけをしていくことが大切だということを学んだ。
〈トラブル〉折り紙をしていると，「先生，B君が叩いた」とC男が報告に来た。私は「駄目だよね」という言葉がけしかできなかったので，C男は自分の気持ちを受け止められず不満に感じたのか，担任の先生のところに行った。担任の先生は「いやだったね。痛かったね。今度されたら，やめてって言おうね」と言葉をかけていた。子どもが話したいという思いを汲み取ってしっかりと話を聞き，いやな気持ちを十分に受け止めることの大切さを学ぶと同時にトラブルの仲裁の難しさを感じた。
〈帰りの集まり〉帰りの集まりでは，先生が今日の遊びの振り返りをしていた。その際，D男はなかなか集中できなかった。先生はD男を前に出し，「D君は何が一番楽しかったかな」と問いかけたり，帰りのあいさつではみんなの見本になってあいさつをするよう働きかけたりし，できた時には「大きな声で言えたね。ありがとう」としっかりと認めていた。このことからなかなか集中できない子どもに対して，すぐに注意するのではなく，前に出して何か役割を頼むということも状況に応じた手段だと思った。また，できたことを認めることで，子どもが次回から先生の話をしっかりと聞こうと思えるのではないかと感じた。

ⅱ保育者の援助や言葉がけ

ⅲ自分なりの考察，学んだことや疑問点

「本日の実習目標」を受けて

出所：表7-2と同じ。

　なお，この欄に環境構成を記録する場合もある。遊びのコーナーや道具，材料の配置，集まりの隊形，保育者（実習生）と子どもの位置などを観察し，図示する。線を引く時は，フリーハンドではなく必ず定規を使う。

（5）主な活動の記録

　1日の実習を振り返り，詳細に記録する。まとまった文章を書く欄なので，「文章を書く力」が要求される。書いた後は，何度も読み返し，正しい文章が書けているか，誤字，脱字はないか，確認したい。以下にポイントを示す。

1）「本日の実習目標」を意識して

観察の視点や記録する場面の選択は，毎日立てる「本日の実習目標」を受けたものであることが望ましい。例えば，「保育士の子どもに対する言葉がけの方法について学ぶ」という目標を立てたのであれば，さまざまな場面で保育士が子どもに対してどのような言葉がけをしているのか，よく耳を傾け，記録するとよい。「トラブルの際の仲裁の仕方について学ぶ」という目標であれば，トラブルの場面をよく観察し，具体的に記録するようにする。

2）三つの視点で記録しよう

ただ事実のみを書く「日記」にならないように，以下の三つの視点で書いてみよう。

① 実習生の働きかけとそれに対する子どもの反応

自分がどのように子どもに働きかけ（言葉がけ）をしたのか，それによって子どもがどのような反応を示したのかを記録する。部分・全日実習では自ら子どもと関わる機会が増えるので，この視点でしっかりと記録しよう。

② 保育士の援助や言葉がけ

保育士の子どもに対する直接的な援助や言葉がけをよく観察し，記録する。否定的な記述にならないように気を付ける（望ましくないと思われる言葉がけや対応などが見られた場合は，日誌には記入せず，その時の保育者の意図や思いなど，後で質問してみるとよいだろう）。観察・参加実習では保育士の動きを観察する時間が長いので，この視点での記録が多くなる。

③ 自分なりの考察，学んだことや疑問点

「自分が働きかけたことによって子どもに変化はあったのか？」「なぜそのような姿になったのか？」「保育士の援助（言葉がけ）の意図は？」など，自分なりに考察し，そこから何を学んだかを記入する。疑問点があれば，書いてもよい。考察はあくまでも実習生自身の推測に基づくものであることが多いため，断定的な表現は極力避ける。

前述の①，②は状況によって書かない場合もあるが，③は必ず書くようにする。

表7-5 実習初日（0歳児）の記録例

| 本日の実習目標 | 保育園の1日の流れを知り，子どもの生活や遊びの様子を観察する。 |

感想と反省
　今日1日の実習を通して，園生活の流れを理解することができました。その中でも特に0歳児は一人一人の発達に応じて一日の流れも少しずつ変わってくると改めて感じました。まだ自分の気持ちを言葉で伝えることができない子どもへの対応に困り，どのような言葉がけをしてよいかとても迷いました。明日は保育士の子どもへの関わり方をよく観察し，特に言葉がけに注目して実習に取り組みたいと思います。

翌日

| 本日の実習目標 | 保育士の子どもへの言葉がけに耳を傾けながら観察し，場面に応じた言葉がけを実践する。 |

出所：表7-2と同じ。

3）学ぶ立場であることを忘れずに

　例えば，実習生自身が働きかけたことで，子どもが望ましい行動をとったり，納得した様子が見られたりした場合，「自分の援助の仕方がよかった」と振り返るのではなく，「もっと他に方法があったかもしれない（たまたまうまくいっただけなのかもしれない）」という考えを常にもって取り組んでほしい。あくまでも「学ぶ立場」であることを忘れず，謙虚な姿勢で実習に臨むことは，実習担当の保育士との関係を良好なものにするために必要不可欠なことである。自分自身の働きかけについては，むしろうまくいかなかったこと（失敗したこと）から学ぶ姿勢を大切にしよう。手本となるのは保育士の働きかけであることを常に意識して記録したい。なお，その際には，保育士からのアドバイス，実践してみてうまくいかなかったこと，保育士の助言から学んだこともしっかり記録に残すようにする。

(6) 感想・反省

　1日の実習を終えて感じたこと，気づいたこと，自分なりの反省点を記入する。また，「本日の実習目標」が達成できたかどうかも評価する。「○○することができなかった」「○○を難しく感じた」という反省や感想のみで終わるの

ではなく,「明日は〇〇することを意識して観察(実践)したい」など,翌日の保育の目標につながるような書き方をすることが望ましい。反省したことをどのように翌日につなげるかがポイントとなる(表7-5)。

なお,この表7-5をみると,本日の実習目標である「保育園の1日の流れを知る」「子どもの生活や遊びの様子を観察する」ことが達成できたかどうかが,感想と反省の中で述べられている。さらに,その日の反省から翌日どうしたいかが記され,それが翌日の実習目標につながっている点が評価できる。

本章のまとめ

本章では,記録の意義,目的,実習日誌の作成の仕方や留意点について述べてきた。実習をしながら日々の日誌を書くことは,精神的にも体力的にも実習生にとっては大変苦痛な作業である。「日誌が書き終わらなくて一睡もできないまま翌日の実習を迎えた」「毎日書くことが見つからず,とても苦労した」などといった話を実習生からよく耳にする。最初から上手に書けなくてもいい。まずは,子どもの姿や保育士の動きをよく観察し,それを具体的に書いてみること,そして,そこから自分が学んだこと,感じたこと,疑問に思ったことを率直に記録してみよう。毎日苦労して書いた実習日誌は,自分自身の学びの記録であり,後に大切な「財産」となるだろう。

参考文献

厚生労働省『保育所保育指針解説書』フレーベル館,2008年。

山﨑敦子「保育現場における環境構成の事例的検討」『東北生活文化大学・東北生活文化大学短期大学部紀要』41,2010年。

山﨑敦子「日指導計画作成の指導方法について——保育計画論の授業実践より」『東北生活文化大学・東北生活文化大学短期大学部紀要』44,2013年。

高橋かほる監修『幼稚園・保育園実習まるわかりガイド』ナツメ社,2009年。

第Ⅱ部　保育所実習

資料 7 - 1　実習日誌（例）

実習　1　日目	5　月　26　日　月　曜日　天候　晴れ	指導者の印
	実習時刻　　8:00　～　17:00	
主な実習内容	観察・参加実習	
ひよこ　組　3歳児	出席　男児　8　名　　女児　10　名　　計　18　名 欠席　男児　1　名　　女児　0　名　　計　1　名	
本日の実習目標	保育園の1日の流れを知り、子どもの生活や遊びの様子を観察する。	

実習経過の概略

時　刻	子どもの活動	保育士の援助	実習内容
7:30 ～9:00	○随時登園する ・朝のあいさつをする ・持ち物の始末をする ・着替えをする	・笑顔で元気に子ども一人一人にあいさつをする。 ・一番上のボタンを外すところのみを手伝い、あとは見守り、自分でできたことを十分に認める。	・子ども一人一人を笑顔で迎えながら元気にあいさつをする。 ・一人一人の名前を呼びかけ、コミュニケーションを図る。
	○好きな遊びをする（保育室） ・粘土遊び ・ままごと遊び（かぞくごっこ） ・ブロック，など	・子どもと一緒に遊びながら、必要に応じて関わり方を知らせたりする。 ・常に子どもたちの所在確認をしながら安全に遊べているか見守る。	・ままごと遊びの「お姉さん」役になり、お母さん役の女児を手伝ったり、会話のやりとりを楽しんだりする。
9:35 9:45 9:50	○後片付けをする ○手洗い、排泄をする ○朝の集まりをする ・朝のあいさつをする ・出欠調べをする	・一緒に片付けながら、後片付けの大切さを知らせる。 ・きちんと座っている子どもを十分に認め、他児にも広める。 ・一人一人の顔を見て笑顔で名前を呼ぶ。	・「これはどこにしまうの？」などと言葉がけをする。 ・手洗い、排泄の様子を観察したり、必要に応じて手助けをしたりする。 ・子どもの様子や保育士の動きを観察する。
10:00	○園庭に出る準備をする	・帽子と靴を身に付けるよう話し、一人でできない子どもには手助けをする。	・一人で靴を履けない子どもには手助けをする。
10:10 11:00	○好きな遊びをする（園庭） ・鬼ごっこ ・かけっこ ○後片付けをする ○手洗い、排泄をする	・安全に遊べているかどうか全体を見渡し、保育士も子どもと一緒に遊ぶことで、雰囲気を盛り上げる。	・全体を見渡し、どのような遊びが展開されているか把握する。 ・鬼ごっこに加わり、ルールの確認をしながら一緒に遊ぶ。最初は実習生が鬼になる。
11:15	○給食の準備をする	・テーブルを出し、子どもに絵本を見て待つよう伝える。 ・「おいしそうだね」と言葉をかけながら給食を配っていく。	・一人一人、手を洗う姿を見守る。 ・テーブルを出し、おしぼりを洗う。
11:30	○給食を食べる ・「いただきます」のあいさつをする ・食事をする ・「ごちそうさま」のあいさつをする ・食器を配膳台に戻す	・「いただきます」のあいさつを元気よくする。 ・全体の様子に気を配りながら楽しい雰囲気で食事ができるようにする。 ・食べることに時間のかかる子どもや嫌いなものがある子どもに「あとこれだけ頑張ってみようね」と言葉がけをし、少しでも食べられるよう励ます。	・「いただきます」のあいさつをする ・「おいしいね」などと会話をしながら、子どもと一緒に食事を楽しむ。

時刻	子どもの活動	保育士の援助と配慮	実習生の動き
12:45	○午睡の準備をする ・排泄，着替えをする ○午睡をする ○起床する	・布団を敷く。 ・必要に応じて，排泄，着替えの手助けをする。 ・子どもの肩や背中をやさしくさすり，眠気を誘う。 ・「おはよう」とやさしく声がけをし，起こしていく。 ・子どもの様子を見守り，一人で排泄や着替えができない子どもには手助けをする。	・遊んでいる子どもには，排泄，着替えをするよう知らせ，必要に応じて手助けをする。 ・子どもの背中をやさしくたたき，眠れるようにする ・壁や棚を拭く。 ・子どもに「もうすぐおやつだよ」と言葉がけをし，喜んで目覚められるようにする。 ・眠そうにしている子どもの着替えを手伝う。
14:45	・排泄，着替えをする		
15:20	○おやつを食べる	・アレルギーの子どもに留意しながら，楽しい雰囲気づくりをする。	・保育室の半分を片付けながら，子どもがおやつを食べる様子を観察する。
15:40	○帰りの集まりをする ・手遊び「はじまるよ」をする ・絵本「ぜんべいじいさんのいちご」を見る	・きちんと並ぶよう伝え，しっかりと座っている子どもには「かっこいい」と言葉をかけ，十分に認める。 ・子ども全員が見えるよう，絵本の高さに気を配りながら笑顔で読み進める。	・子ども一人一人と笑顔であいさつを交わし，見送る。 ・ゆったりとした気持ちを心掛けて，子どもと一緒に遊ぶ。
16:00	○随時降園する ○好きな遊びをする（ブロック，ままごと，折り紙等）	・元気よく，「さようなら」のあいさつをする。 ・保護者に子どもの1日の様子を伝え，笑顔であいさつをする。 ・好きな遊びができるよう，玩具を出し，保育士も一緒に子どもと遊ぶ。	

主な活動の記録
〈着替え〉朝，戸外遊びから戻り，着替えの援助を行っている際，A子が「先生やって」と言ってきたので，「自分でできるよね」と言葉がけをしたがA子は「できない」と答えた。私が困っていると，担任の先生が「Aちゃんが上手に着替えられるところ，見たいなあ。途中まで先生手伝うからあとは自分でやってみようね」と言った。するとA子は納得して着替えはじめた。自信をもてるような言葉がけと，甘えを受け止めながらも，すべて援助するのではなく子どもが一人でできた達成感を味わえるような働きかけをしていくことが大切だということを学んだ。
〈トラブル〉折り紙をしていると，「先生，B君が叩いた」とC男が報告に来た。私は「駄目だよね」という言葉がけしかできなかったので，C男は自分の気持ちを受け止められず不満に感じたのか，担任の先生のところに行った。担任の先生は「いやだったね。痛かったね。今度されたら，やめってて言おうね」と言葉をかけていた。子どもが話したいという思いを汲み取ってしっかりと話を聞き，いやな気持ちを十分に受け止めることの大切さを学ぶと同時にトラブルの仲裁の難しさを感じた。
〈帰りの集まり〉帰りの集まりでは，先生が今日の遊びの振り返りをしていた。その際，D男はなかなか集中できなかった。先生はD男を前に出し，「D君は何が一番楽しかったかな」と問いかけたり，帰りのあいさつではみんなの見本になってあいさつをするよう働きかけたりし，できた時には「大きな声で言えたね。ありがとう」としっかりと認めていた。このことからなかなか集中できない子どもに対して，すぐに注意するのではなく，前に出して何か役割を頼むということも状況に応じた手段だと思った。また，できたことを認めることで，子どもが次回から先生の話をしっかりと聞こうと思えるのではないかと考えた。

感想と反省
　3歳児の姿は「保育所保育指針」に記されているような平行遊び，ごっこ遊び，盛んな質問，食事，排泄などの自立が多く見られた。その中で，その場に応じた援助，配慮が難しいと思うことが多々あり，迷いの見られる動きになってしまったように思う。この反省を基に，明日は自分の意志をしっかりともち，落ち着いて周囲を見渡しながら積極的に子どもと関わり，また，きびきびとした素早い行動ができるように心掛けて臨みたい。

出所：表7-2と同じ。

コラム2

保育実習で学んだ記録と考察の大切さ
―― 学生の立場から

　保育実習を振り返ってみると、日誌に1日の流れや考察をどのように記入しようか、迷うことが多かったと思います。私が実際に実習に取り組み、現場（保育所）の先生方に指摘してもらう中で明確となったポイントがありますので、以下、紹介していきます。

　まず、「具体的に記入する」ということです。ある日、体育館のようなホールに子どもたちと行き、私も一緒になってホールを走り回りました。このことを日誌に「ホールに行き、走り回る」と記入しました。しかし、「走り回る」といっても、子どもが自由に走っていたり、保育士が走り方を指示していたり、さまざまな走り方が日誌から読み取れるとご指導いただきました。「ホールに行き、保育士が指示した時計回りに走り回る」など、具体的に記述すると良かったのです。また、具体的に思い出すことができない場合は、「どうしてこのような状況になったのでしょうか」などと欄外に補足しておくと、子どもの様子をさらに詳しく把握することができます。

　二つ目は、「保育士は、子どもに対してどのようなことに気を配っていたかに着目する」ということです。実習中には、靴や衣服の着脱場面が何度もあります。この際に、保育士は、ただ促しの声をかけているだけではなく、一人一人の成長に合わせて「（靴の）どっちが左かな？」「もう少し頑張ってごらん」と声かけをしていることを学びました。また、子ども同士で遊んでいる場面や、保育士も子ども集団の中に入ったり、保育士と1対1で遊んだりする場面がありました。たとえ集団であっても、一人一人の遊びが守られるように保育士は注意深く見守っています。「A子はどのような遊びを考えているのか」「A子が行っている活動をB子は理解しているのか」「C子が遠くから見ているが、どのような気持ちでいるか」など、子どもたちの様子からは多くのことを考えさせられます。

　三つ目は、考察では、保育士の動きや声かけで気づいたこと、実習生が声かけや対応で悩んだ点を記入する事が重要です。例えば、「Aくんがお気に入りの絵本を探しているが見つからず、本棚の前で座っていました。私（実習生）が探しても見つからず見当たらないことを伝えましたが、それでも探そうとしていました。どのように声をかけるとよいのでしょうか」など、質問内容を想像できるように具体的な記述がよいでしょう。また、指導内容を踏まえて、明日は何（食事介助の方法や声かけ等、具体的に）を学びたいか、何を心がけたいのかも加筆すると、さらに良い日誌になると思います。

第8章 保育所実習における指導計画

── 学びのポイント ──

本章は,実習生が保育を計画し,実践していくための力を養うことを目的としている。指導計画案の考え方や指導計画を立案することの意義,さらには,立案する際に知っておくべき内容を,実例をもとにしながら学びを深める。子どもの発達をとらえ子どもの思いに寄り添いながら指導計画案を考えていくなど作成上の留意点や作成の手順を学ぶ。

1 指導計画の基本

(1) 保育課程と指導計画

「保育所保育指針」第4章「保育の計画及び評価」の中で,保育課程と指導計画について「保育所は,第1章(総則)に示された保育の目標を達成するために保育の基本となる『保育課程』を編成するとともに,これを具体化した『指導計画』を作成しなければならない」と示されている。

保育課程とは,保育所全体の計画を表し入所から卒園までの保育所における生活や経験する活動の大綱を示したものであり,保育所保育の根幹ともいえるものである。また,「保育所保育指針」第4章では,「各保育所の保育の方針や目標に基づき,第2章(子どもの発達)に示された子どもの発達過程を踏まえ,前章(保育の内容)に示されたねらい及び内容が保育所生活の全体を通して,総合的に展開されるよう,編成されなければならない」と示されており,その際保育所を取り巻く社会状況,子どもの心身の発達を含む子どもの姿,保護者や地域の実態,さらに保護者支援や保育士の願いを考慮することが大切である。具体的な内容は,保育所としての全体的な考え方(理念,方針,目標)及び保護

者支援，行事の計画，食育や保健の計画，地域社会支援，専門機関との連携などが示されている。

　指導計画は，保育課程に基づいて，保育目標や保育方針を具体的に示したものであり，毎日の保育は指導計画に基づいて行われる。子どもの発達や生活の状況に応じた具体的な指導計画やその他の計画を作成し，環境を通して保育をすることを基本としている。指導計画には長期計画と短期計画がある。長期の指導計画は，保育課程に沿って園生活を長期的に見通しながら具体的な指導内容や方法を考えていくものであり，保育士が協力して作ることが一般的である。保育士間で話し合い作成することで，子どもたちの見方や保育の進め方について共通理解ができ，保育士一人一人が長期的な見通しをもって日々の保育を考えることができる。

　長期の指導計画の種類は，年間計画，学期の計画，月の計画（月案）があげられ，その内容は，子どもの姿，ねらい，主な活動，保育の内容，環境の構成，保育においての配慮などである。

　短期の指導計画は，長期の指導計画を基に，子どもたちの実態を踏まえて保育士が作成する。子どもたちの生活リズムに配慮し，自然な園生活の流れの中で，必要な体験が得られるように配慮して作成することが求められる。短期の指導計画の種類は，週の計画（週案），日案（デイリープログラム），そして実習生が部分実習や責任実習の際に作成する指導計画案もこの短期の指導計画の一つである。

（2）指導計画案とは

　保育が適切に行われるように用意されたものが指導計画案である。指導計画案は保育士が子どもと関わっていくために必要な援助事項を具体的にまとめたもので，子どもの年齢ごとの発達と子どものたちの興味関心事を基本に活動内容を設定し作成していくことが大切である。日々の生活から子どもの年齢に応じた成長発達をとらえ，その時期に最も必要な経験をすることができるよう指導計画案を作成することは保育士にとって重要な仕事であるといえる。

（3）指導計画の考え方

　子どもの活動は，保育士が一方的に選択して行うのではない。保育士が，具体的なねらいや内容にふさわしいものとなるように構成した環境に子どもたちが主体的に関わって展開するものである。保育士は子どもの活動が生活の流れの中でさまざまに変化するものであることに留意して，子どもが望ましい方向に向かって自らの活動を展開していくことができるように必要な援助を行うことが大切である。

　その時，子どもの発達段階の状況や受け止め方によって保育士の当初の予測からずれる場合も起こるが，ここで大切なことは，このような場合に予測と異なる活動を展開している子どもたちを保育士の予測した形に引き込むのではなく，子どもたちの発想や展開される活動を大切にしながら，その活動が発展していくように適切な援助を行い，子どもたちとともに環境を再構成するなど，保育士が指導計画の見直しを行っていくことが大切となる。

2　指導計画案作成上の留意点

　指導計画案を作成する時，実習先の保育所の方針や指導計画とズレが生じないよう配慮することが大切である。実習に取り組む1日（部分実習・責任実習）が，保育所の指導計画の中でどのような時期にあり，どのような活動を行うのがよいのかを確認する。その上で，子ども一人一人が楽しく充実した生活や遊びを通して発達に必要な経験が得られるよう子どもの主体性と指導計画をバランスよく考えていくことが求められるのである。そのために，まず指導計画案を立案する時に，以下(1)～(3)の点に留意することが求められる。また，実習に取り組む日から遡って1週間前までに，担当保育士（担任）と相談し内容を確認するなど，余裕をもって作成していく。

(1) 子どもの生活する姿をとらえる

1) 前日までの子どもの姿

　保育は子どもと子どもを取り巻くさまざまな環境（人的環境・物的環境・自然環境など）との関わりであるため，まずは，子どもを理解し，子どもの活動を予測し必要な援助を考えながら指導計画を作成することが大切である。では，子どもの理解を深めるにはどのようなことに着目したらいいのか項目ごとにまとめる。

① 遊　　び

　まずは，子どもの好きな遊びを理解する。遊びの種類や内容，そして子どもはこの遊びのどこに面白さを感じているのか，また遊びを通して経験していることもとらえる。

② 仲間関係

　子どもたちの仲間関係の理解を深める。一緒に遊んでいる仲間やその仲間との関わりをとらえる。

③ 集団と個

　クラスという集団の様子やクラス全体で取り組んでいる活動，また一人一人という個，特に気になる子どもの姿とその子どもへの配慮点をとらえる。

④ 生 活 面

　一般的な子どもの成長発達を理解した上で，排泄・手洗い・衣類の着脱など身のまわりのことがどの程度できるのか，自立しているのかをとらえる。

⑤ 行事への取り組み

　子どもたちがどのように行事に関わり，また取り組んでいるのか，行事を通して子どもたちが経験していることは何かをとらえる。

　以上，①〜⑤のさまざまな場面を通して，事前に子どもの姿を理解することが大切である。

2）子どもの興味関心・思い

　子どもたちの自発的な活動としての遊びを大切にして指導計画がおろそかになる，また指導計画案を立案しても子どもの姿やその発達からかけ離れたものであっては，子どもの主体的な活動を保障することはできない。一人一人の子どもが楽しく充実した遊びや生活を過ごすための指導計画案であり，そこには子ども一人一人の思いや実現したいと願う内容が取り入れられていること，また実習生が，保育を見通し具体的な環境の構成や援助を考えていく中に，子どもの主体性がそこにあることが大切である。

　子どもは，遊びを通してさまざまなことを学び成長する。子どもが実習を通して展開される遊びそのものに興味をもち取り組むことができなければ，経験することも少なくなる。前日までの子どもの姿から子どもの興味関心を知り，子ども一人一人の思いに寄り添うことが大切である。

（2）具体的なねらいや内容を考える

1）園生活の1日の流れ

　その時期の子どもの姿，また担当保育士のクラスのねらいなどを考慮しながら，ねらいや内容を考え記述する。1日の流れは，子どもの年齢や季節，時期，また園やクラスによっても異なる。実習生は，実習に取り組むクラスの1日の流れを実習を通して日々理解を深め自分のものにしていくことが大切である。

2）遊びの展開を見通す

　主活動を考える際，その活動の楽しさはどこにあり，その活動を通して子どもたちにどのような経験をしてほしいと考えているのか，その活動を通して何を育てるのか，何を身に付けてほしのか，など主活動を通した「ねらい」を設定し，そのためには，具体的にどのようにその活動を展開すれば実現できるのかを繰り返し考えることが大切である。

（3）環境構成を考える

　『保育所保育指針解説書』に「環境を通して，養護と教育が一体的に展開さ

れるところに保育所の特性があり，その際，子ども一人一人の状況や発達過程を踏まえ，環境を整え，計画的に保育環境を構成していくことが重要」という記述がある通り，保育所における保育の基本は環境を通して行うものであることを踏まえ，子どもを取り巻くさまざまな環境（ひと・もの・社会，自然など）を構成していくことが求められる。子どもが主体的にさまざまな環境に関わりながら必要な経験を重ねていくことができるよう，以下の三つの視点から環境構成を考えていく。

1）発達に応じた環境構成

子どもの生活にふさわしい環境を構成するには，まず子どもの発達を理解しその先の子どもの姿を見通すことが大切である。この時期に何を習得してほしいのか，また何を大切にして環境を構成したらよいのかという発達の視点を明確にしておく。子どもの発達の状況に応じた環境と子どもたちの興味・関心に応じた環境は重なっていくものであることを踏まえ，発達の視点をもちながら，子どもたち一人一人の興味や欲求をとらえ，適切な環境を構成していくことはとても大切である。

2）生活の流れを踏まえた環境構成

子どもの生活は，昨日から今日，明日と毎日の積み重ねであり，また保育所から家庭へと連続し関連し合って成り立っている。昨日までの様子や家庭での子どもの姿など，こどもの生活の流れをとらえ，その関連を踏まえることが大切である。いつもと同じ保育環境を考えるのではなく，生活の流れに沿って子どもの理解を深める中で，環境を構成していくことが求められる。子どもが興味・関心をもって取り組んでいるものがあればそれを取り上げて構成していくこともあり，その活動が一区切りを迎えた頃に環境を再構成することもある。子どもの生活の流れをとらえ，興味・関心に寄り添いながら環境を構成してくことが，子どもの興味や欲求に応じた環境を構成することにつながり，子どもにとって魅力ある環境となるのである。

3）季節を考慮した環境構成

春は，桜，菜の花，チューリップ，ひなまつり，夏は，ひまわり，水遊び，

海，夏祭り，秋は，紅葉，どんぐり，コスモス，冬は，椿，雪遊び，クリスマス，節分など季節のものは，時期を逃さずタイミングよく環境に取り入れることが大切である。その時期ならではの瞬間をとらえ，自然の美しさや不思議さ，また大きさに心を動かしていく。季節を感じながら，感触を楽しんだり，ものの特徴をとらえたりする中で，子どもの好奇心や探求心も育んでいく環境の構成は大切である。さらに子どもの「もっと知りたい」「もっと見たい」「確かめてみたい」という思いに寄り添いながら，考える楽しさを味わうことができるような環境を構成していく。

3 指導計画案作成の手順・実際

実習生が作成する指導計画案は，部分実習及び責任実習を行う時に必要となる。部分実習とは，実習生が保育所の1日における登園から降園までのある部分（時間）を責任をもって担当し保育に臨むことをいう。責任実習とは，実習生が保育所における登園から降園までの1日を，責任をもって担当し保育に臨むことをいう。指導計画案の形式は養成校によってさまざまである。まれに実習先で指定の指導計画案の用紙に記入するよう指示される場合もあるが，形式の違いに慌てず項目を一つひとつ見ていくと，項目や内容に共通点があることがわかる。ここでは，「スパゲティ製作」に関する指導計画案（表8-1，132～133頁）を基に，基本的な立て方や考え方を示していく。

(1) 指導計画案の各項目別ポイント

1) 子どもの姿

指導計画案作成は，子どもの姿を理解することから始まる。作成前までの子どもの姿・様子をできるだけ理解しそこから今の子どもたちに学んでほしいこと，大切にしたいことなどを考えながら作成していく。子どもの姿や様子，また子どもたちの興味関心を理解することなく立てた指導計画案は，ひとりよがりな現状とそぐわないものとなる可能性が高い。保育は，子どもを取り巻くさ

図8-1 活動開始時の環境構成図

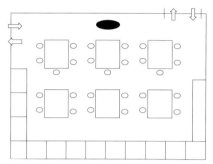

出所：筆者作成。

図8-2 発表会開始時の環境構成図

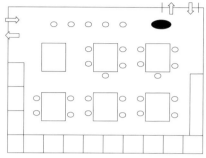

出所：筆者作成。

まざまな環境との関わりであることを踏まえ，子どもが主体的に取り組むことができる内容なのか，できるだけ子どもの姿を理解し，子どもの活動を予測した上で必要な援助を考えながら指導計画案を立てることが大切である。

2) ねらい・内容

「ねらい」とは，前日までの子どもたちの姿を理解した上で，今の子どもたちに学んでほしいこと，味わってほしいこと，経験してほしいことなど，の保育士（実習生）の「思い」や「願い」を具体的に表したものである。

「内容」とは，「ねらい」を達成するために行う援助内容を具体的に表したものである。保育は，子どもたちの健やかな育ちや生活を保障するものであることを考えると，一つひとつの活動には，必ず「ねらい」がある。絵本や紙芝居の読み聞かせにも，子どもの姿や実習生の「思い」に合わせたさまざまな「ねらい」が考えられる。自分が考えた活動内容には，どのような楽しさや面白さがあるのか，活動の中にある「実習生自身の思い」を明確化し「ねらい」と「内容」を考えていく。

3) 時　　間

指導計画案には，子どもの生活活動の区切り（大項目）として時間を記入する欄がある。時間配分を考えるには，子どもたちの活動がどのくらいの時間を要するのか，片づけはじめてから終わるまでの時間，手洗い・うがい・排泄にかかる時間，遊びが展開するのに十分な時間，など日々の保育の中で時間（所

要時間）を意識して子どもたちの様子を見ていく必要がある。さらに，実習生が部分実習や責任実習を通してある活動を，責任をもって行う場合もその活動にどのくらいの時間がかかるのか，事前にやってみて所要時間を把握しておく。また製作の場合は，子どもたちの成長発達や興味関心からの生じる個人差への時間差

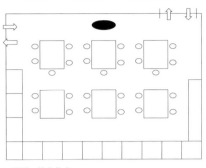

図8-3　活動終了時の環境構成図

出所：筆者作成。

などの配慮も忘れずに，ゆとりある時間配分を行うことが大切である。

4）環境構成

　環境構成の欄には，保育室内の実習生の位置，子どもの位置，椅子や机の位置を環境構成図で示していく。また予め保育室内に準備しておくもので図によって示すことが難しいものは言葉で補足記入していく。昼食やおやつの時の机と椅子の位置や午睡時の布団の敷き方など毎日の保育の中で決められているものは，できるだけそのままの環境で行う方が子どもたちにとって不安が少なく落ち着くことが想定できる。意図して日常の保育環境を変えるのはよいが，特に意図するところがなければ，日常の保育室と同じ環境で行った方が，子どもの意識が部分実習や責任実習の活動に向きやすいといえる。

　この環境構成図は，子どもの活動や遊びが変更した際，新たな環境構成図を記入していくことが大切であり，環境構成の欄に的確な環境構成図を取り入れることでとても見やすい具体的な指導計画案（指導案）になるのである。

　図8-1～3は，指導計画案「スパゲティ製作」（表8-1，132～133頁）の中に掲載する環境構成図である。黒●は実習生，白○は子どもを表し，机が6台，子どもたちが27人保育室内にいることが環境構成図よりわかる。保育室のまわりにあるロッカーや棚，そして出入り口も図中に示している。以下，各図について解説する。

　図8-1は，実習生が前に立ち，子どもたちが椅子に座り，実（134頁に続く）

第Ⅱ部 保育所実習

表8-1 指導計画案「スパゲティ製作」

平成 27年 8月 10日 金曜日 天候（くもり）		実習 第10日	指導保育士 大森 花子 先生
配 属	4歳児（さくら組）男児 13名，女児 14名	実習生氏名	池上 葉子
ねらい	・クレヨンでのびのびと描き色の重なりを楽しむ。 ・考えたことを自分なりに表現することを楽しむ。 ・絵本に親しみ興味をもって聞く。	活動内容	・絵本「くれよんのくろくん」の読み聞かせを聞く。 ・スパゲティ製作を楽しむ。 ・描く，つくることを楽しみ，友達とイメージを共有する。
前日までの子どもの姿	・活動に楽しんで参加することができる。 ・子ども同士で遊べていても，お互いの思いの擦れ違いでトラブルになることがある。 ・自分でできることも，先生やってと甘える姿がある。・毎日水遊びやどろんこ遊びを楽しんでいる。 ・絵本や紙芝居などを喜んで聞いている一方で自分が話したいという気持も強い。		

時間	環境構成	子どもの活動／予想される子どもの動き	保育士の援助／配慮点
10:30	・実習生と子どもの配置は図8-1参照。	◎椅子に座り，静かに待つ。 ・友だちとおしゃべりをする子もいる。 ・座る場所をめぐって友だちとトラブルになる子もいる。	・椅子に座り，静かに待つよう声をかける。 ・これから何が始まるのかな，と期待が持てるような言葉かけをする。 ・それぞれの気持ちを受け止めながら，一緒にどうしたらいいか考え，納得して座ることができるよう留意する。
10:35	《準備するもの》 ・絵本 ・画用紙：1人1枚+α ・フォーク：1人1本（赤・ピンク・黄緑・水色） ・クレヨン ・のり	◎絵本「くれよんのくろくん」を楽しむ。 ・静かに読み聞かせを聞く。 ・絵本に集中できず，まわりの友だちと話をする子どもの姿が見られる。	・絵本「くれよんのくろくん」を読む。 ・子ども達の様子を見ながら読み進めていく。 ・子ども達の見やすい位置で読む。 ・ゆっくり，はっきりした語りを心掛ける。 ・「静かにしようね」など声をかけ，絵本への集中を促す。
10:45	・のり用お手ふき：1枚／グループ	◎「スパゲティ」製作 ・実習生の方を見て話を聞く。 ◎製作の準備 ・グループごとにクレヨンを取りに行き，椅子に座り静かに待つ。 ・持ってきたクレヨンで遊び始める子もいる。 ◎見本を見る。 ・めんたいこ・たらこ・クリーム・ナポリタン・ミートソースなどのさまざまなスパゲティの種類をこたえる。 ・実習生とのやりとりを楽しむ。 ・描いてみたい気持ちになる。 ◎どんなスパゲティを描くのか，目を閉じて考える。 ・まわりの子とおしゃべりをする子もいる。 ・自分の意見を伝えようとする。 ◎先生より画用紙をもらい静かに待つ。 ・画用紙を丸めるなど遊ぶ子どももいる。 ・待ちきれず書き始める子もいる。	・スパゲティ製作を行う。 ・こちらに集中を促すよう声をかける。 ・グループごとにロッカーにクレヨンを取りに行き，椅子に座って静かに待つよう伝える。 ・「クレヨンがバラバラになったら製作ができなくなるよ」と製作に向けた声かけをする。 ・スパゲティ製作の見本を示す。 ・「どんなスパゲティを知っているのかな」と問いかける。 ・興味をもてるよう大きくのびのびと見本を描く。 ・好きな色を使って描くよう伝える。 ・好きなスパゲティを一つ決めるよう伝える。 ・集中できない子どもには，「どんなスパゲティが好きかな」と次に向かう言葉をかける。 ・決まったかどうか声をかける。 ・グループごとに画用紙を配布する。 ・皿の絵が書いている方を上に置いて静かに待つよう伝える。 ・破けたり汚れたりすると製作ができなくなるので静かに待つよう伝える。 ・「もう少し待っていてね」と声をかける。

第 8 章　保育所実習における指導計画

時刻			
11:00		◎スパゲティを描く。 ・のびのびと好きなスパゲティを描く子どもの姿が見られる。 ・まわりの友だちと楽しく製作する姿が見られる。 ・好きなスパゲティが決まらず，なかなか進まない子どもの姿が見られる。 ・描き終わった子どももっと描きたい子どもの姿が見られる。	◎スパゲティ製作を始める。 ・もう一度書きたいスパゲティは決まったかなど声をかけ，決まった子ども達から自分のクレヨンでスパゲティを描くよう伝える。 ・グループごとに巡回し「美味しそうだね」「酸っぱそうだね」など声をかけながら子どもたちが楽しく取り組めるよう配慮する。 ・お皿より大きく描くとスパゲティがこぼれちゃうよとお皿の大きさを意識しながら描くよう声をかける。 ・保育室内をまわり，子ども達に声をかけながら，画用紙の裏に名前を書いていく。 ・描けない友だちは，泣かずに手をあげて伝えるよう声をかける。 ・画用紙（ランチョンマット）のまわりに模様を描くよう伝える。さらに描きたい子どもには，もう1枚画用紙を渡す。
11:10		◎描き終わったら，クレヨンをロッカーへ片付け，のりを取り椅子に座って静かに待つ。 ◎自分で作ったスパゲティを味わう。 ・うれしそうに自分で描いたスパゲティを食べる子もいる。 ・フォークがない，スプーンがないと言う子もいる。	◎描き終わった子ども達よりクレヨンをロッカーに片付け，のりを取ってくるよう伝える。 ◎お腹がすいてきたので，自分でつくったスパゲティを食べましょう。と声をかける。 ・「みんなはスパゲティを食べる時何を使って食べるかな」と声をかけ，フォークがないことに気付くよう促す。
11:20		◎好きな色のフォークを選び，画用紙の上に置いて待つ。 ・好きな色のフォークを選ぶ。 ・フォークでスパゲティを食べる子もいる。 ◎見本を見る。 ・画用紙の好きなところにのりでフォークを貼る。 ・見て見てとうれしそうに声をかける子もいる。 ・のりの使い方がわからない子もいる。	◎フォークを1人1枚配付する。好きな色のフォークを選ぶよう伝える。 ・好きなフォークを1枚選んだら，画用紙の上に置いて待つよう伝える。その際フォークをどこに置くのか考えて置くよう声をかける。 ◎のりでフォークを貼る。 ・のりの扱い方をもう一度確認する。 ①　のりはうめぼし大の量を人差し指にチョンとつける。 ②　フォークのまわりにゆっくりと丁寧にのりをつける。 ③　貼り終わったらのり用お手ふきで拭く。 ④　のりをロッカーに片付ける。 ⑤　保育室内をまわり，子どもたちに声をかける。 ⑥　終わったら，自分の席で絵本を見て待つよう声をかける。
11:30	・実習生と子どもの配置は図 8 - 2 参照。	◎発表会に参加する。 ・友だちの描いた絵に興味や関心を示す。 ・美味しそう，辛そう，など感想を言う子もいる。 ・友だちの発表を親しみをもって聞く姿が見られる。	◎発表会をする。 ・グループごとに前に出て発表をする。 ・かっこよく静かに待っているグループから前に出て発表をする。 ・前一列に並びクラスのお友だちに自分が描いたスパゲティを見せながら何スパゲティを描いたのか発表する。
11:40	・実習生と子どもの配置は図 8 - 3 参照。	◎発表会終了 ・グループごとに手洗い・うがい・排泄を行う。 ・昼食の用意をする。	◎発表会終了 ・グループごとに手洗い・うがい・排泄を行い昼食の準備をするよう声をかける。

出所：筆者作成。

習生の話を聞いている環境構成図である。

　図8-2は，実習生が子どもたちから見て右に立ち，ある一つのグループの子どもたち全員が前に立ち，発表をしている環境構成図である。

　図8-3は，実習生が前に立ち，次の活動について子どもたちに話をしている環境構成図である。

5）子どもの活動／予想される子どもの動き

　子どもの活動／予想される子どもの動きの欄には，まず保育の流れに沿った子どもの活動内容を時系列に簡潔に書いていく。子どもの活動の中でも大枠でくくれる活動，言い換えると，活動の区切りを「大項目」として「◎」で記入し，大項目で示した子どもの活動の中で付随して出てくる活動や補足する活動を「小項目」として「・」で記入する。大項目を時系列に沿ってみた時，1日の保育の流れがわかるように書き進めていくことが大切である。

　次に予想される子どもの動きは，日常の子どもの姿から，当日の子どもの姿をできるだけ予想をして記述する。子どもの動きを予想するためには，それまでに関わった子どもの姿を思い浮かべながら，子どもの動きや反応や興味関心を考えることが必要となる。予想される子どもの姿に対してどのように援助を行っていくのか事前に考えて記述しておくことが大切である。予想する中で実習生が思い描く理想の子どもの姿ではなく，そうではない姿もきっと見られるであろうと考え，その姿に対する援助点や配慮点もできるだけ詳細に記述していくことが望ましい。

6）保育士の援助／配慮点

　子どもの活動と予想される子どもの動きに対して，実習生としてどのように援助していくのか具体的に記入していく。援助内容は，子どもに声をかける，だけではない。見守る，ことも援助であり，また一緒に行う，見本を見せる，ことも援助方法の一つである。子どもの姿や活動内容に応じた援助ができるよう日々の保育の中で，保育士がどのような援助を行っているのか見て学びを深めていくことが大切である。また援助内容や方法を細かに考えて記入していくことで，責任をもって担当する活動について具体的に考えることができるため，

心にゆとりをもち進めることができるのである。

　記入方法は,「子どもの活動／予想される子どもの動き」の欄と「保育士の援助／配慮点」の欄が,対になるように記述することが大切である。

7) 指導計画案チェックリスト

　よりよい指導計画案を作成するために,書き終えたら一度以下のチェックリストに沿って見直してみよう。なお,チェックリスト中の「◆」の部分は各項目の留意点である。

〈保育方針や保育内容について〉

□実習園の保育方針を確認しましたか。
　◆保育方針は,実習園によってさまざまである。計画前に必ず確認し,子どもたちが混乱しないよう配慮する。
□担当保育士と活動内容について話し合いましたか。
　◆活動は,子どもの興味関心や思い,そしてクラスでの行事や取り組みなども考慮して設定することが大切となる。1日の保育の流れを考慮した内容になっているか確認する。
□活動内容は,子どもの年齢や発達を踏まえたものであり,また子どもの興味関心に沿ったものですか。
　◆子どもがその活動を主体的に取り組むために,まず子どもの興味関心を理解すること,そして子どもの年齢や発達をとらえることが大切である。
□活動内容は,季節にあったものですか。
　◆夏の季節に,クリスマスの絵本を読むなど,実習生が読みたい絵本を読むのではなく,季節をとらえた活動内容を設定していく。
□活動時間は,月齢にあったものですか。
　◆集中力は月齢によって異なる。例えば,3歳児は15分前後,4歳児は20分前後,5歳児は30分前後,という集中力が持続する時間を考慮した上で,活動内容を設定することが大切となる。

〈指導計画案の項目について〉
□子どもの動きを予想した上で，具体的な援助方法を記入していますか。
　◆日々の保育の中から子どもの姿をとらえ，ここから，当日の子どもの動きを予測した上で，援助方法を具体的に記述することで，当日の保育の見通しを立てることができる。
□環境構成図は，保育士の位置，子どもの位置，机や椅子の物の位置，などを具体的に書いていますか。
□環境構成図は，活動が変わるごとに書き加えていますか。

〈その他〉
□外での活動の場合，予備の指導計画案（室内）を用意していますか。
　◆天気は，当日までわかりません。雨が降った場合，ホールや教室でできる内容なのか。またはまったく別の室内の活動内容を考えておく必要がある。
□子どもの主体の文章になっていますか。
　◆指導計画案は，子どもが主体となるよう記述するため，「せる」「させる」「あげる」「もらう」などの，実習生（保育士）が主体となる言葉は使用しない。
□黒いペンで記入していますか。
　◆消えるボールペンは使用しない。公的な記録の記述には向きません。熱や摩擦に弱く消えてしまうこともある。
□丁寧な字で書いていますか。
　◆読み手のことを考え，読みやすい丁寧な記述を心掛けましょう。
□誤字・脱字はありませんか。
　◆辞書で確認しながら記述しましょう。
□訂正箇所は忘れずに修正していますか。
　◆二重線で訂正する，また修正テープで修正した後，正しい言葉を忘れずに書きましょう。
□提出期限は守られていますか。実習当日より遅くても5～7日前までに

は担当保育士に提出しましょう。

(2) 指導計画案の作成——主活動「スパゲティ製作」

ここでは，表8-1を基に指導計画案の作成手順を解説する。

1) 事前に導入・展開・まとめを考える——活動を楽しいものとするために

導入は，これから始まる主活動に向けて，子どもの気持ちを保育士（実習生）の方に促す役割と子どもが，主活動「スパゲティ製作」に興味をもち，主体的に楽しみながら活動に取り組むことができるように配慮する役割をもっている。手遊び，絵本，紙芝居，素話など，どの活動を導入とするのかは，主活動の内容と照らし合わせた上で考えていく。

次に，展開は，導入からの主活動を見通した上で，まとめも視野に進めていくことが大切である。例えば，指導計画案に「好きなスパゲティを一つ決めるよう伝える」と書いても，それを子どもたちにどのように伝えていくか，またどのように援助していくのかを予め考えておく。指導計画案の内容をどのように子どもたちに伝えるのか，主活動の中で予想されること，それに対する援助内容を細かく考えておくことは大切なことである。

最後に，子どもたちそれぞれが描いたスパゲティをグループごとに発表するというものであるが，主活動の内容を製作とする際，子どもたちの発達や興味関心の個人差を考える必要がある。のりをつけることに慣れている子ども，慣れていない子ども，また絵を描くことが好きでじっくり取り組む子ども，絵を描くことに興味がなくぱっと描いて終わらせようとする子どもなど個人差が想定される。この時，指導計画案の中で設定した時間の調整役として，この発表活動を取り入れるとよい。発表活動（発表会）は友達の話や絵に興味・関心を持ち見る楽しさを味わうことにもつながる。最後に，子どもたちが楽しかったという気持ちとともに実習を終えることができるよう，まとめの言葉や次の活動を促す言葉を考えておく。

2) 製作の手順

製作手順は，以下の通りである。

図8-4　スパゲティの絵　　　　　図8-5　完成の絵

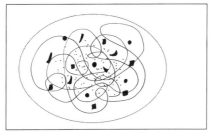
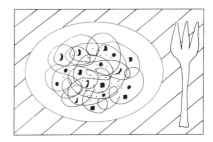

出所：筆者作成。　　　　　　　　出所：筆者作成。

① クレヨンで自分の好きなスパゲティをのびのび描く（図8-4）。
② 好きな色のフォークを選ぶ。
③ フォークをのりで貼る（図8-5）。
④ 時間があれば，ランチョンマットやコップなどの絵を描く（図8-5参照）。

3）製作における留意点

製作における留意点は，以下の通りである。

① 製作の見本を描く際，絵を大きく，色々な色を使って描くと子どもたちの絵ものびのびと，また楽しく描くことができる。
② 子どもたちが絵を描いている間，保育室内を回り子どもの様子を見ながら「美味しそうだね」「食べてみたい！」など声をかける。
③ のりを使用する際，確認の意味も込めて，その使い方を伝える。
  • のりをとる量（うめぼし大の量を人差し指につける）。
  • ゆっくりと丁寧につける。
  • 貼り終わったら，手をのり用お手ふきで拭く。
  • 子どもの様子を見て必要に応じて，のりをつける場所に予め，×・○・線，などの印を付けておくと子ども達が混乱せず安心して製作に取り組むことができる。
④ はさみを使用する場合も同様，その使い方を確認の意味も込めてその

都度伝える。

4）製作における配慮点

製作における配慮点は，以下の通りである。

① 製作に必要な材料をどの時点で配るのか考える。
② 製作に使用する教材はどの時点で子どもが取りに行くのか，または保育士が用意するのかなど，配布方法を考える。
③ 画用紙の裏に名前を書くのは，保育士か，子どもか，また名前を書くタイミングなど考える。
④ 4色以上のフォークを用意すると，子どもたちは色を選ぶ楽しさも味わうことができる。

5）スパゲティ製作を3歳児または5歳児で行う時のポイント

3歳児の場合，のりを使用しない方向で考えた方が良い。また，画用紙にお皿とフォークを予め貼ったものを配る，クレヨンで絵を描く工程のみに絞る，など3歳児は，集中力が10〜15分前後しか持続しないため，長時間の製作は避ける，といった配慮が求められる。

また，5歳児の場合，製作過程をプラスした方が良い。例えば，ランチョンマットやコップ，お皿のまわりに絵を描く，はさみでフォークを切り，のりで貼る，といった作業などである。さらに，フォークの色を選んで貼るのではなく子どもが描くように配慮すると，自由な発想でのびのび描く5歳児ならではの作品になる，といった効果が得られやすくなる。

本章のまとめ

初めて指導計画案を作成する際，思うように考えたり書けなかったりすることもあると思う。自身が実習に向き合って考えていく中で，指導計画案を作成する意義を感じていくことになるでしょう。日々の生活を通して子どもの主体性や興味関心を，何度も考えていくことが子どもたちとの充実した時間を過ごすことにつながり，実習を行うことの楽しさや喜びにつながっていくのである。よりよい実践に向けて指導計画案を作成してほしい。

第Ⅱ部　保育所実習

参考文献

厚生労働省『保育所保育指針解説書』フレーベル館，2008年。
小林育子ら『幼稚園・保育所・施設実習ワーク』萌文書林，2006年。
鈴木佐喜子ら『よくわかる保育・教育実習テキスト』診断と治療社，2008年。
全国保育士養成協議会編『保育実習指導のミニマムスタンダード――現場と養成校が
　協働して保育士を育てる』北大路書房，2007年。
久富陽子編『幼稚園・保育所実習　指導計画の考え方・立て方』萌文書林，2009年。
文部科学省『指導計画の作成と保育の展開』フレーベル館，2013年。

第Ⅲ部　施設実習

第9章 施設実習に取り組むにあたって

―― 学びのポイント ――

　児童養護施設などの児童福祉施設は，保育所とは異なり，学生（実習生）にとってあまり身近なものではない。したがって，保育実習の中でも，施設についてイメージしづらく，施設実習に不安を感じる学生は多いのが現状ではないだろうか。
　本章では施設実習に取り組むにあたって，児童福祉施設をはじめとする実習施設がどのようなところかを理解し，その上で，「なぜ施設での実習を行わなければならないのか」という意義などを学ぶ。また，施設実習をどのようにして取り組んでいくのかという流れを把握し，施設実習を実のある実習にするために必要な準備について説明していく。

1　児童福祉施設

（1）児童福祉施設の種類・概要

　児童福祉施設は，児童福祉法第7条第1項で①助産施設，②乳児院，③母子生活支援施設，④保育所，⑤幼保連携型認定こども園，⑥児童厚生施設，⑦児童養護施設，⑧障害児入所施設，⑨児童発達支援センター，⑩児童心理治療施設，⑪児童自立支援施設，⑫児童家庭支援センター，の12種別の施設が定められている（表9-1）。
　前述の12種別の中で，保育実習Ⅰ（施設）の実習先に該当するのは（第1章参照），乳児院，母子生活支援施設，児童養護施設，障害児入所施設，児童発達支援センター，児童心理治療施設，児童自立支援施設の7種別である（各施設における「実習での学びのポイント」などは第10章参照）。また，児童福祉施設ではないが，障害者支援施設，障害福祉サービス事業所（生活介護，自立訓練，就労移行支援又は就労継続支援を行うものに限る），児童相談所一時保護施設も実習先

第9章 施設実習に取り組むにあたって

表9-1 児童福祉施設の種別一覧

施設種別	児童福祉法の規定条文	対象・目的	利用形態
① 助産施設	第36条	経済的な理由により、産婦人科等での入院助産を受けることが難しい妊産婦が助産を受ける施設（総合病院等に設置）	入所
② 乳児院	第37条	家庭で生活することが難しい乳児（基本的に1歳未満）を支援する施設	入所
③ 母子生活支援施設	第38条	DV被害や経済的理由等により、配偶者がいない女性とその子どもを支援する施設	入所
④ 保育所	第39条	保護者の就労や病気等の理由により、保育を必要とする乳幼児の保育を行う施設	通所
⑤ 幼保連携型認定こども園	第39条の2	満3歳以上の幼児に対する教育や保育を必要とする乳幼児に対する保育を一体的に行う施設	通所
⑥ 児童厚生施設	第40条	遊びの場を提供し、子どもが心身ともに豊かに成長することを支援する施設（児童遊園、児童館）	利用
⑦ 児童養護施設	第41条	虐待や保護者がいない等、家庭で生活できない18歳までの子どもを支援する施設	入所
⑧ 障害児入所施設	第42条	家庭で生活することが難しい障害児を支援する施設	入所
⑨ 児童発達支援センター	第43条	障害児を支援する施設	通所
⑩ 児童心理治療施設	第43条の2	社会生活への適応が困難な子どもを支援する施設	入所 通所
⑪ 児童自立支援施設	第44条	不良行為を行う、または行うおそれのある場合等生活指導が必要な子どもを支援する施設	入所 通所
⑫ 児童家庭支援センター	第44条の2	地域における子育て等子どもの福祉に関する相談援助を行う施設	利用

出所：直島正樹・原田旬哉編著『図解で学ぶ保育 社会福祉』萌文書林，2015年，61頁を加筆修正。

に含まれる。保育実習Ⅲでは，児童厚生施設や児童発達支援センターも実習先に該当する（表1-3参照，15頁）。

　保育実習Ⅰ（施設）と保育実習Ⅲの実習先に該当する施設の概要について以下に簡潔に説明する（これらの実習先に該当する施設の配置職員は表9-2参照）。

表9-2 保育実習施設と配置職員

施設種別	配置職員
① 児童養護施設	保育士，児童指導員，嘱託医，個別対応職員，家庭支援専門相談員，栄養士，調理員，里親支援専門相談員，看護師，職業指導員
② 乳児院	保育士，看護師，児童指導員，医師（嘱託医），個別対応職員，家庭支援専門相談員，栄養士，調理員，心理療法担当職員，里親支援専門相談員
③ 障害児入所施設	保育士，児童指導員，嘱託医，栄養士，調理員，児童発達支援管理責任者，医師，看護師，心理指導担当職員，職業指導員，理学療法士，作業療法士など
④ 児童発達支援センター	保育士，児童指導員，嘱託医，栄養士，調理員，児童発達支援管理責任者，機能訓練担当職員，言語聴覚士，看護師，理学療法士，作業療法士等
⑤ 障害者支援施設	生活支援員，医師，看護職員，サービス管理責任者，理学療法士，作業療法士，職業指導員など ＊実施するサービスの種類によって異なる。
⑥ 障害福祉サービス事業所	生活支援員，医師，看護職員，サービス管理責任者，理学療法士，作業療法士，職業指導員など ＊実施するサービスの種類によって異なる。
⑦ 児童心理治療施設	医師，心理療法担当職員，児童指導員，保育士，看護師，個別対応職員，家庭支援専門相談員，栄養士，調理員
⑧ 母子生活支援施設	母子支援員，心理療法担当職員，嘱託医，少年を指導する職員，調理員，個別対応職員
⑨ 児童自立支援施設	児童自立支援専門員，児童生活支援員，嘱託医，医師，個別対応職員，家庭支援専門相談員，栄養士，調理員，心理療法担当職員，職業指導員
⑩ 児童相談所一時保護所	児童養護施設の職員配置基準を準用（保育士，児童指導員，心理療法担当職員，個別対応職員，看護師，栄養士，調理員など）
⑪ 児童厚生施設	児童の遊びを指導する者（児童厚生員など）

注：「③障害児入所施設」「④児童発達支援センター」は，「福祉型」「医療型」によって配置職員が異なる。
出所：筆者作成。

1）児童養護施設

　この施設では，基本的には幼児から小・中・高校生までの子どもたちが生活しているが，場合によって，乳児や高校を卒業した子どもが20歳まで生活していることもある。厚生労働省の「平成24年度児童養護施設入所児童等調査」によると，入所理由は，虐待が一番多く，次いで親の精神疾患などの病気が多くなっている。

施設での支援は，基本的生活習慣確立に伴う支援や，学習支援，心理的支援，自立支援，家庭支援，退所後の支援など多様である。虐待や親の就労・死亡などのさまざまな理由によって入所している子どもたちが混在しているため，支援の難しさもある。

2）乳児院

厚生労働省の「平成24年度児童養護施設入所児童等調査」によると，この施設への入所理由としては，虐待が一番多く，次いで親の精神疾患などの病気となっている。

施設では，授乳や食事，入浴などをはじめ，心身の発達の支援や家庭支援などを行っている。基本的には乳児の施設であるが，養育者との永続的な関係を保障する観点から，小学校就学まで生活することができるようになっている。

3）障害児入所施設

障害児入所施設は，障害児たちの生活施設で，食事や衣服の着脱，排泄といった日常生活支援や，将来自立した生活を送るための支援が行われている。以前は，自閉症児施設や知的障害児施設，肢体不自由児施設などに分けられていたが，2012（平成24）年4月の児童福祉法改正により，障害の種類に関係なく同じ施設で支援することになった。

また，これらを「福祉型」と「医療型」に分け，専門医療の提供の必要性などの支援目的の違いで区分している（図9-1参照）。これらの施設で生活する子どもは，行政処分としての措置によって入所している場合と，契約によって入所している場合があり，それぞれの家庭背景などが関係している。

4）児童発達支援センター

児童発達支援センターは，障害児入所施設と同じく，2012（平成24）年4月から，障害の種類に関係なく，障害児が通う施設となった。以前は，知的障害児通園施設や難聴幼児通園施設，肢体不自由児通園施設などと呼ばれていた施設が，児童発達支援センターとなったのである。この施設も障害児入所施設と同様に「福祉型」と「医療型」に分けられている（図9-1参照）。

多くの子どもは，保育所や幼稚園，小学校などにも通っており，職員は保育

図9-1　障害児入所施設と児童発達センターの支援目的

- ●障害児入所施設
  - •「福祉型」障害児入所施設
  保護，日常生活の指導および独立自活に必要な知識技能の付与を目的とする
  - •「医療型」障害児入所施設
  保護，日常生活の指導，独立自活に必要な知識技能の付与および治療を目的とする
- ●児童発達支援センター
  - •「福祉型」児童発達支援センター
  保護，日常生活の指導および独立自活に必要な知識技能の付与を目的とする
  - •「医療型」児童発達支援センター
  保護，日常生活の指導，独立自活に必要な知識技能の付与および治療を目的とする

出所：筆者作成。

所・幼稚園，小学校に対する相談に応じることも求められている。

5）障害者支援施設

障害者支援施設は，従来の「知的障害者更生施設」や「知的障害者授産施設」に相当する施設であり，障害者総合支援法で「障害者につき，施設入所支援を行うとともに，施設入所支援以外の施設障害福祉サービスを行う施設（のぞみの園及び第1項の厚生労働省令で定める施設を除く。）をいう」と規定されている。つまり夜間の入浴や排泄，食事の介護を行う施設入所支援や，夜間以外の「生活介護」「自立訓練」「就労支援」などのサービスが実施されている。

また，機能訓練や療養上の管理，看護，医学的管理の下における介護，日常生活上の支援を行う「療養介護」も行われている。このように障害者支援施設では，生活から就労までさまざまなサービスが用意されており，それぞれ利用者たちが必要なサービスを選択して生活しているのである。

6）障害福祉サービス事業所

障害福祉サービス事業所は，従来「知的障害者小規模通所授産施設」や「知的障害者授産施設（通所）」などといわれていた施設が，障害者自立支援法（現・障害者総合支援法）制定の際に一元化されたものである。

また，提供されるサービスを「生活介護」「自立訓練」「就労支援」に分類している。「生活介護」は，昼間の入浴や排泄，食事の介護，生産活動や創作的活動の機会の提供を主に行う。「自立訓練」は，自立した日常生活や社会生活が送れるように理学療法や作業療法などを実施する「機能訓練」と，入浴や排泄，食事などに関して自立した生活を送るために欠かせない訓練などを実施する「生活訓練」に分けられる。そして，「就労支援」は，一般企業などへの通常就労が見込まれ，それを希望する65歳未満の障害者に対する訓練などの支援を行う「就労移行支援」や，企業への就労が困難な障害者を対象に働く場を提供し，就労に必要な訓練などの支援を行う「就労継続支援」がある。

7）児童心理治療施設

　厚生労働省の「平成24年度児童養護施設入所児童等調査」によると，この施設への入所理由としては，虐待が最も多く，次に親の精神疾患などの病気となっている。虐待を理由として入所してくる割合が半数もあり，また，入所している子どもの被虐待経験の割合は，約7割と非常に高くなっている。それゆえに，精神面での治療的支援を行う施設である。また，不登校や家庭内暴力といった課題を抱えた子どもたちもいる。

8）母子生活支援施設

　厚生労働省の「平成24年度児童養護施設入所児童等調査」によると，この施設に入所する理由としては，配偶者による暴力（DV）が最も多く，次いで経済的な理由となっている。

　この施設には，DVのある家庭で育つことにより，心理的虐待の被虐待経験を有する子どもが多く生活している。そのような子どもへの支援も行いつつ，母の就労支援など自立生活に向けた支援を行っている。職員は，保育士の有資格者もなれる母子支援員などが配置されている。

9）児童自立支援施設

　この施設に入所している子どもは，喫煙や窃盗，深夜徘徊，暴力非行，性非行などさまざまな課題を抱えている。厚生労働省の「平成24年度児童養護施設入所児童等調査」によると，虐待経験を有する子どもの割合は約6割となって

いる。虐待を受けた経験が，不良行為や性非行などの問題に大きく関与していることが考えられ，それらを踏まえた支援が望まれる。

　この施設では，起床から就寝に至るまで，生活プログラムが決まっていることが多く，規律正しい生活の中で，基本的な生活習慣を身に付ける支援が行われている。清掃や農作業，学習，スポーツなどを通して，心身の健全育成も図られている。

　施設の特徴として，伝統的な「小舎夫婦制」の形態をとっている場合もある。これは，夫婦が職員（児童自立支援専門員・児童生活支援員）として子どもたちと一緒に暮らすものであるが，近年はその担い手の減少により，ローテーションの交代制勤務を採用する施設が増えてきているのが現状である。

10）児童相談所一時保護施設

　児童相談所一時保護施設は，児童福祉法第12条の4で「児童相談所には，必要に応じ，児童を一時保護する施設を設けなければならない」と規定されており，「一時保護所」とも呼ばれている。虐待などによる子ども自身の安全を確保する必要がある場合などに保護される施設である。そして，一時保護をしている際に，子どもの行動診断や心理診断，社会診断，医学診断などを行い，子どもや家庭に対する今後の援助方針を児童相談所で決めていく役割を担う。

　保護の期間は最長2カ月と決められているが，複雑な状況により，援助方針が決まらず長期間保護される場合もある。一時保護施設内で学習時間や運動時間を設けているが，あくまで一時保護施設のため，原則外出などはできず，幼稚園や学校にも通うことができない状況の中で子どもたちが生活している。

11）児童厚生施設

　児童厚生施設には，児童遊園と児童館がある。児童遊園は屋外に設置されている。広場や遊具，トイレなどの設備があり，子どもたちにとって地域の遊び場となるように作られている。それに対し，児童館は屋内に設置されている。種類は，小型児童館，児童センター，大型児童館などさまざまで，設備の内容や機能の違いによって分けられている。児童館の種類によっては，遊びやスポーツ，読書，コンピューター，キャンプなどが経験できるようになっている。

職員は,「児童の遊びを指導する者」(児童厚生員など) が配置されており,児童遊園には常駐する必要はなく,巡回という形が可能である。この「児童の遊びを指導する者」は,保育士や社会福祉士の有資格者などが就くことができる。「保育実習Ⅲ」の実習先の一つであり,実習は児童館で行うことになる。

(2) 施設での生活

　ここまで述べてきたように,さまざまな施設で,子ども (利用者) は過ごしている。特に入所型の施設では,子ども (利用者) の暮らしの場となっており,入所理由は多岐にわたっている。親の死別や離婚,行方不明,虐待などといった理由があり,虐待については身体的虐待,心理的虐待,性的虐待,ネグレクトに分別される。また,親の病気や障害といった場合もあり,例えば,精神疾患や知的な障害があるために養育できないということもある。さらに,子ども自身の障害によって家庭での養育が難しいということもある。障害者施設も同様のことがいえる。

　そのような状況下で暮らしているため,施設での実習を行う上で,子ども (利用者) のさまざまな内面や特性を垣間見ることになるだろう。時には,自分の家庭状況や施設での生活を受け入れられずに自暴自棄になってしまう子どもや,虐待の影響による試し行動が深刻化している子どもなどとも出会うかもしれない。そのような子ども (利用者) を施設職員がどのような思いで,どのように支援しているのかを真剣に学んでもらいたい。

(3) 施設保育士の仕事・役割

　施設保育士の仕事・役割は,施設種別によって違いはあるが,実に多種多様である。生活支援として,授乳・食事・排泄・衣服の着脱・入浴や,病気・怪我などの対応 (軽いものであれば施設内での手当てや看病,医師の診察が必要な場合は通院への付き添い,入院が必要な時は保護者に代行しての手続きなど) を行う。間接的な支援では,掃除・洗濯,修繕などがある。間接的な支援は軽視されがちであるが,その一つである洗濯という行為から見える以下の支援の事例を参考

にしてほしい。

> ある児童養護施設では，洗濯した子どもの服を個人のタンスの引き出しの奥に収納するようにしていた。それは，子どもたちが引き出しの手前から服を取り出す傾向があるため，同じ服を着ずにさまざまな服を着るようにと考えた工夫であった。
> しかし，ある保育士は，ある男の子がよく同じトレーナーを着ていることに気がついた。そのトレーナーが最近は連絡が少ない男の子の母親から買ってもらったものであるため，わざわざタンスの奥から取り出して着ていたのである。それは，男の子の母親への思いが現れた行動だった。普段から言葉では思いを表現することが少ないその子どもの寂しさを，保育士は見逃していたことを実感し，反省した。何気ない洗濯という一見雑用に思われる支援が，子どもの心境を感じ取ることにつながる。洗濯一つをとっても施設保育士の重要な仕事なのである。

　その他，施設保育士には，幼稚園・各種学校の行事・参観への参加，担任などとの協働・情報交換を行うことも求められる。学習支援，家庭支援，心理的支援，関係機関などとの連携，自立支援，記録の作成など多岐にわたっている。
　授乳や食事などの生活支援，家庭への支援生活，関係機関との連携などは保育所保育士と共通の仕事・役割といえるが，保育所と大きく異なる点は，施設にはさまざまな職種の職員が配置されている点である。したがって，それら他職種の職員との協働による支援が重要であり，連携は欠かせないといえる。

2　施設実習に取り組む意義

　「私は保育所で働きたいのに，なぜ施設で実習しなければならないのか」と感じている人もいるだろう。では，施設実習の意義とは何なのだろうか。表9－3を参考にしてほしい。そして，このような意義をふまえ，施設実習では，①施設機能・役割の理解，②施設保育士の業務・役割の理解，③子ども（利用者）に対する理解，④他職種の業務・役割と連携の理解，を目的として実習に取り組む必要がある。

第9章 施設実習に取り組むにあたって

表9-3 学生が施設実習に取り組む意義（例）

① 保育所以外の児童福祉施設でも保育士が働いている
　前述の通り，多くの児童福祉施設で保育士が配置されており，保育士という資格は，保育所で働くためだけのものではないということがわかる。そのため，施設での実習が児童福祉施設を知るために必要となる。
② 保育所にもさまざまな課題をもった子どもがいる
　保育所を利用する子どもたちはさまざまな課題を抱えている。障害児や，場合によっては虐待を受けている子どもが利用していることもある。そのため，たとえ，保育所で働くことを目標としていても，障害児・者施設や児童養護施設などでの実習経験を保育所で働く際に活かすことができるのである。「保育所保育士を目指すのだから，他の施設のことは知らなくても構わない」のではなく，幅広い知識や経験，考え方が保育士として必要であるといえる。
③ 実習は自己の育ちの場である
　学生の中には，養成校に入学する前から，または入学後に福祉系の授業を受けて，施設保育士を目指す人もいるであろう。そのような人たちが，実習という施設現場での経験をすることによって，改めて施設保育士を目指そうという気持ちになる人もいれば，自分には向いていないと進路転換をする人もいるであろう。
　また，まったく施設には興味がなかった人が施設保育士の仕事にやりがいを感じ，施設への就職を考える場合もある。また，保育士という資格を取得するために自分に欠けていることを気づかされるという，成長の機会ともなり得る。
④ 施設だからこそ経験できることがある
　入所型の施設によっては，宿泊実習が行われる場合がある。これは，保育所実習にはない，施設実習特有のものといえる。子ども（利用者）が生活をしている施設であるため，24時間体制で支援が行われている。そのため，入所型の施設では宿泊設備を設けて実習生を受け入れ，早朝から夜まで，場合によっては深夜の支援を学ぶ機会を設定している。このような，施設でしか経験できないことを学ぶ機会も大切にして欲しい。

出所：筆者作成。

3　実習の流れと目標（課題）の設定

（1）実習の流れ

　施設での実習の流れは，概ね図9-2のような形になる。以下，図中の項目について解説をしていく。

　いずれの段階も重要であることはいうまでもないが，中でも，⑤日々の振り返り（反省会）は施設実習を進める上で大切なポイントとなる。その日の実習を振り返り，学びや反省・課題を明確にすることで，新たな気づきが得られる，次の日以降の実習日誌の目標になるなどの意義がある。

図9-2 施設実習における流れ

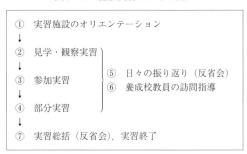

出所：筆者作成。

① 実習施設のオリエンテーション

　実習施設において，職員から施設の概要や必要な持ち物，準備物，実習形態，注意事項などの説明を受ける。事前に実施される場合が多いが，施設によっては実習初日に行われることもある。

　このオリエンテーションは，実習を始める上で特に重要な内容が説明されるため，しっかりと理解するように努めなければならない。

② 見学・観察実習，③参加実習

　施設での実習では，実習初日から，職員とともに子どもや利用者と関わりながら日課に参加していくことになる。そのため，保育所のように見学・観察実習と参加実習とを明確に分けて，段階的に実習を進めていくことが難しい場合が多い。それと並行して，施設の環境設備や子ども（利用者）の様子などを観察していかなければならない。

④ 部分実習

　施設によって実施の有無はさまざまであるが，場合によっては部分実習やレクリエーションを実習生が担当する機会を設けることもある。そのため，それぞれの施設に応じたことが実践できるように準備しておく必要がある（例：手遊びや絵本の朗読，製作，リズム遊び，歌，演奏など）。施設の子ども（利用者）の状況によって，実施しなければならないため，事前にどのようなことが可能か職員に確認しておくことも重要である。

第9章 施設実習に取り組むにあたって

⑤ 日々の振り返り（反省会）

毎日の実習終了時などにその日1日の振り返りの機会として，職員との反省会を設けることもある（施設による）。実習生にとっては，普段の生活では経験できない施設での実習のため，多くの疑問を抱き，戸惑いを生じるはずである。それらのことをしっかりと職員に話し，施設の理解に努めてもらいたい。

なお，毎日反省会を設けることが時間的に難しい場合は，中間反省会という形で時間を設ける施設もある。

⑥ 養成校教員の訪問指導

厚生労働省の通知では，「指定保育士養成施設の実習指導者は，実習期間中に少なくとも1回以上実習施設を訪問して学生を指導すること」と，できる限り養成校教員が施設に訪問指導しなければならないことが規定されている[1]。訪問指導教員は，施設の職員から実習生の様子を聞くなどの情報交換を行い，また実習生と面談する中で，実習状況や悩み，戸惑い，疑問などを聞き，指導することが求められる。

なお，通勤実習もさることながら，特に宿泊実習では，実習生が普段とは違う生活を送るため，不安や寂しさを抱えていることもあるため，顔馴染みの養成校教員が訪れることで安心できるのではないだろうか。その点も念頭に置きつつ，残りの実習をより円滑に行えるように目指してほしい。

⑦ 実習総括（反省会），実習終了

実習最終日当日か前日に，実習を総括する機会（反省会）が設けられることが多い。概ね10日間の実習を振り返り，日々指導を受けたことも含めた話し合いを職員と実習生とで行う場である。

ここでは，実習目標の到達度合を確認し，日々の実習で解決できていないことや，疑問に思うこと，実習中には経験できなかったこと（職員の多様な業務）など，さまざまなことをより多く学ぶ貴重な機会である点を意識して臨む必要がある。

(2) 目標 (課題) の設定

　何も考えずに実習に臨むのでは、実習を行う意義に欠ける。実習に取り組む上で、何を学びたいのか、どのようなことを習得したいのかということを考え、そのため目標 (課題) を設定することが重要である。

　しかし、目標 (課題) といっても「積極的に関わる」「遅刻をしない」「一生懸命に取り組む」などは、目標 (課題) ではなく、心構えや意気込みといったものである。「実習で何を学びたいのか」ということを明確にしておかなければならない。そのためには、自分の実習先の施設種別やその施設概要を十分に理解しておく必要がある。例えば、児童養護施設では「小規模グループケアにおける実践ではどのような課題があるのかを学びたい」ということや、障害福祉サービス事業所では「就労支援の実際を学びたい」、児童心理治療施設では「生活支援を行う保育士と治療的支援を行う医師や心理療法担当職員との連携について学びたい」などがあげられる。もちろん基本概ね10日間という短期間で学ぶことが難しい場合もあるが、何も考えずに取り組むよりもしっかりとした目的意識をもって実習に臨むことが望まれる。このような目標 (課題) を考え、実習日誌・計画の作成へとつなげていくことが大切である。

4　施設実習に向けた準備

　保育所、施設などではさまざまな行事を開催している (第6章〔94-95頁〕参照)。どの行事においても共通していえることは、準備が成功か失敗かの鍵を握っているということである。つまり、いかに事前にきっちりと準備ができるかということが重要なのである。

　これは、施設実習に参加するにあたっても同じことがいえる。何の準備もせずに実習に参加しても、施設の機能や職員の仕事・役割、子ども (利用者) について十分理解することはできない。保育所実習と同様、施設実習でもしっかりと事前準備を行うことで、深い学びや貴重な経験につながるのである (図9-3) (第3章参照)。

第9章 施設実習に取り組むにあたって

図9-3 施設実習に向けた事前準備のプロセスと効果

【解 説】
① 関連科目の復習──理論と実践のつながりを考える
　前述の通り事前準備として，まずはその施設のことや制度などを知る必要がある。
【養成校における科目例】
・「社会福祉」
　⇒福祉制度全般について学習する。例えば，「障害」とは何かということから，障害者福祉に関する歴史，障害者福祉サービスの制度などについて学ぶ。これは障害者支援施設や障害福祉サービス事業所，障害児入所施設，児童発達支援センターなどで実習をする際に欠かせない知識である。
・「社会的養護Ⅰ・Ⅱ」
　⇒児童養護施設や乳児院などの養護系施設での実習には，児童養護施設の機能・役割，施設を取り巻く現状，施設保育士の仕事・倫理など，これらの授業で学ぶ知識は欠かせない。
・その他：「子ども家庭福祉」「障害児保育」「子ども家庭支援論」「子育て支援」など
　⇒このような科目も施設実習に大きく関わっている。
　これらの科目を通じて学習する知識があってこそ，現場の実践で何を根拠に支援がなされているのかという理論と実践のつながりが学べるのである。そのため，実習へ参加する前にこれらの関連科目をしっかりと復習しておくべきである（第3章参照）。
② 事前指導での学び
　実習へ参加するにあたっては，「保育実習指導」という科目がある。いわゆる，養成校において行う「事前事後指導」で，テキストや映像教材等を用いて進められる授業のことである。その授業が実習に取り組む上で直結した，最も重要な準備の場であることはいうまでもない。ここで学ぶことをしっかりと身に付けて，目標（課題）などを明確化した上で施設実習に臨んでほしい。
③ 実習に対する意識など
　前述の通り，施設実習特有のものとして宿泊実習がある。ここで注意しなければならないのが，施設にとって実習生を宿泊で受け入れるということは，子ども（利用者），職員への負担が大きいということである。子ども（利用者）のプライベートな生活部分に深く介入することになり，職員にとっては子ども（利用者）への配慮がさらに増え，実習生自身への配慮も必要となるからである。
　そのため，宿泊実習を行う場合は，施設の共有部分や実習生の宿泊室などのあらゆる場所で，迷惑がかからないようにしなければならない。常に「学びの場として提供していただいている」という意識を欠かさないようにしなければならない。そのような意識をもつことも必要である。
【具体例】
・同じ養成校から複数名で実習に参加したり，他の養成校の実習生と実習時期が重なったりした場合に，特に深夜などの時間帯に会話が盛り上がり，騒々しくしてしまうことや，布団やさまざまな施設の備品を粗末に扱うことなどがないようにする。

出所：筆者作成。

第Ⅲ部 施設実習

表9-4 児童養護施設における指導計画案

実習生氏名：○○○○

1月20日　天気　曇り	2歳児1人，3歳児2人，4歳児1人　計4人	
児童の活動：ペープサートを楽しむ。		
子どもの姿：2歳の子も，この施設での集団生活にも随分と慣れて，歳上の上の子たちと同じようにしようとすることも時々ある。4歳の子はまもなく幼稚園生活が始まる。お兄ちゃんらしさを発揮する場面も見られる。	ねらい： ○絵本を楽しく見る。 ○いろいろな動物の特徴を知り，その動物の歌を歌う。	内容： ○絵本『きんぎょがにげた』を見る。 ○ペープサートの動物を当て，動物のまねをする。 ○動物の歌（「アイアイ」「ころころたまご」「かえるのうた」）をみんなで歌う。

時間	環境構成	予想される子どもの活動	保育士の援助
15:30	〈保育室〉 ・絵本『きんぎょがにげた』	○おやつを終えて片付けをする。 ・それぞれおやつを食べ終えたら，自分で皿を片付ける。	・おやつの後片付けを促し，片付けを手伝う。
15:35		○絵本『きんぎょがにげた』を見る。 ・保育者の近くの椅子に座る。 ・絵本『きんぎょがにげた』を見る。 ・「あそこにいる」と声を出す。 ・絵本をよく見たくて前に出てくる子に，後ろの子が「見えないよ」と言う。 ・みんなで絵本を見ながら，金魚を探す。	・絵本がよく見えるように座る場所に配慮し，「今から絵本を読みますね」と静かに話を聞く雰囲気をつくる。 ・絵本を読みながら，「あれ，金魚さんどこかな」と問いかける。 ・絵本を見たくて前に出てくる子に「みんなが見えないよ」と言葉をかける。 ・「今度はどこにいくのかな？」と言いながらページをめくる。
15:40	・ペープサート（犬，猫，猿，ひよこ，かえる）	○ペープサートで遊ぶ。 ・出てきたペープサートを見る。 ・動物の名前を考える。 ・ヒントを聞く。 ・4歳の子はヒントを出す役になる。 ・みんなで動物を当てる ・みんなで「いぬさーん」と呼ぶ。 ・「犬のおまわりさん」の歌をみんなで歌う ・猫のペープサートを見る。 ・出てきた動物が何かを考える。	・「今日はたくさんお友達を連れてきたよ」と言う。 ・ペープサートを一つずつ出し，「こんにちは，私は誰でしょ」とクイズ形式で問いかける。 ・ヒントを出し，考えるよう促す。 ・4歳の子に「○○君はお兄ちゃんなのでヒントを出す係になってくれるかな」とヒントを出す役をしてもらう。 ・「当たったらみんなで呼んであげてね」という。 ・「じゃあ，みんなで『いぬさーん』て呼んでみようか」と言って，みんなで呼ぶ。 ・「いぬさんと一緒に『犬のおまわりさん』を歌おう」と呼びかける。 ・次に猫のペープサートを出して同じように問いかける。 ・猿，ひよこ，かえる，を同じように当ててもらう。
15:50		○色々な動物が出てくる歌を歌う。 ・保育者の振りをまねしながら，歌（「アイアイ」「ころころたまご」「かえるのうた」）を歌う。 ・「またやりたい」と言う。	・振りを加えながら子どもたちと一緒に元気に歌う。 ・「いろんなお友達が来てくれてたのしかったね」と楽しかったを確かめて終わりにする。
16:00		○片付けて部屋に戻る。 ・椅子を元に戻す。 ・部屋に戻る。	・「みんなで椅子を元に戻そうか」と言って椅子を元に戻す。 ・「また明日ね」と，部屋に戻るように促す。

出所：片山紀子編著『新版　保育実習・教育実習の設定保育』朱鷺書房，2012年，109頁，を一部変更。

なお，前節で，実習の流れの一つとして部分実習について触れた。施設によっては，そのような機会を得られる場合もある。そのため，施設実習においても事前に指導案の作成準備をしておくことが必要である。表9-4は，児童養護施設の幼児を対象とした指導計画案である。参考にしてほしい。

以上のような準備をしっかりと行い，学生一人一人が，無事に実りある実習となるように努めてもらいたい。

本章のまとめ

本章では施設実習へ取り組むにあたって，多くの実習施設があり，それぞれの特徴を把握しておくこと，実習の意義や全体の流れ，事前準備の重要性などについて述べてきた。

保育士は保育所以外でも配置されており，さまざまな施設に勤務している職種（資格）である。施設実習で幅広く，より多くの事柄を学ぶことは，保育所保育士を目指す上でも必要な糧になる。そして，漠然と実習に取り組むのではなく，実習の流れを理解し，目標（課題）を考えておくこと，十分な準備をすることで施設実習が「成功」に導かれるという点を忘れてはならない。

注

(1) 厚生労働省雇用均等・児童家庭局通知「『指定保育士養成施設の指定及び運営の基準について』別紙2『保育実習実施基準』第3の4」(http://www.mhlw.go.jp/seisakunitsuite/bunya/kodomo/kodomo_kosodate/hoiku/dl/tokurei3-2.pdf, 2015年10月20日アクセス)。

参考文献

片山紀子編著『新版　保育実習・教育実習の設定保育──保育指導案の書き方が満載！』朱鷺書房，2012年。

岡本幹彦・神戸賢次・喜多一憲・児玉俊郎編『四訂　福祉施設実習ハンドブック：保育士養成課程』みらい，2013年。

守巧・小櫃智子ら『施設実習パーフェクトガイド』わかば社，2014年。

第Ⅲ部　施設実習

コラム3

実習生がもつ不安と誤解
―― 施設職員の立場から

　長年，児童養護施設の実習指導担当として，数多くの実習生に対応していると，ある共通した傾向が見えてきます。それは，多くの実習生が，「施設のことがよくわからない」といった不安を抱いていることです。

　幼稚園や保育所での実習では「きちんと実習を行えるだろうか」「子どもたちと上手く関わることができるだろうか」などの不安を実習前に抱くことが多いといえます。それは実習生として，どのような実習を行うべきかを想像できるからこそ，抱く不安ではないでしょうか。しかし，児童養護施設などの養護系施設の場合は，先に述べたように「施設がよくわからない」ことから，実習自体が「何をするのかわからない」ということになり，不安となってしまいます。確かに「得体の知れない施設」に足を踏み込み，実習期間中，何をすればいいのか予想もつかない状況は，大きな不安につながると思います。

　児童養護施設での実習が「想像できるか，できないか」の差の一つは，社会の中の認知度ではないかと考えます。養護系施設で一番多い児童養護施設でさえ，その認知度はかなり低いのが現状です。児童養護施設は全国で605施設（2018〔平成30〕年3月末現在）あり，有名ディスカウントストアのドン・キホーテは300店舗（2015〔平成27〕年5月現在）と，比較するとその数は2倍となりますが，認知度は足元にも及びません。この認知度の低さから，メディアでの描かれ方が実際と異なる場合があります。そして，メディアで描かれたものがそのまま児童養護施設のイメージとなってしまい，場合によっては児童養護施設のイメージを損ねてしまい，実習における不安につながるのではないでしょうか。

　ここまでの内容自体が児童養護施設での実習に対する不安をあおっているかもしれませんが，多くの実習生は，実習を経て施設へのイメージが変わり，またそれは肯定的なものへと変化していきます。すなわち，実習という体感する学びを通じ，施設の正しい姿や実際を学ぶことができているということを意味します。ぜひ，児童養護施設で実習を行った学生たちには，実習で得たイメージや施設の実際を後輩だけではなく周りにも伝えてもらい，より多くの人たちの児童養護施設の理解へとつなげてほしいと願っています。

第10章 施設実習の実際

── 学びのポイント ──

　前章でも述べたように，保育実習Ⅰ及び保育実習Ⅲの施設種別（実習先として規定された施設の種類）は，児童養護施設，乳児院，母子生活支援施設，障害児入所施設，さらには障害者支援施設など，多岐にわたる。実際にどの種別で実習に取り組むかは，学生によってさまざまである。

　本章では，主な実習施設について，種別ごとの実習の実際・学びのポイントについて述べる。それぞれ，「(1)日課（デイリープログラム）」「(2)保育士の仕事・役割」「(3)実習での学びのポイント」といった項目に分けて解説している。前章までの内容も踏まえながら，各施設の日課（例），施設保育士の仕事内容・役割，実習で特に学ぶべき内容・視点などについて理解をしてほしい。　　　　　　（編　　者）

注
1．「施設の概要」及び「職員」については，第9章（「施設実習に取り組むにあたって」）を参照。
2．「(1)日課（デイリープログラム）」の部分における，実習開始時刻，休憩時間，実習終了時刻については，施設・実習生によってさまざまである。
　① 職員（保育士）の勤務形態として，日勤，早出，遅出などに加え，途中，適宜休憩時間を取り，子どもたちの起床から就寝時間まで勤務する断続形態もある（児童養護施設など）。
　　例：日勤：9:00～17:30，早出：6:30～15:00，遅出：12:00～20:30，中空き（断続）：6:00～9:00，15:00～21:30
　② その他，児童養護施設，乳児院，障害児入所施設，障害者支援施設などの入所型施設の場合，宿直，夜勤などさまざまな勤務形態がある。施設の方針や実習生の状況などによっては，このような勤務も経験する場合がある。
　　例）：障害者支援施設における実習
　　　　20:00～9:30（夜間時間帯の見回り，寝具調節，おむつ交換などの業務を経験する。夜間に2時間程度の仮眠をとる。）
　③ 1日の実習時間は，概ね8時間が基本となっている（休憩時間を除く）。こ

の8時間の中で，日勤，早出，遅出などの勤務を経験することになり，それぞれ実習開始時刻，休憩時間，実習終了時刻などが異なる。
④ 宿泊実習の場合，実習終了後は寮に戻り，入浴，休憩，実習日誌の作成（1日の実習の振り返り）などを行う。
3．各施設の「(3)実習での学びのポイント」は，別の施設においても共通する，参考になる部分もある。各自，実習中及び実習前後の学習に活用してほしい。

1　児童養護施設

(1) 日課（デイリープログラム）

　児童養護施設での生活は，子どもにとって，家庭の代わりであると同時に，安定した生活とならなければならない。特に近年，虐待が理由で入所している子どもが増え，入所前の生活が不安定なケースが増えている。そのため，いかに子どもが施設での安定した生活を通じ，安心と安全を実感できるかが重要となる。児童養護施設においては，特にその点に留意した生活支援の実践が求められる（日課の例は表10-1参照）。

(2) 保育士の仕事・役割

　子どもと関わる保育士は，子どもにとって家族のような存在である。そのため，日々の生活を通じて，信頼関係の構築と健全な発達が保障できるよう日頃の生活支援を行う必要がある。そして，「子どもの最善の利益」の保障を目指し，自立に向けて支援を行わなければならない。
　また，子どもへの支援だけではなく，保護者支援や家族再統合，退所児支援，里親支援，地域社会支援などを行わなければならない。忘れてはならないのは，「これらすべての支援が子どもの最善の利益につながっている」ということである。このようなことを意識し，保育士は他の専門職や児童相談所などの関係機関と連携しながら，多角的な支援を総合的に行っていくことが求められる。

第 10 章　施設実習の実際

表 10 - 1　児童養護施設の日課（例）

時　間	1日の流れ（子どもの活動）	実習生の動き
6:30	起　床	起床，洗面，身支度の声かけ
7:00	朝　食	朝食の準備，食事（実習生のみ）
8:00	登　校	登校声かけ・見送り，施設内掃除
9:15	保育（未就園児）	保育（職員の補助）
10:00	おやつ（未就園児）	おやつ準備・水分補給
12:00	昼　食	昼食準備，子どもと一緒に食事，配膳
13:00	午睡・自由時間	入眠の促し（添い寝等） 余暇時間（子どもと一緒に過ごす）
14:30	めざめ・幼稚園児帰園	降園受入れ
15:00	おやつ	おやつの準備
16:00	下校，宿題，自由時間	下校受入れ，学習支援 余暇時間（子どもと一緒に過ごす）
18:00	夕　食	夕食準備，子どもと一緒に食事，配膳
19:00	入浴・自由時間	入浴の声かけ・支援 余暇時間（子どもと一緒に過ごす） 実習担当者とのミーティング（1日の反省）
21:00	幼児・小学生就寝	就寝声かけ，入眠の促し（絵本や添い寝等）
23:00	中高生就寝	就寝声かけ

出所：筆者作成。

（3）実習での学びのポイント

1）施設・子ども・施設保育士の仕事と役割の理解

　児童養護施設は保育所のような通所型施設ではなく，そこで子どもが生活し，施設から地域の学校などに通い，帰ってくる施設である。保育所での実習と大きく違う点は，施設で子どもとともに生活し，その生活全体を通じて子どもを支援するということである。

　これらを踏まえた上で，実習を通じて学んでほしいことは，職員として働く施設保育士が子どもとどのように信頼関係を築いているかという部分に着目し，それを参考にして子どもと積極的に関わるという点である。もちろん子どもとの関わりについて，悩むことがあれば職員に相談するようにしてほしい。

2）子どもの抱える背景への理解・守秘義務の順守

前述の通り，児童養護施設の子どもはさまざまな事情により入所している。多くの施設は，個人情報保護の観点から，子どもがなぜ入所してきたのか，その背景については，実習生に教えないであろう（特に保育実習Ⅲなどにおいては，可能であればケース記録等を閲覧させてもらうとよい）。しかし，子どもとともに生活することでさまざまな気づきを得ることができる。その気づきから自分なりに背景を考察し，それを子どもへの支援につなげることは，施設実習ならではの大きな学びとなる。

もちろん実習中に知り得た情報は，記録の内容なども含めてすべて守秘義務を意識し，家族であっても口外しないようにしなければならない。

> ＊ここであげたポイントは，児童養護施設のみならず，次節以降で示すその他の施設における実習でも共通する事項である。

2　乳児院

(1) 日課（デイリープログラム）

乳児院で生活する子どもは，24時間365日，保育士や看護師などの専門の職員に見守られながら，その健やかな発達や成長が保障されている。そして，ほとんどの子どもは発達著しい時期であるため，子ども一人一人の発達状況に合わせた日課の検討・実施が求められる（表10-2参照）。

(2) 保育士の仕事・役割

乳児院は，子どもが生活する施設であり，家庭に代わる場である。そこで，保育士は子どもの身体的な成長だけではなく，精神的な成長にも携わり，さらに愛着形成を育むことが求められる。生活を通じて，愛情を注ぎ健やかな発育を促している。

保育士の具体的な仕事内容としては，食事・入浴・排泄・睡眠に関わる支援，

第 10 章 施設実習の実際

表 10-2 乳児院の日課（例）

時間	1日の流れ（子どもの活動）	実習生の動き
7:00	起床, 検温, 着替え, おむつ交換	起床の声かけ, 検温 身支度・着替えの支援, おむつ交換
7:30	朝食, 離乳食, 授乳	朝食準備, 食事の支援, 食事（実習生のみ）
9:00	日光浴, 外気浴, 戸外遊び	安全確認（子どもと一緒に過ごす）
10:00	おやつ, 遊び, 授乳	おやつ準備・水分補給 安全確認（子どもと一緒に過ごす）
11:00	昼食, 離乳食	昼食準備, 食事の支援, 食事（実習生のみ）
12:00	午睡	入眠の促し（添い寝等）
13:00	授乳	授乳の支援
14:00	めざめ, おむつ交換, 検温	めざめの声かけ・促し, おむつ交換, 検温
15:00	おやつ, 遊び, 戸外遊び	おやつ準備・水分補給 安全確認（子どもと一緒に過ごす）
16:00	お風呂, 着替え, 授乳	入浴・着替えの支援
17:00	夕食, 離乳食	夕食準備, 食事の支援, 食事（実習生のみ）
18:30	おむつ交換, 遊び, 授乳	おむつ交換 安全確認（子どもと一緒に過ごす）
19:00	水分補給, 就寝準備	水分補給, 就寝準備
20:00	就寝	入眠の促し（添い寝等） 実習担当者とのミーティング（1日の反省）

出所：筆者作成。

沐浴，おむつ交換，遊び，健康管理などがあげられる。乳児院の子どもは，月齢によって生活リズムが大きく異なる。そのため，子どもの発達状況に合わせ，他の専門職と連携し，支援を行っていくことが重要となる。

（3）実習での学びのポイント

1）非言語的コミュニケーションの理解

乳児院で生活する子どもは，言語的コミュニケーションが十分でないケースが多く，子どもが表出する喜怒哀楽の感情をそのまま受け止めることになる。実習では，子どもと積極的にコミュニケーションを取ることが重要である。そして，職員と子どもとの関わり，また子どもの反応をしっかりと観察し，その

行動の背景を意識した上で，子どもが何を訴えているのかを考察してほしい。たとえ言語的コミュニケーションが図れなくても，穏やかな表情や心地よい声かけなどの非言語的コミュニケーションは十分に伝わるはずである。

2）衛生面の配慮への理解

どの施設種別においても衛生面への配慮が重要であることはいうまでもないが，0～2歳児が中心に生活する乳児院においては，特に求められる部分である。清掃，手洗い，哺乳瓶・玩具の消毒，タオルの洗濯など，どのような配慮が行われているか，具体的に学んでほしい。

> ＊乳児院の子どもは，人格形成や対人関係の基礎が形成される大切な時期を家庭から離れて過ごすこととなる。その点に留意し，また，これらのポイントも踏まえながら，実習全体を通じて，子どもの成長を感じ取ってほしい。

3　障害児入所施設

(1) 日課（デイリープログラム）

福祉型障害児入所施設では，障害児（知的障害児，盲ろうあ児，自閉症児など）が入所し，食事・排泄・着替えなどの日常生活動作の支援・訓練，将来的に自立した生活を送るために必要な知識・技術の習得などを主な目的として日課が組まれている。

医療型障害児入所施設では，障害児（自閉症児，肢体不自由児，重症心身障害児など）が入所し，日常生活面の支援に加え，医療的ケアが重視されている。日常の介護などを通じて，子どもの情緒の安定や個々に合った生活の維持などを目的とした日課となっている。

なお，福祉型・医療型ともに，「児童福祉施設」という位置づけではあるが，受け入れ先の施設不足などの理由により，多くの施設において障害者（18歳を超えた障害のある人：加齢児）も入所している。また，障害の種類・程度などについてもさまざまで，そのような子ども・大人が一緒に暮らしているため，各

第 10 章 施設実習の実際

表 10-3-1 福祉型障害児入所施設の日課（例）

時 間	1日の流れ（子どもの活動）	実習生の動き
6:45	起床・洗面・排泄・着替え	起床・洗面の声かけ，排泄・着脱の介助
7:15	朝 食	朝食準備，食事（実習生のみ）
8:00	登園・登校（幼児・学齢児）	登園・登校声かけ・見送り
9:00	生活訓練，保育（未就園児），自由遊び 等	施設内掃除，職員間打ち合わせに参加 保育（職員の補助）
12:00	昼食・休憩	昼食準備，子どもと一緒に食事，配膳
13:00	昼寝・自由遊び・保育	入眠の促し（添い寝等） 余暇時間（子どもと一緒に過ごす）
14:30	帰園（幼児）	帰園受入れ
15:00	下校（学齢児）・おやつ	下校受入れ，おやつの準備・介助
16:00	宿題，自由時間	学習支援 余暇時間（子どもと一緒に過ごす）
18:00	夕 食	夕食準備，子どもと一緒に食事，配膳
19:00	入浴・自由時間 排泄・着替え	入浴の声かけ・介助，排泄・着脱の介助 実習担当者とのミーティング（1日の反省）
20:00	幼児就寝	就寝声かけ・入眠の促し（絵本や添い寝など）
21:00	学齢児就寝	就寝声かけ・入眠の促し

出所：筆者作成。

表 10-3-2 医療型障害児入所施設の日課（例）

時 間	1日の流れ（子どもの活動）	実習生の動き
7:00	起床・洗面・排泄・着替え	排泄・着脱の介助，健康チェック・検温（観察）
7:30	朝食（経管栄養）・医療処置・歯磨き・排泄	食事介助，配膳，食事（実習生のみ）
9:00	訓練・作業・通院	職員間打ち合わせに参加，保育（職員の補助）
12:00	昼食（経管栄養）・医療処置・歯磨き・排泄	昼食準備（きざみ食の対応などを観察）， 経管栄養の対応（観察），配膳，食事（実習生のみ）
13:30	療育活動・作業・通院	施設内清掃，通院の付き添い
15:30	入浴・水分補給	入浴・着脱介助，水分補給（補助）
16:30	自由時間	余暇時間（子どもと一緒に過ごす）
18:00	夕食（経管栄養）医療処置・歯磨き・排泄	食事介助，配膳 口腔ケア（マッサージの様子などを観察） 食事（実習生のみ）
19:00	自由時間 排泄・着替え	余暇時間（子どもと一緒に過ごす） 実習担当者とのミーティング（1日の反省）
21:00	投薬・就寝	健康チェック・検温（観察），おむつ交換

出所：筆者作成。

施設では，より望ましい日課のあり方の検討が求められる（表10-3-1～2参照）。

（2）保育士の仕事・役割

　主として日常生活の中で必要となる食事や排泄，着替えなどといった，基本的生活習慣の確立に向けた支援を行う。食事・排泄介助などが必要な場合は，子どもの状況に応じた支援を考え，実施していく。

　また，余暇活動（遊びや音楽鑑賞など）を通してコミュニケーションを図り，障害児たちと交流することも保育士の重要な仕事・役割である。子どもの社会的自立を念頭に置きながら，子どもの状況に応じた支援を行っていくことが必要となる（パニックを起こす子どもに対する対応なども求められる）。

　なお，障害者が利用している場合は，作業や余暇活動などを通じて，生きがいを感じ，自立を目指した支援を行うことも求められる。「児童福祉施設」の中でどのような形で進めるか，検討を要するところである。

（3）実習での学びのポイント

1）子ども一人一人に応じた支援と「多職種」連携への理解

　障害児入所施設では，さまざまな障害児が生活をしている（障害が重複している場合もある）。たとえ同じ重複障害の子どもであっても障害の程度は違い，加えて，子どもを取り巻く環境が一人一人異なる。そのため実習前には，障害について学習し，その特性や症状について理解しておくことが望まれる。その上で，子どもの状況をよく観察し，個別支援について考えていくことが求められる。

　また，医療型障害児入所施設では，医学的ケアの必要な子どもたちが生活をしていることから，医師や看護師との連携による医学的管理下での指導や支援が必要となる。実習生は，一定の医療に関わる知識の習得にも努めるとともに，医療分野の専門職が多い中での保育士の役割，保育士と他職種連携（「多職種」連携），職種間の信頼関係（ラポール）の構築のあり方などについても意識し，

学んでほしい。

2) コミュニケーションのあり方の理解

　福祉型・医療型, いずれの施設においても, 障害児たちの中には, 言語的コミュニケーションが困難な場合がある。そのような子どもと関わる際は, 相手の表情や目線, 体の動きをよく観察することが重要といえる。「目で聴く」という表現があるが, これは, 他者の言いたいことを理解するには耳で聴くのみならず, 十分な観察が必要ということである。たとえ言語を使用することが困難であっても, 普段の様子をよく観察していると, 子どもたちの伝えたいことが見えてくるはずである。「会話ができない」という状況に不安を覚えるのではなく, まずは一人の子どもとして, その存在を受容し, 一緒に遊んだりする中でその気持ちに共感してほしい。

4　児童発達支援センター

(1) 日課 (デイリープログラム)

　福祉型児童発達支援センターでは, 障害児 (知的障害児, 難聴児など) が通い, それぞれの障害特性などに合わせながら, 集団生活への適応や社会参加を目指した生活支援・訓練が行われている (表10-4-1参照)。

　医療型児童発達支援センターは, 主に肢体不自由児 (疾病や重度重複障害があり, 生命の保持に関わる支援を必要とする子どもが多い) が通う施設であり, 生活支援・訓練や医療的ケアが日常的に行われている (表10-4-2参照)。

　なお, 子どもと保護者が共に通い, 保護者も介護・看護に関わる指導・助言などを受けたり, 行事や個別プログラムなどに参加したりすることがある。

(2) 保育士の仕事・役割

　児童発達支援センターには, 多種多様なニーズをもつ子どもたちが通園してくるため, 個々に応じたアプローチを行うことが求められる。遊びを通して子どもの様子を理解し, 日常生活の基本的動作を指導したり, 集団生活に馴染む

表10-4-1 福祉型児童発達支援センターの日課（例）

時　間	1日の流れ（子どもの活動）	実習生の動き
8:30		送迎・受入れ準備
9:00		職員間打ち合わせに参加 （当日のプログラム・役割などを確認）
9:30	登　園	登園（自主通園・バス通園）受入れ 子どもの様子を観察
10:00	朝の会	朝の会への参加，子どもの動きを観察
10:30	保育・自由遊び・生活訓練	保育・生活訓練への参加
11:30	排泄・着脱 昼食・歯磨き	排泄・着脱の介助 昼食準備，子どもと一緒に食事，配膳
12:50	保育・自由遊び	余暇時間（子どもと一緒に過ごす）
14:00	帰りの会・降園	帰りの会への参加，送り出し 保育士と保護者とのやり取りを観察
15:00		職員間打ち合わせに参加 実習担当者とのミーティング（1日の反省） 施設内掃除，実習日誌作成

出所：筆者作成。

表10-4-2 医療型児童発達支援センターの日課（例）

時　間	1日の流れ（子どもの活動）	実習生の動き
8:15		送迎・受入れ準備（施設内清掃）
9:00		職員間打ち合わせに参加 （当日のプログラム・役割などを確認）
9:30	登　園	登園（自主通園・バス通園）受入れ 健康チェック・検温（観察）
10:00	朝の会	朝の会への参加，子どもの動きを観察
10:30	近隣保育所との交流保育	保育への参加，安全確認
11:45	排泄・着脱 昼食・歯磨き	排泄・着脱の介助 経管栄養の対応（観察），配膳 食事（実習生のみ）
13:00	自由遊び・訓練	余暇時間（子どもと一緒に過ごす）
14:30	帰りの会・降園	帰りの会への参加，送り出し 保育士と保護者とのやり取りを観察
15:30		他職種からの学習会参加 実習担当者とのミーティング（1日の反省） 施設内掃除，設定保育の準備

出所：筆者作成。

ための訓練などを行ったりする。

　また，幼稚園教諭や保育所保育士などからの相談に応じる場合も少なくない。児童発達支援センターの保育士は，子どもの生活に寄り添い，子どもたちが自分らしく生活を営めるよう支えていく立場であることを忘れてはならない。

(3) 実習での学びのポイント
1) 施設全体の流れ・プログラムなどの理解
　児童発達支援センターにおいては，毎日通ってくる子どももいれば，週に数回通ってくる子どももいる。そこで，どのような特性をもった子どもたちが通い，どのように日々のプログラムが構成され，実際に支援が行われているのかを把握することで，子どもたち一人一人に応じた支援が可能となるだろう。場合によっては，自分の実習先となる施設のパンフレットなどで，事前に概要・様子を確認しておくことも必要である。

2) 子どもと関わる際に注意すべきことの理解——事前に考えておく・職員に尋ねておく
　障害児と関わる際には，「このように関わって本当に大丈夫なのか」「けがをしないか」「何か悪い影響を与えないのか」など，支援をしていく中で実習生に不安が出てくることは少なくない。しかし，過度に心配するのではなく，何か特別な配慮や注意が必要かどうかを職員に尋ねることが望ましい。また，日常の支援の中で，保育士が子どもたちにどのように関わっているのかを観察していくことも必要であろう。

3) 職員同士の連携についての理解
　現在，保育・福祉現場においては，さまざまな職種間の連携の重要性が指摘されている。児童発達支援センターにおいても同様であり，特に医療型では，医師，看護師，理学療法士，作業療法士，言語聴覚士との「多職種」連携も必要となる。また，幼稚園教諭や保育所保育士からの，子どもの障害特性に合わせた支援などについて相談に応じることもある。そのため，まずは，それぞれの職種がどのような仕事を担っているのか，どのような専門性を培っているのか理解しておく必要がある。

また，保育士をはじめ，より多くの職員（職種）と積極的にコミュニケーションを図り，「さまざまなことを教えていただく姿勢」をもつことも，実習での学びを高める上で大切である。

5　障害者支援施設

(1) 日課（デイリープログラム）

　障害者支援施設においては，障害者の日常生活習慣の確立に向けた介護・支援が行われている。また，作業などを通じた職業訓練の他，利用者が日々の生活を楽しめるよう，各種行事（誕生日会，夏祭りなど），外出（散歩・買い物など），クラブ（サークル）活動などのプログラムが組まれている。これらは，利用者自身の意向，障害の種類・程度などを配慮しながら進められることとなる（表10-5参照）。

(2) 保育士の仕事・役割

　障害者支援施設においても，保育士資格をもち，生活支援員などとして勤務する職員がいる（養成校卒業後の就職先の一つでもある）。
　職員は，利用者の障害の種類・程度などを配慮しながら，衣服の着脱・入浴・食事・排泄などといったADL（日常生活動作）や，洗濯，掃除，買い物などのIADL（手段的日常生活動作）に関わる介護・支援を行い，生活力の向上，自信・意欲の向上を図ることが求められる。また，作業（例：陶芸，農芸，パン・紙袋・封筒の製造など）を通じて働くことの重要性を感じ，生きがいにつながるよう，職業支援（就労支援）を行うことも職員の大切な仕事・役割である。
　このような支援に加え，行事，余暇活動，クラブ（サークル）活動のあり方なども工夫することで，利用者一人一人のQOL（生活の質）の向上に向けた支援を行うことが必要となる。

表10-5 障害者支援施設の日課(例)

時　間	1日の流れ(利用者の活動)	実習生の動き
6:30	起床・洗面・排泄・着替え	起床・洗面の声かけ,排泄・着脱の介助
7:30	朝　食	朝食準備,配膳,食事(実習生のみ)
8:15	自由時間	余暇時間(利用者と一緒に過ごす)
9:00	作業・訓練,通院	施設内掃除,職員間打ち合わせに参加,作業の支援
12:00	昼食・休憩	昼食準備,利用者と一緒に食事,配膳
13:30	外出(散歩・買い物等) 作業・クラブ活動	外出付き添い クラブ活動に参加
17:00	入　浴	入浴介助(補助),排泄・着脱の介助
18:00	夕　食	夕食準備,利用者と一緒に食事,配膳
19:00	自由時間 排泄・着替え	余暇時間(利用者と一緒に過ごす) 排泄・着脱の介助 実習担当者とのミーティング(1日の反省)
21:30	就　寝	見回り・就寝声かけ

注:日中は生活介護,夜間は施設入所支援を提供している施設の例。
出所:筆者作成。

(3) 実習での学びのポイント

1)障害者支援施設で実習に取り組む意義——「障害」への理解

障害者支援施設で実習に取り組むことが決まった際,「保育士を目指すのに,なぜ障害者施設で実習をするのか」「障害者と関わるのは怖い」などと考える学生もいるであろう。しかし,成人の利用者と関わることで,障害児が大人になった時の具体的な姿がイメージしやすくなる,子どもへの支援のあり方を検討する上での視点・考え方が広がるなどの意義がある。

そして,実習をより有意義に進めるためには,実習前の学習,実習中の障害者との関わりなどを通じて,「障害」への理解(一口に「障害」といっても種類・程度がさまざまで,重複している場合もある)に努めてほしいところである。

2)QOLの向上に向けた取り組みの理解

障害者支援施設は,障害者が作業,レクリエーションなどの活動をしながら生活をしている場である。障害者総合支援法では,障害者などが「基本的人権を享有する個人としての尊厳にふさわしい日常生活又は社会生活を営むことが

できる」ことを目的としている。すなわち、障害者も「一人の人」として人権をもち、その人の望む日常生活や社会生活を営むことができるよう支援することが、従来以上に求められているわけである。これらのことを念頭に置きながら、障害者一人一人がいかに快適な活動ができるか、QOLの向上に向けて施設としてどのような工夫がされているかなどといった点を学んでほしい。

そして、可能な限り個別支援計画（基本的にはこの計画に基づいてサービスが提供される）の閲覧などをし、利用者の観察・関わり、職員から話を聞くことなどにより、サービスの目的、内容・形式などについても具体的に理解できるよう努めることが望ましい。

さらには、バイスティックの7原則[1]をはじめとする支援方法のあり方などについても学んだ上でコミュニケーションを図ると、実習での学びが深められるであろう。

6 障害福祉サービス事業所

(1) 日課（デイリープログラム）

障害福祉サービス事業所においては、日々障害者が通い、作業や就労などを通じて活き活きと自分らしく活動できるよう支援することを目的としている。仕事内容の詳細は各事業所によって異なるが、企業からの委託製品や自主製品の製造などに取り組んでいる場合が多い。また、外出（散歩、喫茶店・プールに行くなど）、宿泊・日帰り旅行なども取り入れられており、一人一人が生きがいを感じ、社会性などを身に付けることを目指した日課となっている（表10-6参照）。

(2) 保育士の仕事・役割

障害者支援施設と同様、障害福祉サービス事業所においても、保育士資格をもち、生活支援員などとして勤務している職員がいる（養成校卒業後の就職先の一つでもある）。

表10-6 障害福祉サービス事業所の日課（例）

時　間	1日の流れ（利用者の活動）	実習生の動き
8:30		送迎・受入れ準備（施設内掃除）
9:00		職員間打ち合わせに参加 （当日のプログラム・注意点などを確認）
9:30	登　所	登所受入れ，利用者の様子・健康状態を観察
10:00	朝の会（利用者の会）	朝の会に参加
10:30	作　業	作業に参加（補助），トイレ付き添い
12:00	昼食・休憩	昼食準備，利用者と一緒に食事，配膳
13:00	作業・外出（散歩）	外出（散歩）付き添い
14:30	片づけ・施設内清掃	片づけ・清掃に取り組む，利用者への声かけ
15:00	帰りの会・降所	帰りの会への参加，送り出し 支援員と保護者とのやり取りを観察
16:00		職員間打ち合わせに参加 実習担当者とのミーティング（1日の反省）

出所：筆者作成。

　障害福祉サービス事業所における作業・就労（例：パン・豆腐・小物類の製造，タッパの袋詰めなど）は，「お金をもらうこと・稼ぐこと」だけが目的ではない。それらを通じて，障害者が一人の人間（社会人）として働くことの重要性を感じ，達成感・充実感の獲得などにつなげていく必要がある。職員はそのことを念頭に置き，障害の種類・程度などを配慮した上での個別支援，働きやすい環境の設定などといった職業支援（就労支援）が求められる。

　また，障害者一人一人の仕事への意欲を高め，日々の生活の充実，社会性の獲得（一般就労を目指す障害者は特に必要）などを目的に，行事，余暇活動などのあり方を工夫することも重要な仕事・役割である。

（3）実習での学びのポイント

1）障害福祉サービス事業所で実習に取り組む意義——「障害」への理解

　障害者支援施設と同様，障害福祉サービス事業所での実習についても，「保育士を目指すのに，なぜ大人の施設（障害者の施設）で実習をするのか」など

と考える学生もいるであろう。しかし、障害者と関わることで、障害児への支援に活かせる（配慮すべき点に共通点もある）、専門職（保育士）としての視点・考え方が広がるなどの大きな意義がある（前節参照）。

また、障害児入所施設、障害者支援施設など、特に障害児・者施設における実習に共通することであるが、「障害」への理解も深める機会としてほしい。障害福祉サービス事業所においても、知的障害をはじめ、身体障害、精神障害、発達障害など、重複も含めてさまざまな種類の障害者が利用している。「社会福祉」や「障害児保育」などの養成校の授業で、テキストや映像などを通じて学んでいる部分について、実際に障害者と関わり、支援方法なども学ぶことで理解を深めていきたいところである。

2）作業・就労に関わる支援の理解

障害福祉サービス事業所における作業・就労を進める上では、障害者が意欲をもち、集中して取り組めるよう、本人の意向、障害の種類・程度、作業内容などに応じてさまざまな工夫がされている。作業の準備・進め方、環境設定、職員の声かけの仕方・配慮、作業以外の活動とのつながりなど、どのような形で行われているかを具体的に学んでほしい。

また、可能であれば、個別支援計画も踏まえながら障害者と関わる機会ももてることが望ましい。そこで個別支援についても具体的に学ぶと、例えば、保育所や児童発達支援センターなどにおける障害児への個別配慮に活かせるなど、さらに有意義な実習となるであろう。

＊障害者支援施設、障害福祉サービス事業所などで実習に取り組む場合、利用者に対して「〜ちゃん」と呼ばないなど、呼称も含め、「目上の方・人生の先輩」として接することが求められる。

　保育士を目指す学生の中には、「つい、子どもに話しかけるようにしてしまう」という者がいるが、それは大変失礼なことである。わかりやすい話し方と子ども扱いの話し方とは異なる。過度に意識をする必要はないが、社会のルールとして、言葉遣いなどには十分気をつけてほしい。

7　児童心理治療施設

(1) 日課（デイリープログラム）

　児童心理治療施設において，子どもは毎日規則正しい日課に基づき生活しており，週に1回程度，プレイセラピーなどの心理療法や心理教育が行われている。特に情緒が不安定な子どもには，外出や招待行事・グループワークへの参加は控えるなど，刺激を与え過ぎたり，葛藤を起こさせたりしないよう配慮した日課が組まれ，支援が進められる（表10-7参照）。

(2) 保育士の仕事・役割

　児童心理治療施設で生活する子どもは，知的障害や発達障害を併せもち，家庭での対応が難しく，学校や地域の中でも多くの課題を抱えているケースが多い。したがって保育士は，「あたり前の生活をあたり前に送ること」を目標として，臨床心理士，児童精神科医，看護師，学校教員などと連携を図りながら，さまざまな生活支援（健康管理，食育，学習指導，身辺の整理整頓，ソーシャルスキルトレーニング，性教育など），自立支援計画の作成や経過記録の整理などを行う。具体的には施設によっても異なるが，家族支援や他機関連携など，その業務はケアワークからケースワークまで多岐にわたる。

　なお，子どもの施設の平均在籍年数は2年弱であり，入所と同時に家族再統合に向け家族面接などを行い，親子関係の調整や家族支援の取り組みを進める必要がある。ファミリーソーシャルワークとして児童相談所や学校や病院はもとより，各市町村の要保護児童対策地域協議会など，他機関との綿密な連携をとりながらケースワークを進めていくのも施設の専門的な支援の特徴の一つである。

表10－7　児童心理治療施設の日課（例）

時間	1日の流れ（子どもの活動）	実習生の動き
7:00	起床	起床・洗面の声かけ
7:30	朝食・服薬	朝食準備，子どもと一緒に食事，配膳
8:00	登校（地域校）	登校支援（声かけ・登校に同行・見送り）
8:20	登校（施設内学級）	
9:00	自由時間	職員間打ち合わせに参加
10:00	個別活動（個別心理治療，通院等）	研修（他職種からの講話，職員研修，ケースカンファレンスに参加）
12:00	昼食（学校で摂れない子どもは施設で個別）・服薬	昼食準備，食事（実習生のみ）
13:30	下校（施設内学級）・宿題	下校受け入れ，宿題・翌日準備
15:00	おやつ	おやつ準備
15:30	下校（地域校通学） 個別活動（個別心理治療，児童相談所ケースワーカー面接等），自由遊び	子どもと一緒に自由遊び・見守り
18:00	夕食（服薬）	夕食準備，子どもと一緒に食事，配膳
19:00	入浴 個別活動（個別心理治療，個別心理教育等） 自由時間（居室等で平穏に過ごす）	入浴の声かけ・支援 自由時間（子どもと活動的な取り組みはせず，穏やかに過ごす） 実習担当者とのミーティング（1日の反省）
21:00	小学生就寝（服薬） 中高生個別活動（個別心理教育）	就寝・服薬声かけ
23:00	中高生就寝（服薬）	就寝・服薬声かけ

出所：大阪水上隣保館「児童心理治療施設ひびき　援助の手引き」2015年，を基に筆者作成。

（3）実習での学びのポイント

1）「生活の枠」の理解

　児童心理治療施設での支援として，子どもが生活の見通しを持ちやすくするため，生活の構造化や行動制限を伴ったルール化された生活の枠をつくることがある。ただしこれは，権利侵害でも施設内虐待でもなく，生活の枠がないと安定した生活を送ることができない子どもへの必要な支援であり，権利擁護そのものであることをよく理解しなければならない。

2)「子どもの生活の安定」に向けた支援の理解

　児童心理治療施設は，治療施設としての専門的ケアや家族再統合への支援すべてが安定した施設生活の上に成り立っている。治療において一番大切なことは，子どもの生活の安定を図ることである。施設で暮らす子どもたちにとって，「守られ安心して過ごせる日常」をいかに保障するかというところである。そのような意味でも，保育士の果たすべき役割は大きなものがある。実習生は，保育士の動きなどをよく観察し，その仕事内容・役割を考えながら，学童期の発達，前思春期・思春期の子どもや特別な支援の必要な子どもへの理解を深める機会としたい。生活の中での質の高い関わりは治療そのものであり，そこで培われた大人との信頼による安心感は，子どものその後の治療や回復を大きく促進する。そのことを知り得る実習としてほしい。

8　母子生活支援施設

（1）日課（デイリープログラム）

　母子生活支援施設では，基本的に母子世帯単位で生活を送っている。就労支援をはじめ，母親と子どもが職員による支援を受けながら，個々の生活課題・問題などの解決を図り，自立を目指すことになる。母親が仕事へ行き，帰宅するまでの間は，少年指導員などを中心として子どもの宿題や遊びなどの支援が行われる。また，生活の改善や健康面での通院が必要な場合の管理なども日課に組み込まれている（表10-8参照）。

（2）保育士の仕事・役割

　保育士は，母子支援員または少年指導員として勤務する場合が多い。母子支援員の場合は，配偶者関係の支援として離婚調停や裁判，DV被害の支援としては被害届の提出や法的措置などを行っている。少年指導員の場合は，子どもを中心とした支援が中心となり，学校関係の調整や行事などの余暇活動などを企画，運営するなどの業務を担っている。

表10-8 母子生活支援施設の日課（例）

時　間	1日の流れ(子ども・母親の活動)	実習生の動き
6:30	各家庭での自由時間	施設内巡回（職員に同行）
7:30	子どもの登校・母親の出勤	登校・出勤の確認 母親からの欠勤や欠席の連絡確認（観察） 施設内保育の準備と受け入れ（補助）
9:00	自由時間（施設内保育児童）	職員引き継ぎ会議（朝礼）に参加
9:30	施設内掃除・保育	施設内清掃 保育（補助） 関係機関とのカンファレンス（観察）
12:00	昼　食	昼食準備，配膳 ＊休憩（食事・午前分の日誌記入）
13:30	保　育	職員引き継ぎ会議に参加 保育（補助）
15:00	下校，宿題，自由時間	下校受入れ，学習支援 余暇時間（子どもと一緒に過ごす）
18:00	面談（母親）	母親の帰宅確認，子どもへの帰宅伝達 個々の課題について面談による支援（観察）
19:00	子ども・母親帰宅	帰宅の見送り，保育室の片付け・掃除 実習担当者とのミーティング（1日の反省）
21:00	各家庭での自由時間	宿直勤務者への引き継ぎ（観察） 施設内巡回（職員に同行）

出所：筆者作成。

（3）実習での学びのポイント

1）ひとり親家庭を取り巻く状況の理解

　母子生活支援施設で保育実習に取り組む上で理解しておくべきことは，「利用者は特別な人ではない」ということである。そして，わが国のひとり親家庭を取り巻く環境は，非常に厳しい状況である点を把握しておくことが求められる。

　厚生労働省が行った「平成25年度母子家庭の母及び父子家庭の父の自立支援施策の実施状況」の調査結果によると，母子家庭は75万5,972世帯で父子家庭8万8,689世帯の約8.5倍（平成22年調査）である。一世帯当たりの平均所得金額は，一般的な世帯が673.2万円に対し，母子家庭は243.4万円となっている。[2]

また，2012（平成24）年の子どもの貧困率は16.3%，子どもがいる現役世帯の貧困率は15.1%であるのに対して，ひとり親家庭の貧困率は54.6%[3]と突出して厳しい状況にあり，支援の必要性が高いことが考えられる。

2）母子生活支援施設特有の支援のあり方に対する理解

母子生活支援施設では，「母親と子どもの最善の利益の保障」を最優先した支援が求められる。それは，施設利用により暴力や貧困などからの保護や解放といった対症療法的なものではなく，施設利用中に母子の問題解決に向けた主体的な取り組みを支援し，問題解決を図り，地域生活に戻れるための原因療法的な支援である。これを実現するには，「母親に対する支援」「子どもに対する支援」「母子の関係性に対する支援」の三つの視点が一体的に行われることが必要である。

そして，これらの支援の「核」となるのは「親子の絆」であり，これを親子の強さ（ストレングス）ととらえ，それを基に問題解決に向けた具体的な支援を行うことで，親子が力をつける（エンパワメント）していくというものである。

保育士として，利用者の子どもに焦点を当てた保育と，家族の問題解決に向けたソーシャルワークという二つの視点が存在しているのが，母子生活支援施設における実習である。

9　児童自立支援施設

（1）日課（デイリープログラム）

児童福祉施設の設備及び運営に関する基準第84条には，「児童自立支援施設における生活指導及び職業指導は，すべて児童がその適性及び能力に応じて，自立した社会人として健全な社会生活を営んでいくことができるよう支援することを目的として行わなければならない」と規定されている。その性質上，規則正しい生活により，自立支援の基礎が確立されていることから，細かく日課が組まれているところが多い（表10-9参照）。職業指導にも力を入れているところもあり，子どもたちは比較的管理的な枠の中で生活している。

表10-9 児童自立支援施設の日課(例)

時　間	1日の流れ(子どもの活動)	実習生の動き
6:30	起床・洗面・排泄・着替え	起床・洗面の声かけ,体調確認
7:00	施設内清掃	清掃指導,洗濯,布団干し
7:30	朝　食	朝食準備,行儀指導,子どもと一緒に食事 服薬確認(補助)
8:00	登　校	歯磨き補助,服装・持ち物確認,登校引率
9:00	学校等で活動	職員間打ち合わせに参加 清掃・洗濯等の環境整備
12:00	下校(昼食のため)	昼食準備,配膳,食事
13:15	再登校	ケースカンファレンスへの参加
15:30	下　校	学校教員との連絡(観察)
15:45	クラブ活動	クラブ活動指導(補助)
17:00	帰寮・清掃	片付け・備品の確認 帰寮確認,清掃指導
18:00	夕　食	夕食準備,配膳,食事(子どもと一緒に)
18:40	学　習	学習指導
19:30	入浴・洗濯(当番制) 自由時間	入浴の声かけ・介助 子どもと一緒に過ごす
21:00	1日の振り返り (黙想・日記作成)	日記指導 実習担当者とのミーティング(1日の反省)
21:30	就寝準備・挨拶	布団敷き,歯磨き,服薬確認(補助)
22:00	就　寝	施設内巡回(補助)

出所:筆者作成。

(2) 保育士の仕事・役割

　児童自立支援施設においては,保育士は児童生活支援員として勤務することが主である。児童生活支援員は,子どもの基本的な生活(衣食住)の充実と快適な環境を整え,心地よく生活できるよう支援することが求められる。また,虐待を受けていたり,障害があったりと,さまざまな事情を抱えた子どもの入所も増えている中,個々の思いや心情を察した上で関わることも重要である。

(3) 実習での学びのポイント

1) 入所している子ども及び家族の理解

一般的に子どもの非行行動に焦点が当てられ,「善悪」のみで判断されることが多いが,それに至った経緯や家族関係などの背景を勘案して理解する必要がある。また,施設の生活について,家庭的支援を基盤に日課や規則などの「枠のある生活」を提供し,健全で自律的な生活を提供することが「育ち直し」や「回復(レジリエンス)」「自立」を支援するのに有効であるということを具体的かつ体感的に理解する。

また,子どもの非行問題については,施設支援のみで解決することは困難といえる。そのため,家族の協力は不可欠である。中には,子どもに対して否定的感情をもつ親もいるため,施設としては包括的に支援する支援は大切である。実習では,これらの家族に対する支援について,どのように行われているかを理解しておくことも大切である。

2) 小舎夫婦制の理解

小舎夫婦制や小舎交代制といった夫婦が職員(児童自立支援専門員・児童生活支援員)として住み込み,家庭的な雰囲気で生活することが入所児童に統一的,継続的な支援を提供することにつながる意義を理解する。

この方法は,1世紀以上維持されている伝統的な支援形態であり,そこに子どもの育ちや矯正教育,本質的な養育のヒントが内在されていることを理解する必要がある。

3) 施設の機能・役割の理解

児童自立支援施設で行われている福祉的支援の前提として,(児童自立支援施設の前身となる)家庭学校創設に尽力した留岡幸助の功績を確認しておくことが必要である。留岡は1899(明治32)年に東京の巣鴨に家庭学校を創立しており,110年を超える歴史がある。児童自立支援施設は,以前は感化院,その後教護院,そして現在の児童自立支援施設へと名称が変更になっており,その経緯について理解しておいてほしい。

また,国立の児童自立支援施設も2カ所あり,他の児童自立支援施設との機

能の違いについても理解しておくことが重要である。それと同時に、「児童自立支援施設において保育士が担い、果たすべき役割とは何か」を考え、理解するよう努めることも必要である。

本章のまとめ

　本章では、児童養護施設、乳児院など、施設別の保育実習の実際・学びのポイントについて述べてきた。実習施設の種類は多く、それぞれの機能・役割、子ども（利用者）の状況、保育士としての支援の内容・留意点などが異なる。そして、同じ種類の施設であっても、地域性、建物の構造・設備、子ども（利用者）の年齢構成・生活スタイルや障害の程度、施設全体の支援に対する考え方などには違い・独自性がある。

　養成校における事前学習の中で、これらすべてのことを詳細に学び、理解するのは困難といえる。ただし、より実りある実習にするためには、自分の実習施設に関わる基本的事項（施設の機能・役割、職員配置基準、施設保育士の仕事内容・役割など）は事前に学習・把握し、特に何を学びたいかという目的意識をもっておくことが重要である。そして、それらを踏まえた上で実習に取り組み、実際に体験したり、保育士に質問をしたりする中で、施設への理解をより一層深めていってほしい。

（編　者）

注
(1) 「バイスティックの7原則」とは、①個別化、②意図的な感情表出、③統制された情緒的関与、④受容、⑤非審判的態度、⑥自己決定、⑦秘密保持といった原則を指す。ソーシャルワークのケースワークを行う上で、支援者に求められる態度・姿勢として求められているものの一つである。
(2) 厚生労働省「平成25年度母子家庭の母及び父子家庭の父の自立支援施策の実施状況」2015年。
(3) 内閣府『子供・若者白書　平成27年版』日経印刷、2015年。

参考文献
愛知県保育実習連絡協議会「福祉施設実習」編集委員会編『保育士をめざす人の福祉施設実習　第2版：新保育士養成カリキュラム』みらい、2013年。
石橋裕子・林幸範『新訂　知りたいときにすぐわかる幼稚園・保育所・児童福祉施設等実習ガイド』同文書院、2013年。
大阪府社会福祉協議会　児童施設部会「児童福祉施設援助指針」2012年。

小野澤昇・田中和則・大塚良一『保育の基礎を学ぶ福祉施設実習』ミネルヴァ書房，2014年。
厚生労働省「社会的養護の施設等について」2011年。
厚生労働省「児童養護施設運営指針」2012年。
厚生労働省「情緒障害児短期治療施設運営指針」2012年。
厚生労働省「情緒障害児短期治療施設（児童心理治療施設）運営ハンドブック」2014年。
厚生労働省「児童養護施設入所児童等調査（平成25年2月1日現在）」2015年。
厚生労働省「社会的養護の現状について（平成27年7月版）」(http://www.mhlw.go.jp/file/06-Seisakujouhou-11900000-Koyoukintoujidoukateikyoku/0000000904.pdf, 2015年8月10日アクセス)。
厚生労働省「平成25年度母子家庭の母及び父子家庭の父の自立支援施策の実施状況」2015年。
社会福祉士養成講座編集委員会『障害者に対する支援と障害者自立支援制度 第5版』（新・社会福祉士養成講座⑭）中央法規出版，2015年。
民秋言・安藤和彦・米谷光弘・中山正雄『施設実習 新版』北大路書房，2014年。
内閣府『子供・若者白書 平成27年版』日経印刷，2015年。
守巧・小櫃智子ら『施設実習パーフェクトガイド』わかば社，2014年。

第Ⅲ部　施設実習

コラム4

非言語的コミュニケーションの効果
──施設職員の経験から

　児童養護施設で実習指導に携わっていると，実習生からの質問によく似た傾向があることに気づきます。
　それは「子どもとの話のなかで，どのように答えるべきかがわからず，生返事になってしまった。次からはしっかりと返答できるようにしたいが，どうしたらよいか」といったものです。私が実習生からそのような質問を受けた際，子どもからの話というのは，どのような内容であったのかを確認するようにしていました。その内容のほとんどが子どもたちの身の上話です。子どもたちからの話や相談に対して，職員でも即答できず的を射た返答をするために，時間を要することが多いといえます。まして実習生にとっては，なおさら難しいことではないでしょうか。
　保育士養成課程における施設実習の期間は，概ね10日間です。話の内容によっては，的を射た返答ができるかもしれません。しかし，限られた期間の中で，子どもたちの背景や個性を見極め，子どもとの深い信頼関係を築き，適切なアドバイスを行うことは，難しいケースが多いのではないかと考えます。
　では，このような場合，実習生はどのような対応をとるべきでしょうか。
　私は「受容」と「傾聴」，そして「非言語的コミュニケーション」をキーワードにアドバイスを行っています。現在，児童養護施設で暮らす子どもたちは，何らかの虐待を受け，入所している場合が多いといえます。そのため，子どもたちは，「この大人は信頼できる人間かどうか」を見極めている部分と，集団生活の中で自分の話を聴いてほしいと思う部分があると考えられます。そのような気持ちを充足するには，子どもたちの話を聴き，受け入れ，そして言葉で発しないメッセージを読み取り，またこちらの考えも，非言語的コミュニケーションを意識して伝えることが大切です。そうすることで子どもたちとの信頼関係は深まり，実習生の言葉も子どもたちに響く可能性が高まります。
　実習では，この点に留意し，できるだけ多くの子どもたちと積極的に関わってほしいと思います。

| 第11章 | 施設実習における記録 |

学びのポイント

　学生が，施設実習においてできることは限られている。短期間で施設の支援内容を理解し，子どもに寄り添い，支援の手立てを考えるよう努めなければならない。そのためにも，施設実習で行ったこと，学んだこと，考えたことなどを記録することは重要な意味をもつ。

　保育所実習と同様，施設実習においても，実習日誌の作成を行う。そして，この実習日誌の作成は，施設の子どもの支援方針・計画について考える上でも重要で，保育士として必要な知識・技術を習得するために欠かすことができない作業といえる。

　本章では，この施設実習に欠かせない実習日誌について学習する。実習日誌作成の意義・目的をはじめ，実際に作成する上での留意点など，養護系施設及び障害児・者施設それぞれについて，具体的な点を学んでほしい。　　　　　（編　者）

1　養護系施設での実習における記録

(1) 実習日誌作成の意義・目的

　施設実習における実習日誌の作成について，まずは，児童養護施設などの養護系施設における実習日誌について見ていく。

　「実習日誌を作成する」という作業は，実習生にとって負担が大きいことかもしれないが，児童養護施設で働いている保育士は，日々の子どもの活動・様子などを「児童日誌」に記している。児童日誌には，主に「生活と健康に関するもの」「情緒面も含む人間関係」「言葉」「理解力」「運動」「表現」「感性」「家庭との相談」「連絡事項」などが記述される。この児童日誌は，「児童福祉施設の設備及び運営に関する基準」に規定された「職員，財産，収支及び入所

第Ⅲ部　施設実習

図11‐1　児童日誌をはじめとした記録の役割

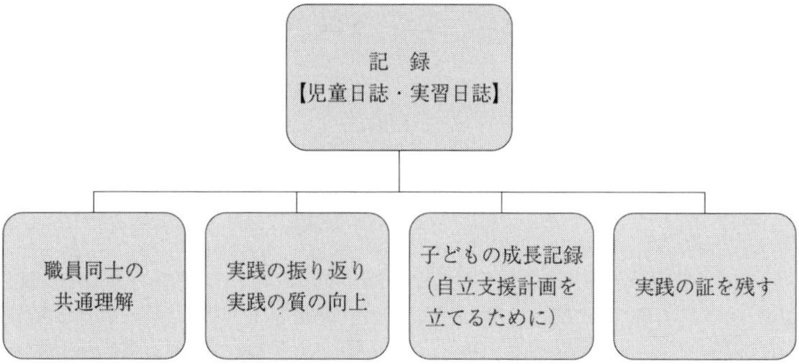

```
              記　録
         【児童日誌・実習日誌】
    ┌──────┬──────┼──────┬──────┐
 職員同士の  実践の振り返り  子どもの成長記録  実践の証を残す
  共通理解   実践の質の向上  （自立支援計画を
                         立てるために）
```

出所：愛知県保育実習連絡協議会「福祉施設実習」編集委員会編『保育士をめざす人の福祉施設実習　第2版』みらい，2013年，44頁，を基に筆者作成。

している者の処遇の状況を明らかにする帳簿」にあたり，施設保育士が業務の一環として整備しておかなければならないものである。

さらに，児童日誌には，図11-1に示したような「職員同士の共通理解」「実践の振り返り・実践の質の向上」「子どもの成長の記録（自立支援計画を立てるために）」「実践の証を残す」などの役割がある[2]。またこれを作成することによって，自分自身の実践を振り返ることができたり（自己評価），保育士や施設を利用している子どもたちの成長をとらえることができたりするなど，重要な役割を果たしている。実習日誌は，実習生がこれらと同様のこと（限られた期間であるため一部にはなるが）を経験し，学ぶためにあるといえる。

なお，実習日誌は，実習施設や養成校によって書き方や書式が異なるのが現状である（書式が統一されている地域もある）。施設の1日の流れを記録する時系列式，そして，実習生の心に残ったことを書くエピソード記述が用いられている[3]。

（2）実習日誌作成上の留意点

第3・7章でも述べたように，実習日誌の作成にあたっては，個人が特定できないよう子どもの実名を避けて書くなどの配慮が必要となる。また，他者が読むことを意識し，丁寧に読みやすい字で書く，誤字・脱字がないようにする

表11-1 実習日誌作成上の留意点(例)

① 子どもの名前などの表記に注意する。
　イニシャルではなく,名前とはまったく関係のないアルファベットでの表記を求める施設もある。その際は,実習担当の保育士が読んでわかるように,実習日誌にはその日もしくは実習期間を通して,同じ人物にアルファベットを割り当てるなど,実習日誌を書く上で工夫してほしい。また,性別がわかるようにとの配慮から,「男児A」「女児B」と書くようにという指導が入ることもある。
② 文章の表現を工夫し,誤解を与えないような書き方をする。
　保育士は子どもの主体性や自発性を重視した活動を行っているが,実際の保育・福祉の現場で,施設職員が子どもに何か「させたり」「やらせたり」していると思われても仕方ない場面に遭遇することがある。その場合,実習生はそのまま受けとめて実習日誌に「○○をさせる」「○○をやらせる」と書くのではなく,保育士の活動・支援を尊重した書き方を身につけることが必要である。
③ 誤字・脱字がないように辞典を引く。
　実習日誌を作成する上では,特に曖昧な漢字や表現などは確認してほしい。携帯電話のメール作成の漢字変換機能を用いると,略字や誤字が変換候補にあがる場合もある。そのため,辞書を引くか,(持参することが難しい場合は)持ち運びが便利な電子辞書などを活用するとよい。
④ 記録は黒のボールペンか万年筆で書く。
　間違えて記述した場合の修正方法として,「新しい用紙に書き直す」ことや「間違えた箇所に二重線を引き,訂正印を押してその横に書き直す」などの形が考えられる。実習施設や養成校などの方針に違いはあるものの,修正液・修正テープの使用を認めているところもある。

出所:小野澤昇・田中利則編『保育士のための福祉施設実習ハンドブック』ミネルヴァ書房,2011年,141-142頁。および守巧・小櫃智子ら『施設実習パーフェクトガイド』わかば社,2014年,91頁,を基に筆者作成。

など,いくつかの基本的な留意点がある。表11-1は,そのあたりの補足も含め,実習日誌を作成する上で特に気をつけるべき点である。参考にしてほしい。

なお,実習期間中,実習生は気になったことや,確認したいことがあれば,すぐに保育士に確認したり,相談したりする行動に移すことが求められるが,保育所以上に不規則な勤務形態のため,常に実習担当職員が施設にいるとは限らない。実習日誌を書いていて思い出したり,直接,質問できなかったりした時は,保育士とのコミュニケーションツールとしても実習日誌を活用することができるため,安心して実習に臨んでほしい。

(3) 児童養護施設での実習日誌

1) 時系列式

子どもたちの1日を追いかけて記述する実習日誌の場合,実習生は出勤時から退勤するまで,子どもの様子や保育士の活動などを観察・記録する。また宿

第Ⅲ部　施設実習

表11-2　時系列式の実習日誌（例）

9月8日（火曜日） 天候（晴れ）	配属先：すみれ 児童数　8名		実習担当者氏名：　小島　博市　印

本日の目標を設定し、反省・今後の課題で達成できたか振り返る。

本日の目標（ねらい）
児童養護施設の1日の生活の流れを把握し、子どもたち一人一人に合った関わり方を考える。

時間	施設の1日の流れ（日課）	子どもの姿	保育士・実習生の活動・留意点　●：実習生　□：保育士
6:00	○起床	・各自、起床して、洗面、着替えをする。	●子どもたち一人一人に笑顔であいさつをし、顔色を見たり、様子を見たりする。 □男児Aが、トイレに行くのを我慢し、布団を汚したため、シーツやカバーなどを洗濯し、布団を干す。 ●起床後、ボタンがある制服に着替えることが苦手な男児Bには「急がなくても大丈夫だよ、ゆっくり一つずつでいいからね」と焦って嫌にならないよう言葉をかける。 ●□二度寝している子どもに起床するよう言葉かけをする。

学校がある平日は、子どもたちが気持ちよく登校できるように言葉をかけたり、話をしたりする。

| 6:45 | ○朝食の支度 | ・身支度を終えた子どもたちから朝食の準備をはじめる。 | ●子どもたちの様子をみながら、朝食を作ったり、一緒に食器を出して料理を盛りつけたりする。
●子どもたちの会話に耳を傾け、食事の準備が整っていない子どもの支度をする。 |
| 7:00 | ○朝　食 | ・子ども同士、会話を楽しみながら食事をする。中には、食事よりも、おしゃべりに夢中になる子どももいる。 | □食欲がなさそうな女児Cさんの様子に気づき、体温を計る。 |

「朝食を食べたくない」という子どももいるため、声かけをするなどして促す。

起床時だけでなく、食事場面からも子どもたちの様子の変化に目を向け、子どもたちの体調を把握することを心がける。

			●段々とおしゃべりがとまらなくなった男児Aに登校時間が迫っていることを伝える。 □男児D（着ていく服が選べず、肌着のまま動こうとしない）にM保育士が寄り添い服選びをする。
	○起床（幼児）	・着替えをする。 ・保育士と食事をする。	●幼児の食事を準備する。 □寝過ごしている中高生を起こす。
7:30	○登　校（小学校）	・食事を終えた小学生は登校の準備をする。	●連絡帳や宿題等忘れ物はないか再度確認する。 ●天気予報をみて、下校時に傘が必要であることを伝え、置き傘が学校にあるかの確認をする。
7:45	○登　校（中高生）	・歯磨きを済ませる。	●天気予報をみて、雨具が必要であることを伝える。

自転車で登校する中高生に、雨具の持参を促す。

| 8:30 | ○登　園（幼稚園） | ・保育士と一緒に幼稚園に登園する。 | ●食事の後片づけと洗濯機がとまったことを確認し、シーツやカバー、パジャマを干す。
●□幼児2人を連れて車に乗り、幼稚園へ行く。
●車から降りる際に、「やっぱり行きたくない」と登園を渋る女児Eに付き添い園庭まで送っていく。 |

子どもが小学校等へ行っている間、実習生は休憩（「中空き勤務」：例えば、6時から9時まで実習、9時から15時まで休憩、15時から21時まで実習）、病気の子どもの通院に付き添う、環境整備などを行って過ごす。

| 15:00 | ○順次下校・学習 | ・おやつを食べる
・宿題をする
・宿題を終えた子ども同士でゲームをしたり、園庭でサッカーをしたりして遊ぶ。 | ●帰園後、手洗い・うがいをせずにおやつを食べようとする子どもに言葉がけをする。
□宿題に集中できない子どもには、落ち着いて勉強ができるよう別室（居室や応接室等）を用意する。
□検温（女児C）（体温が37.5℃まで下がる）。 |

17:00	○入浴(幼児)	・風呂に入る。	●シャワーで水のかけ合いを始めた幼児に，危ないから止めるようにと注意するが，なかなか聞き入れてもらえない。
	夕食準備，夕食を食べる際の支援（食べ物を落とす子どもへの言葉かけ）などを行う。		

〜〜〜〜〜〜〜〜〜〜〜〜〜〜〜〜（略）〜〜〜〜〜〜〜〜〜〜〜〜〜〜〜〜

	○入 浴 （小学生）	・夕食を終えた子どもから風呂に入る。	□19時からのテレビがみたいため，子ども同士で風呂に入る順番が取り合いになる。G保育士がテレビ番組の録画予約をすることで解決する。
19:00	○帰 宅 （中高校生）	・手洗いうがいをして，夕食を食べる。 ・食事の片づけをする。	●一人で夕食を摂っていた男児Fのもとへ行き，学校や部活の様子など話を聞く。 ●幼児の洗濯物を干す。
20:00	○就 寝 （幼児）	・歯磨き，排泄をする。 ・就寝する。 ・中高生は宿題をする。	●□歯磨きや排泄の様子を見守る。 ●子どもたちからのリクエストで絵本の読み聞かせをする。 ●□なかなか寝付けない子どものそばへ行き，添い寝をする。 ＊眠れるよう言葉かけをする。
21:00	○就 寝 （小学生） ○入 浴 （中高生）	・就寝する。 ・入浴後，風呂掃除をする。	●幼児の様子を見ながら，小学生の就寝準備をする。 ●ゲーム機をもって布団に入ろうとする男児Aに，「明日の朝，起きられるのかな」と話す。 ——実習終了——

> 実習中に感じたことに加え，養成校などで学んだことを踏まえると書きやすくなる。また，ここでの反省・課題の内容が，翌日以降の目標設定につながる。

○実習で学んだこと・考えたこと

　本園は「家庭的養護」という家庭的な雰囲気を大切にして子どもたちの養育をしている施設であると，園長からお話を聞かせていただきました。家庭的養護に関しては社会的養護の授業の中でも学んできましたが，実際に実践されている場面を見させていただき，例えばハード面でいうと，子ども一人一人の権利が守られるよう個室であったり，お風呂が大浴場ではなく家庭用であったりと工夫されていることがわかりました。
　また，複数で生活していると，テレビの取り合いになることもあると思っていたのですが，録画用のレコーダーが設置されているなど，子どもたちの思いを汲み取ることができるような体制を考えていることが理解できました。現在，私は施設で就職するため保育士を目指していますが，実習を通して子どもの権利をどのように保障すべきなのかを考えた1日でした。

○反省・今後の課題　　　　　「ですます」調，「である」調どちらか一方に統一する。

　実習2日目の今日は，施設での一日の生活の流れを把握することと，子どもたちと親しくなれるよう積極的に関わっていくことを目標にしていました。一人一人の名前を覚え，名前で呼ぶことで，子どもたちは親しみをもって関わってくれるようになったのではないかと感じました。しかし時間の都合などもあり，中高生とのコミュニケーションがあまり図れませんでした。明日以降，少しでも関わりがもてるように努めたいと思います。

出所：筆者作成。

　泊実習の場合は，子どもたちの起床時から登校，下校から就寝までを追いかけて記述する。この際のポイントとしては，子どもの姿をとらえることはもちろん，保育士が配慮したり，工夫したりしている点などを観察し，理解することなどがあげられる。また，実習生が気づいたことや保育士からの助言なども記述すると，より充実した実習日誌になる。

　前述の通り，実習日誌は養成校や施設などによって，多様な書き方・書式が

あり，全国的に統一されたものはない。ここでは表11-2（188-189頁）のように，「施設の1日の流れ（日課）」「子どもの姿」「保育士・実習生の活動・留意点」などといった枠組みを設け，これらに沿って時系列に記述する方法を紹介する。

2) エピソード記述

エピソード記述は，1日の施設の流れを追いかけ記述する時系列式の実習日誌とは異なり，実習生が子どもたちとの関わりの中で印象に残ったことや体験したことなどを記述していく方式である。

これを作成することで，子ども一人一人の活動の様子・特性，施設内の子ども同士の関係性などが把握しやすくなり，「子どもの理解」につながるというメリットがある。ただし，子どものプライバシーの部分に大きく関わるため，すべての施設で実施している訳ではない。実習生が作成する場合は，特にこの守秘義務に配慮する必要がある。

また，実習生にとって，子どものエピソードを拾っていくという作業は決して容易ではない。エピソード記述を作成する上で実習生がおさえるべきポイントを，例とともに示しておく（表11-3参照）。

2　障害児・者施設での実習における記録

施設実習における記録（実習日誌）作成の意義・目的，作成上の留意点などについては，前節の「養護系施設での実習における記録」の部分でも述べた。ここでは，その部分の補足とともに，障害児・者施設での実習日誌作成に関わる留意点などについて述べる。

(1) 実習日誌作成において踏まえておくべき点

養護系施設での実習と同様，障害児・者施設における実習も，「毎日，ただその場所にいて過ごすだけ」では，記録の内容も毎日同じようなものになってしまいがちである。学生自身が1日の実習を終えて実習日誌を書き始める時に，

第11章　施設実習における記録

表11-3　エピソード記述（例）・作成上のポイントなど

子ども	エピソード
A（男児）	朝食を食べた後，私が男児Aの腕に園服の袖を通そうとしたところ，「行きたくない」と泣き始めた。そばにいたF保育士は，「どうしたの」と言葉をかけるが，男児Aは「いやや～」といって，服を着ようとしない。F保育士は幼稚園へ行く楽しみを伝えようとするが，男児Aは泣き止まない。 　その後，…… 〰〰〰〰〰〰〰〰〰〰（略）〰〰〰〰〰〰〰〰〰〰
作成上のポイント	
①	「本日の目標」や「実習課題」にあげた内容に沿って，立てた目標がどの程度達成できたかなど，子どもたちとの関わりを振り返り，考察や反省をする。
②	実習期間中に担当した特定の子どもや，実際に関わった子どもたちとの会話，印象に残っている場面，気づいたことなどを記述する。
③	保育士からの助言や子どもと関わる上で配慮していることを保育士と子どもたちとの関係性から分析することで，実習生の学びにつながるようにする。
その他の留意点	
「全国保育士会倫理綱領」に記載されているように，保育士は，一人一人のプライバシーを保護するため，保育を通して知り得た個人の情報や秘密を守らなければならない。実習生はこの点を踏まえ，実習日誌（エピソード記述）を書く上でも，子どもや職員の個人名等が特定されないようにアルファベット表記にするなどの工夫が求められる。	

出所：愛知県保育実習連絡協議会「福祉施設実習」編集委員会編『保育士をめざす人の福祉施設実習：新保育士養成カリキュラム　第2版』みらい，2013年，47頁，全国保育士会「全国保育士会倫理綱領」（http://www.z-hoikushikai.com/index.htm，2015年7月10日アクセス）を基に筆者作成。

悩んでしまうことになる。

　実習日誌を作成する時に留意しておかなければならないのは，「日誌のために実習に取り組んでいるのではない」ということである。特に障害児・者施設における実習においては，「障害児・者と関わるのは嫌だ・不安だ」などという思いをもつのではなく，「障害児・者施設で実習を行うことが，人との関わりの学びのためである」「障害について学ぶことで保育士としての専門性の向上につながる」ということを理解し，実習中にどれだけ多くの「見る・感じる・知る」ということができたかという点にかかってくる（序章7頁参照）。この点について少し意識すると，自ずと実習日誌は書きやすいものとなり，実習に取り組んだ時の自分が感じ，学びになったことが記録され，「すばらしい記録」に仕上がる。そしてその実習日誌は，その後の人生において（特に保育・

表11-4 段階別に見た目標設定の留意点

① 初期（3日間）——状態観察期
　施設における1日の生活状況・流れの把握，保育士の業務内容の理解に努める段階であり，「見る・感じる・知る」を最も活用し，アンテナを張り巡らせる期間として設定する。
　この段階では，特に，積極的な子ども（利用者）への関わりは必要ない。障害児・者支援では，子ども（利用者）の特性などをあまり知らないうちに過度な関わりを行うことはあまり好ましくない。まずは周りをよく観察して情報を収集し，知識とすることが必要となる。またその際は，さりげない観察が必要であるため，掃除や活動準備などの機会を活用するよう心がける。

② 中期（4日間）——複数の子ども（利用者）対応期
　できるだけ多くの子ども（利用者）に関わる期間として設定する。
　意識的に挨拶をし，例えば，言葉数の少ない（言葉をあまり発することができない）子ども（利用者）に対しては，肩をトントンとたたいて関わりを求めるなど，言語以外でのコミュニケーションも心がけてほしい。1日で全員の子ども（利用者）との接触を目標にすると，後に続く個別の子ども（利用者）対応期がスムーズになる。そして，この段階で得られたさまざまな子ども（利用者）の情報を記録し，その所感を掲載するとよい。
　また，この時期には，子ども（利用者）の個別資料を閲覧し，特に後期の個別対応に向け，子ども（利用者）の情報を仕入れる作業も行っておくとよい。
＊施設の方針や実習生の状況などにより，個別対応ができるかどうかは異なる。

③ 後期（3日間）——個別の子ども（利用者）対応期
　個別対応が可能ということであれば，特定の子ども（利用者）と1日を共に過ごし，コミュニケーションが図れることを達成目標として設定する。特に個別対応の子ども（利用者）を設定されない場合でも，実習生自身が，特定の子ども（利用者）の動き，様子などを観察したり，コミュニケーションを図ったりするなどの意識をもつとよい。
　この段階になると，ほとんどの子ども（利用者）の名前とおおまかな特性については知ることができている場合が多い。個別対応の子ども（利用者）と他者との相性などを考慮しながら，それまでの「見る・知る・感じる」からの具体的なアプローチを考え，実践するよう努めてほしい。そして，その内容・結果，気づき，考察などを記録にとどめることが重要である。
　また，考案したアプローチの方法を保育士と確認しながら行うため，それまで以上に保育士とのコミュニケーションも積極的に行ってほしい。そこで得られる情報も，対人援助職を目指す学生にとって大切なものになる。

出所：筆者作成。

福祉の仕事をする上で）大切な宝物となるはずである。

（2）記録をスムーズに作成する方法

　障害児・者施設においても，実習日誌を作成するにあたって，必ず1日の目標を設定することが求められる。この設定については，概ね10日間という期間を，初期・中期・後期といった形で，あらかじめ三つに区分して実習を計画しておくと目標が立てやすい。これについては，実習施設によって違いはある

(明確に段階を分けて実習に取り組むとは限らない)が，表11-4に段階別に見た目標を設定する上での留意点を示す。

また，「時系列での子ども(利用者)側，保育士側それぞれの動きを記入する」ために，施設の基本的な日課を踏まえながら，実際に実習で体験するものを記入するようにするとよい。そして，「実習生の所感や考察」については，学生自身が体験した出来事や子ども(利用者)や保育士との関わりについて具体的に振り返り，反省を翌日につなげるような文章を作成する。このあたりについても，養護系施設での実習と共通する部分である。

(3) 障害児・者施設での実習日誌

ここでは，障害児・者施設での実習日誌の例を紹介する。表11-5(194〜195頁)は福祉型児童発達支援センターでの実習(2日目)，表11-6(196〜197頁)は障害福祉サービス事業所での実習(8日目)における記録例である。前述している通り，実習日誌は養成校や施設などによって，さまざまな書式・書き方があるが，一つの例として参考にしてほしい(198頁に続く)。

本章のまとめ

本章では，実習日誌作成の意義・目的をはじめ，作成する上での留意点などについて，養護系施設及び障害児・者施設それぞれの例をあげながら述べた。

多くの養成校において，「実習日誌を書くことが好き」「ぜひ書きたい」という学生はあまりいないかもしれない。しかし，実習での取り組み内容，子ども(利用者)の活動の様子，学生自身の気づき・考え，保育士(生活支援員)からの助言などを日誌に記しておくことで，実習時の振り返り(課題設定)や，将来，保育士(生活支援員)として現場で勤務した際に活かせるなど，さまざまなメリットがある。実習中は，「実習日誌がなければ楽しい」「実習日誌なんて面倒やな」などと思うかもしれないが，自分自身の自己研鑽，そして専門職としての成長のためと考え，意欲を高め，よりよい実習日誌の作成に努めてほしい。

(編　者)

第Ⅲ部 施設実習

表11-5 福祉型児童発達支援センター実習日誌例

8月25日（水曜日） 天候（晴れ）	配属先　いるか組		実習担当者氏名：　橋島　旬哉　　印
	児童数	出席：男児6名　女児4名　計10名 欠席：男児1名　女児1名　計2名	

本日の目標（ねらい）
- 福祉型児童発達支援センターにおける1日の流れを理解する。
- 保育士の一つひとつの行動をよく観察し、その意味の理解に努める。

＊実習2日目のため、施設の全体的な流れを目標に設定するとよい。

時間	施設の一日の流れ	子どもの活動	保育士・実習生の活動・留意点　●：実習生　□：保育士
9:30	○登園・身支度・排泄	○順次登園（自主通園・バス登園） ○連絡帳を提出したり、タオルをフックにかけたりする。	●子ども一人一人に笑顔で挨拶しながら、保育室へ入るよう促す。 ●一人で準備をすることが難しい子どもには声かけ等をしながら手伝い、できたことをほめる。 □男児Kの排泄援助。トイレで排泄できたことを一緒に喜ぶ。 ＊便器に座ることを慣らすとともに、排泄の場所という意識づけをする。
9:45	○水分補給	○麦茶を飲む。 ・男児Hはコップを使うことが苦手なのか、あまり飲まない。	●麦茶を注ぎ、手渡していく。 □男児Kをはじめ、コップを使うことが苦手な子どもには手を添えて手伝う。
10:00	○おはようの会	○手遊び（「トントントントンアンパンマン」） ○絵本（「ビョーン」）	□椅子に座ることが難しい子どものためにマットを用意し、全員が座って参加できる工夫をする。 ●気持ちの向かない子どもは抱っこをする等、気持ちを盛り上げ、参加できるように促す。 ●絵本「びょーん」を読み終わった後に1人ずつ名前を呼び、椅子から抱っこして飛ぶ。　＊圧覚の刺激を与える
10:30	○設定保育（ホール）	○ホールに移動し、設定保育（「スキンシップ遊び」「サンドイッチ遊び」「マッサージ」）に参加。 ・靴磨きの歌に合わせ、タオルや手で行う。 ・男児Sが活動に参加できず、隅に座っている。	□マットに子どもを挟み、歌に合わせて上から軽く押す。 □「やりたい人？」等と子どもの意思を確認しながら、自発の気持ちを引き出す。 □ゆっくり歌いながら、子どもたちの体を手やタオルを使い、さする。 □男児Sの横に座り、一緒に活動を見ながら声かけを行う。 ●保育士の動きを観察するとともに、子どもが安全に遊べるように見守りながら声かけ等を行う。　＊歩く、走る時等に、子ども同士がぶつかって、けがをしないよう安全に配慮する。
11:10	○排泄・手洗い・給食準備	○排泄・手洗いが終わった順に着席。 ・男児Jが手洗いをしていたら、服に水がかかってしまう。	●男児Jの着替えを手伝う。 □自分の席へつくよう促しながら、給食の配膳等を行う。
11:30	○給食	・女児Dが大きな食材は食べにくそうにしている（落ち着かない様子）。	□女児Dと話をしながら、食べにくい食材をはさみで切って小さくしたり、混ざっている食材を種類別に分けたりして食べやすくする。 ●楽しい雰囲気になるよう心がけながら、子どもたちと一緒に食事をする。
12:20	○片づけ・歯磨き	○食べ終わった子どもから歯磨きをする	□歯ブラシを入れるのを嫌がる子どもには、ゆっくりと唇のマッサージをする。

第11章 施設実習における記録

時刻	活動	内容	実習生の動き
13:00	○自由遊び	○保育室，園庭等，好きな場所で好きな遊びをする（おままごと，プラレール，粘土等）。	●園庭で子どもたちと一緒に遊ぶ。 □園庭で子どもを見守ったり，連絡帳を書いたりする。 必ず園庭の見守り保育士がいることを確認する。
13:40	○片づけ・排泄・手洗い ○水分補給	○片づけ終了後，排泄・手洗い。 ・男児Mが積極的に片づけを行っている。	●安全に配慮しながら，子どもたちと一緒に遊具等の片づけを行う。 ●排泄・手洗いを手伝う。 ●マットと椅子を準備後，お茶と牛乳を注ぎ，子どもに配る。
14:00	○お帰りの会	○手遊び（「だるまさんがころんだ」等）を行う。 ○「さようなら」の挨拶をする。	□「おはようの会」と同様，椅子に座ることが難しい子どものためにマットを用意し，全員が座って参加できる工夫をする。 □男児Mを膝に乗せ，手遊びの動きに合わせて体を揺らしながら遊ぶ。 ●一緒に手遊びをしたり，保育士の動きを観察したりする。 園児の様子を見ながら，保育士の手遊びに関わるスキル等を学ぶ。
14:30	○降園	○順次降園（自主通園・バス登園） ・排泄を済ませてから降園する子どももいる。	●笑顔を心がけ，子ども一人一人に声をかけながら見送る。 ＊バスに全員が乗り込んだことを確認する。 □女児Gのトイレに付き添う。
～～～			（略）
	子どもたちが降園後，実習生は，施設内の掃除，休憩，教材準備，職員連絡会（会議）への参加，実習日誌の作成，保育士（実習担当職員）とのミーティング（反省会）などを行う。		
17:30			―実習終了―

○実習で学んだこと・考えたこと

　実習2日目であったため，施設の1日の流れを把握することと，先生方の一つひとつの行動をよく観察し，その意味の理解をすることに努めました。その中で特に，先生方が何気なく行われていると思っていたことが，実は一つひとつの働きかけに大きな意味があるということを学びました。
　例えば，午前中の設定保育の場面で，私は子どもたちが楽しく参加できることが狙いであると思っていました。しかしそれだけではなく，マットに挟んで，上から軽く圧をかけたり軽く押したりすることで，子どもたちの体の緊張がほぐれ，力を抜く心地よさを感じることを狙いとして行われていることを知りました。また，子どもたちが楽しい気持ちをくり返し味わうことで，「先生もう一回やって欲しい」という要求を自分から出せるよう，取り組んでいることを理解しました。
　以上のことを，本日の反省会においてE先生からお話をしてもらいました。これらを通して，場当たり的な対応ではなく，常に意図をもって，子ども一人一人に合わせた支援を行うことが大切であると考えました。

○反省・今後の課題

　本日の実習では，施設の1日の流れについては概ね把握できましたが，先生方の一つひとつの行動をよく観察し，その意味を理解するところまではできませんでした。明日以降は，子どもたちと外出する機会もあると伺っており，本日とは違う流れ（動き）で進んだり，気をつけるべき点も変わってきたりすると思います。また，知的障害や自閉症など，子どもの障害に対する理解もできていないと感じています。引き続き，子ども一人一人に寄り添う気持ちをもちながら，保育士の先生方の動きをよく見て，子どもの理解，障害の理解，保育士の役割・仕事の理解などに努めていきたいと思います。

出所：筆者作成。

第Ⅲ部　施設実習

表11-6　障害福祉サービス事業所における実習の日誌例

9月9日（水曜日） 天候（曇り）		配属先　　1階フロア 利用者数　出席：男性16名　女性9名　計25名 　　　　　欠席：男性1名　女性2名　計3名		実習担当者氏名：　直本　敏博　　　印
本日の目標（ねらい） Tさん（男性）に合った関わりを考え，コミュニケーションを図る。		8日目の目標設定。個別支援の導入に伴いターゲットを絞ると目標が立てやすい。 ＊設定の意図：Tさんを観察する中で，作業や活動以外の時間に，水道の水を流して遊んでいることがわかった。その理由について，関わりをもつことで知り，考えていきたい。		
時間	施設の一日の流れ	利用者の活動	生活支援員・実習生の活動・留意点	●：実習生 □：生活支援員
8:30	○利用者登所	・登所してきた順に更衣室に入り，活動用の服に着替え。 ・Tさん登所（9:00頃）。更衣後，活動フロアへ移動。 ・Tさんは着替えが終わると手洗い場へ急いで行き，水を出し続けながらじっと見つめている。出る水を手の平で切るようにして遊ぶ。	●一階廊下の掃き掃除を行いながら利用者の登所を待つ。 □取り組みの準備チェック，車で利用者を迎えに行く等，各分担に分かれて動いている。 ●Tさんの更衣支援。自分で前と後ろを判断できるように観察，見守りを行う。 ＊衣服の向きが間違わないように衣服に刺繍がしてある。 □通りかかったA支援員がTさんに声かけを行う。数字を「1．2．3．4．5」と五つ数え（数字のカウント），活動フロアへの移動を促す。 「構造化⁽⁴⁾」の取り組みは，障害者施設でよく使われるため，意識的に観察するとよい。	
9:45	○朝礼	・利用者一人一人の活動内容を確認。（Tさん：午前中は企業提携作「箱折り」の作業実施，午後は公園掃除に行く）	□Tさんに対しても，言葉による説明とともに，絵カードを提示して活動内容を確認する。 ＊Tさん専用のスペースには，活動の絵カードが貼られており，目で見てわかるようになっている。 留意点等をわかりやすく印（＊等）で示すのも，一つの方法である。	
10:00	○作業 ＊適宜休憩	・作業（箱折り） ・Tさんは，排泄後，手洗い場での水遊び。	□組み立てる前の箱を準備する（1束50枚×10セット）。 ＊途中で箱の不良がないか，折る途中で破れていないか等をそばについて確認しながら見守る。 ●声かけと数字のカウントを行う。 □（Tさんがまったく動こうとしないため）A支援員が声かけと数字のカウントを行う。	
12:00	○給食	・Tさんは勢いよく食べ，5分程で完食した。 ＊他の利用者もいるため，早く食べ終わっても，12時15分までその場で待つルールがあり，それをしっかり守れていた。	●楽しい雰囲気になるよう話しかけながら，Tさん共に食事をする。 食事介助は着席して行うことが基本。また，食事場面では，言葉を発することが難しい利用者であっても，会話をしながらとるとよい。さらに，食物の"大きさ"や"熱い""辛い"などの味覚も共感するため，一緒に食事をとることが重要といえる。	
12:30	○歯磨き ○休憩	・順次，歯磨きを行う。 ・Tさんは，なかなか歯磨きをしない。	□歯磨き支援（B支援員） 　水遊びへのこだわりに対応するのと同じく，Tさんに数字のカウントを行い，歯磨きをするよう促す。 ●B支援員が行う支援を観察。	
13:00	○昼掃除	・本館2階の廊下の掃除。	□C支援員を中心に状況を確認。 ●掃除の手伝いをしながら，Tさんを中心に様子を観察。	

時刻	活動	利用者の様子	実習生の動き・気づき
13:30	○公園掃除	・順次、バスに乗車し、公園へ出発。 ・Tさんは、昼掃除終了後からバスが出発するまでの数分の間にも、水道で遊んでいた。	●公園掃除に同行。公園の除草作業をしながら利用者・生活支援員の動きを観察。 □水遊びをしていたTさんに対し、A支援員が数字のカウント（五つ）を行う。 □Tさんの除草作業の際、A支援員が地面にフラフープを置く。 ＊声かけによりスムーズな動きを促す。 ＊除草場所にフラフープを置き、その範囲を1セットとし、1時間半で5セットが目安。　　　　　　　　[構造化]
15:10	○片づけ・帰所	・片づけ終了後、順次、バスに乗り、施設へ戻る。到着後、排泄・手洗い等。	●安全確認をしながら、排泄・手洗いの声かけ実施。 □バスの中で数字のカウント（五つ）を行い、降車。その後、排泄・手洗いを促す。
15:30	○終礼 ○更衣	・一日の活動についての振り返り。 ・更衣・排泄 ・Tさんは、排泄終了後、手洗い場での水遊び。	□利用者一人一人に対して、本日の活動の確認を行う。 ＊言葉、絵カード提示、時系列表を使用するなど、それぞれで確認の方法が異なる。 ●終礼の観察。更衣室へ移動付き添い。更衣の見守り。
16:00	○通所バス乗車・出発	・通所バス乗車 ・Tさんは、バスが玄関前に到着するまでの数分は水遊び。	□TさんへのA支援員による声かけと数字のカウントによる支援実施。＊帰る直前のカウント数は10回。 ●Tさんの様子を観察。 □一日のトピックス、ヒヤリハットなどの報告を行う。
16:30	○職員連絡会 ○ケース記録の記入 ○翌日の活動準備		●職員連絡会参加。 ●Tさんの個別支援に関する事項を所定の記録簿に入力する。 □各利用者の個別支援計画と現状に沿った作業や活動の準備を実施。Tさんに関しては、翌日取り組む作業が示された絵カードを準備する。
18:00			—実習終了— [設定目標を意識することと、利用者の特性に対する生活支援員の行動を思い返すと書きやすい。]

実習で学んだこと・考えたこと

　施設実習が残り3日となり、個別対応をさせていただきました。対象は、自閉症のあるTさんでした。昨日までに疑問に思っていた「水遊び」について、生活支援員の方からのお話で、「自閉症の方の行動にも必ず理由がある」と教えていただいていたため、どのような時に、なぜ行うのかを調べてみたいと目標を立てて活動しました。1日を振り返ると、水遊びを行う時間は、作業と作業の合間でした。そして、生活支援員の方々は、Tさんの作業開始時間を伝達し合い、近くにいる生活支援員が違っても、同じ声かけと数字のカウントを行っていました。Tさんは何事もなかったように水道を止め、作業へ戻られていました。また、帰りの通所バスに乗車するまでの間に行ったその日最後の水遊びでは、生活支援員の方の数字のカウントが5から10に変わっていました。その水遊びが終わった時のTさんの非常にうれしそうな笑顔は印象的でした。
　Tさんは純粋に水遊びが好きで、できればずっと遊んでいたいのかもしれません。同時に、働くことを主な目的に施設を利用されているTさんにとって、作業の合間の水遊びが働く意欲につながっているのではないかと感じました。支援員の方々は、Tさんの水遊びを無理やり止めるのではなく、その水遊びを活動の中に取り入れることで、Tさんの強みを活かすように配慮されているのではないかと考えました。

反省・今後の課題

　主にTさんと1日を過ごし、言葉だけではなく、絵カードを使用したり、数字をカウントしたりすることによりコミュニケーションが図れ、スムーズな行動をとられることがわかりました。ただ、支援員の方と同じように行ったつもりでも、あまりうまく促せませんでした。そして、他の利用者にはどのようなコミュニケーション方法があるのかと興味がわきました。明日からの残り2日間も、Tさんをはじめ、利用者のさまざまな特性を知り、学びを深めていきたいと思います。

出所：筆者作成。

注

(1) 保育のお仕事「時間のかかる"保育記録"保育士さんの負担を減らす書き方のコツ」(http://www.hoiku-shigoto.com/, 2015年7月10日，アクセス)
(2) 愛知県保育実習連絡協議会「福祉施設実習」編集委員会編『保育士をめざす人の福祉施設実習：新保育士養成カリキュラム 第2版』みらい，2013年，44頁。
(3) 鯨岡峻・鯨岡和子『保育のためのエピソード記述入門』ミネルヴァ書房，2007年。
(4) 構造化とは，保育士など支援する側が，子ども（利用者）に「いつ・誰が・何を・どれだけするか」等といったことを視覚的にわかりやすく示し，その活動や作業等を行う上で見通しを立てやすく，スムーズに進めるための支援方法のことである。

参考文献

愛知県保育実習連絡協議会「福祉施設実習」編集委員会編『保育士をめざす人の福祉施設実習：新保育士養成カリキュラム 第2版』みらい，2013年。
小野澤昇・田中利則編『保育士のための福祉施設実習ハンドブック』ミネルヴァ書房，2011年。
守巧・小櫃智子ら『施設実習パーフェクトガイド』わかば社，2014年。

| 第12章 | 施設実習における計画 |

― 学びのポイント ―

　施設実習における計画には，大きく分けて2種類ある。
　養成校において，実習の事前指導で実習期間全体のねらいや目標，具体的な課題などを示す「実習計画」がある。実習計画では，居住型施設もしくは通所型施設の特徴を踏まえて作成することが求められる。
　次に保育所などの実習先と同じように実習生が，援助や支援の実際を計画する「支援計画」がある。支援計画では1日の生活のある部分に焦点を当てて実践する部分実習のための援助計画と，入所している子ども（児童〔社会〕福祉施設には，乳児院・母子生活支援施設・児童養護施設・児童心理治療施設・福祉型障害児入所施設・医療型障害児入所施設・障害者支援施設などが含まれる。対象者は，乳児から成人に至るまで幅広く，障害児や通所による入所者，その他個別なニーズを必要とする子どもなども含まれる）一人一人のニーズに合わせて作成する個別支援計画がある。
　本章では，この2種類の計画の意義や書き方の過程を解説するので，より良い実習に向けて活かしてほしい。

1　実習計画

(1) 実習計画作成にあたって

　いきなり実習計画を書くということは，容易ではない。なぜなら，実習生の多くは施設へ行くことが初めての場合がほとんどだからである。保育所や幼稚園であれば，自分の住んでいる地域に身近にあり，自分自身が利用してきた記憶や地域での触れ合いがあるが，施設の利用は限られており，従来の施設では地域との交流も少ないことが多かった（現在は，地域支援・地域との連携という観点から，積極的に地域に開放されている施設が増えてきている）。

ある養成校では,実習の事前指導の中で①自己紹介,②なぜ保育士になりたいのか,③子どもと関わる上で大切にしていること,④それまでの実習で学んだこと,⑤実習の施設種別について知っていること,⑥施設実習へ行くことの期待,⑦施設実習に行くことの不安をワークシート形式で記入し,実習生としての自己理解から行っている。

そして,実習先の施設種別に応じた学び直しを行っている。施設実習に近接している科目でいうと,「社会福祉」「子ども家庭福祉」「社会的養護Ⅰ」「社会的養護Ⅱ」などが挙げられ,計画を作成する視点でいうと「保育の計画と評価」がある。しかし,養成校によってはカリキュラムの開講時期の都合上,実習後に振り返りを踏まえた授業を行う場合もある。しかしながら,「授業で勉強していないからわからない」と考えるのではなく,施設から指定された参考図書や文献,インターネットなどを利用して行う事前学習を行うことで,「まだ見ぬ世界である施設」に対する不安が少しは解消され,安心感が得られるので,積極的に取り組むとよい。

(2) 実習計画作成の意義

多くの学生は,実習に取り組む施設は1カ所であるが,全国には同じ種別の施設が多数存在している。すなわち,実習に行く施設は一部であり,全部を理解したのではない。施設は,歴史的変遷や地域性,入所している子どもの特性,各施設の養育理念や方針によって特徴は異なる。

入所型施設の場合,概ね10日間という実習時間は,利用者の毎日の生活の断片でありほんの一部にすぎない。そのことを意識して,実習計画を作成すると実習期間全体を見通すことができ,実習への不安は期待へと変わり,具体的な実習先での子どもの言動や行動・入所背景の受け入れや理解も円滑になる。

また,現場では日々めまぐるしく「あっという間」に時間が過ぎていく。どのような意識でもって実習に臨んでいるか,何を学びたいと考えているのかを事前にまとめることで,自分の施設実習に対する考えを整理し,具体的なイメージを施設の保育士に伝えることができる。そうすることで,施設の保育士も

実習生に対して何を伝え、どのようなことを経験してもらうかを事前に準備することができる。

(3) 実習計画作成の留意点

1) 施設実習の目標

目標をもつということは、どのような視点やテーマで実習に臨むのかが可視化され、そこから課題を設定し、どのような結果や成果を目指すのかをまとめる、ということである（表12-1参照）。もしかすると、想像していたものと異なるかもしれない。しかし、一般的な情報を基に課題をもって計画的に臨むことは、計画と異なる状況に出会ったとしても柔軟に対応できる。目標を適切に設定することで、効果的な課題を導き出し、達成するために具体的にどのような内容や方法で支援するか記載することが必要である。

そして、必ず養成校の教員に目を通してもらい、指導を受け、施設の保育士に見せてほしい。そのようにすることで、自分自身の目標を自覚し、決意表明することにつながる。

2) 保育士として施設実習に取り組む意義

ここでは、保育士を目指す学生が、なぜ施設での実習をする必要があるのかという点について、施設が広く児童（社会）福祉施設の一分野としてとらえ、各施設種別の現状や課題に沿った意義を考えて記載する。

3) 実習の具体的達成課題

子どもとの関わりにおいて、実習生の課題としてよく目にするのが、「できるだけ早く子どもの名前を覚える」「子どもと信頼関係を結ぶ」などである。前者はもっともであるが、全体的な計画の中に入れるべきでなく、初日や序盤に達成したい課題である。

一方、後者は、実習生の気持ちとしてわからなくもないが、信頼関係を概ね10日間の実習期間で結ぶことは難しい。仮に信頼関係ができるとすると、概ね10日間の実習後の別れにより、子どもの気持ちが不安定になるかもしれない。

ここではまず、それまでの授業や文献などでぼんやりとしていた施設のイメ

第Ⅲ部　施設実習

表12‐1　実習計画（例）

施設実習計画書

○○○○大学　　　　　　　　実習施設名：
教育学部　児童教育学科　　　施設種別：
△年　学籍番号　　　　　　　実習期間：
氏名

1．施設実習の目標
　例）施設の現状について認識を高める
　　　子どもと関わりを持ち，個性や特徴を理解する
　　　施設保育士の職務内容を知る
　　　児童（社会）福祉施設の実際を知り，施設の機能と役割を学ぶ

2．保育士として，施設実習に取り組む意義
　例）施設の現状と課題について学ぶ
　　　子どもの心理的側面を理解する
　　　虐待の現状や障害児の生活を学ぶ
　　　家族との交流や相談援助の実際を見る
　　　施設と関係機関のネットワークを知る

3．施設実習の具体的達成課題
　子どもへの関わり：
　例）子どもの1日の流れを理解する
　　　子どもの観察や関わりを通して，発達や心理的な背景を理解する
　　　子どもの人権について学ぶ
　保育士の専門性：
　例）施設保育士の1日の動きを理解する
　　　自立支援計画（個別援助計画）を理解する
　　　生活援助を実践し，養育技術を体得する
　　　職員間の連携と職種による関わりの違いについて理解する
　　　施設保育士としての職業倫理を理解する
　全　体：
　例）施設の機能について理解する
　　　関係機関との連携等の支援の実際について理解する
　　　安全・衛生・及び疾病予防等の配慮について学ぶ

4．施設実習を行うにあたっての留意事項
　例）子どもの権利擁護を意識する
　　　さまざまな背景の子どもがいることを理解し，児童の心情を感じる
　　　守秘義務を遵守する

5．施設実習に臨むにあたっての事前学習の内容（実習種別施設の現状・実習施設のホームページから学ぶ）
　例）全国的な施設の状況や制度の変遷について文献を読む
　　　児童の権利に関する条約を再度読み返す
　　　施設の地域性や社会資源についてホームページなどを参考に調べる
　　　社会的養護の教科書を読み返し，入所理由などについて学ぶ

出所：筆者作成。

ージをよりはっきりと知ること，定型的な子どもの発達観を踏まえて施設における子どもの発達と心理的背景を考えることなど，子どもとの関わりの部分と施設保育士の専門性について，保育所保育士との違いはどこにあるのか，保育士による子どもへの直接的な支援と間接的な支援の違いなどを知ってほしい。

他にも施設と地域の関わり，入所型施設の安全・衛生管理や疾病予防は，細心の注意を払って支援していることを観察して学んでほしい。

4）施設実習を行うにあたっての留意事項

前述したように施設を理解していれば，子どもの生活を妨げず，謙虚な姿勢で生活空間に入り実習することができる。実習生は，施設は子どもの生活空間であり，居室はパーソナルなスペースであることを理解し，プライバシーを守ることが求められる。また，集団で生活をしている場合であっても，一人一人の思いや生活スタイルを意識していなければ，子どもの生活の妨げになってしまうことも考えられる。

5）施設実習に臨むにあたっての事前学習の内容

まずは，前述したように実習に取り組む施設（種別）の現状，実習施設のホームページを見る，文献などを読むことなどが重要となる。また，自分自身が学んできたこと，実習に向けて勉強したことを実習計画に書くことで自己アピールとなる。そして，書いたことには責任を持ち実習先で質問された場合には，答えられるように準備しておかなければならない。そのため実習前には，授業のテキストやノートを読み返すなど，再度学び直す作業が必要となり，実習を前に行うとより効果的である。

また近年，社会的養護系施設では，第三者評価の義務化がなされ，受審結果はホームページなどで公表されている。これにも目を通しておくとよりよい準備ができる。

このように実習計画は，実習に向けた目標を明確化し，保育士として施設ではどのような役割があるのかを事前に再認識する役割をもっている。そこから，今の自分が理解していること，実習に向けた自分自身の取り組みや意欲を表すことにつながっているといえる。

「PDCAサイクル」という言葉を聞いたことがあるだろうか。実習でのPDCAサイクルは，PLAN（実習計画書），DO（観察・実践），CHECK（実習記録，振り返り），ACTION（日々の実習後協議・自己評価・養成校での事後指導）となる。PDCAサイクルを頭に入れておくことで，次につながる循環した援助・支援を行うことができる。

2　支援計画

(1) 支援計画作成にあたって

支援計画には，ある一定の集団に対して指導することを計画する「指導計画案」と，子ども一人に焦点を当て，その一人に対しての個人や家族，地域の社会資源のあり方について目標と課題を考え，計画的に支援する「個別支援計画」がある。

どちらの計画も必ず書くというわけではないが，施設によって，また担当する子どもによっては作成することが求められる。前者は，実習の事前オリエンテーションなどで確認する必要がある。後者については，実習の前半に，担当する子どもの中から一人を取り上げて課題を見つけ，その課題解決・改善に向けた支援の具体的方法を考え，それに基づいて実践するものである。

(2) 支援計画作成の意義

1) 指導計画案

保育所や幼稚園での実習と同じように，実習生が主導となって行う活動に対して作成する指導計画案は，場当たり的な支援を行うのではなく，意図的な関わりを計画的に行うために作成するものである（表12-2参照）。予想される子どもの姿を見通し，実際に子どもはどのような反応を示し，ねらいとして考えた結果が導き出されたのか，計画は子どもの興味や関心，発達の観点から妥当であったかを評価することができる。この意図的で計画的関わりこそ，保育士の専門性の一つであるといえる。

第12章 施設実習における計画

表12-2　指導計画案（例）

指導計画案	人数	年齢　　　歳	日付　　月　　日　　曜日
			時間　　時　分～　時　分

ねらい	内容	準備物

時間	予想される子どもの活動	配慮と留意点

反省・振り返り

実習担当職員の総評

出所：筆者作成。

子どもにとって平凡な日常の中で，専門職として働く保育士は，子どもの感覚を刺激し，どのようなことを経験させることを目指すのか計画を立て支援することは必須である。この一連の行動を実習生も学ぶのである。

具体的には，1日の一部分に焦点を当てた部分実習として，低年齢では，絵本や紙芝居，製作や工作，手遊びやペープサートなど，高年齢になると手品や楽器演奏，ダンスなどを子どもに披露することもある。施設によっては，実習生がお菓子作りを計画し，子どもに振る舞うことを取り入れているところもある。これは，小児栄養を学ぶ保育士として，非常に豊かな経験となり，子どもとの距離も近くなることが期待できる。また，実習生の個性を活かし，子どもの刺激となり，興味をひき，価値観を広げる一助になると考えられる。

2）個別支援計画

初めての施設実習で，個別支援計画を立てることは少ないかもしれない。それならばぜひ，実習を開始して，気になる行動の子どもや気がかりな子どもがいたら個別支援計画案（表12-3参照）を見せてもらってほしい。

個別支援計画案[1]は，各施設で子ども一人一人に必ず作成しているもので，入所型施設の場合，年度を一つの区切りとして，個人・家庭・地域の視点で各項目，3カ月から半年の短期目標と1年以上の長期目標で構成されている。この計画の作成を通して，主たる担当保育士の思いや考えを保育士間で共有し，さらに職種の異なる職員や関係機関との連携において重要な役割を果たす。

これを実習生も目を通すことで，対象となる子どもに対して，施設保育士が何を課題と考え，目標は何を目指しているのか，そのために具体的にどのような支援内容や方法を取ろうとしているかを理解でき，実習生自身もそのことを意識して実際に関わることができる。

施設での支援は，保育所などと異なり年齢別のクラス単位であることが少なく，同じ子どもに対して，複数の保育士が関わっている。そのため施設では，個別支援計画を複数の保育士で作成し，同じ視点によって，支援内容をすり合わせることは必要不可欠である。そうしなければ，子どもの生活が保育士によって変わってしまい，子どもは困惑し，保育士同士のチームワークも乱れる。

第 12 章　施設実習における計画

表 12 - 3　個別支援計画案（例）

フリガナ 子ども氏名			性別	男 女	生年月日	平成　　年　　月　　日		
保護者氏名			続柄		生年月日	昭和　　年　　月　　日		
主たる問題								
本人の意向								
保護者の意見								
市町村・保育所・学校・職場などの意見								
こども家庭センターの意見								
【支援方針】								

第○回　支援計画の策定および評価				次期検討時期：平成　　年　　月
子　ど　も　本　人				
【長期目標】				

	支援上の課題	支援目標	支援内容・方法	評価（内容・期日）
【短期目標（優先的重点的課題）】				平成　　年　　月　　日
				平成　　年　　月　　日
				平成　　年　　月　　日

家庭（養育者・家族）				
【長期目標】				

	支援上の課題	支援目標	支援内容・方法	評価（内容・期日）
【短期目標（優先的重点的課題）】				平成　　年　　月　　日
				平成　　年　　月　　日
				平成　　年　　月　　日

地域（保育所・学校等）				
【長期目標】				

	支援上の課題	支援目標	支援内容・方法	評価（内容・期日）
【短期目標（優先的重点的課題）】				平成　　年　　月　　日
				平成　　年　　月　　日

総　　合				
【長期目標】				

	支援上の課題	支援目標	支援内容・方法	評価（内容・期日）
【短期目標（優先的重点的課題）】				平成　　年　　月　　日
				平成　　年　　月　　日
【特記事項】				

出所：橋本好市・原田旬哉編『演習・保育と社会的養護』みらい，2014年，116-117頁。

(3) 支援計画作成の留意点

　支援計画の作成では，子どもの姿，担当する集団の姿をしっかりと把握し，担当の保育士から情報をアセスメントすることが重要である。施設では，集団と個人の両方の視点で支援することが必要となる。例えば，集団生活を重視しすぎると，背景の異なる個人のニーズにそぐわず，一人一人が無理を強いられることも考えられる。しかし，個人にばかり目を向け，一人一人のニーズを合わせすぎると，集団での生活が困難になることも考えられる。

　すなわち，個人を尊重し，子どもの最善の利益を勘案した上で，地域社会において必要な生きる力を育てる集団生活とのバランスを考慮した計画的な支援が必要である。そのため個別支援計画により，施設への入所背景と今ある子どもの姿をアセスメントし，課題を抽出した上で具体的な支援内容を挙げ目標に向けて取り組んでいく。目先の事だけを考えるのではなく，先を見据えた計画，そして，個人の良い部分を伸ばすという視点も入れてほしい。

　支援計画による計画的な活動は，まず子どもたちの他者と関わる力，集団の人間関係や興味・関心を理解した上で，生活形態と年齢に応じた活動を取り入れることを意識してほしい。子ども同士の関わり，実習生に対する反応，取り組みに対する姿勢などを評価し，子どもが持つ可能性を引き出していく。子どもたちの余暇活動を通して，経験してほしい内容や実習生の出し物などを見て，感じてほしい内容などのねらいをはっきりさせておかなければ，実習生の思いに保育士からの共通理解を得ることができないので注意が必要である。

本章のまとめ

　本章では，施設実習における計画について学んできた。まず大きく分けて2種類の計画があり，一つは，実習前に養成校で作成する実習の全体をデザインした「実習計画」と，もう一つは，実習中に実際に行う支援を集団と個人に分けた「支援計画」がある。

　どちらも「知ること」から始まる。実習施設を正しく知る，子どもの実態を知る，そこから充実した実習を行うために自分に何ができるのかを計画し，実践し，記録を通して振り返り，次へつなげる。計画があるからこそ，想定外のことが起きても対応できる。そのような機転の利く，柔軟性のある保育士として，施設の現場で活

躍するためにも計画は重要な意味をもっている。

注
(1) 社会的養護系の施設では，自立支援計画と呼ぶ。

参考文献
愛知県保育実習連絡協議会「福祉施設実習」編集委員会編『保育士をめざす人の福祉施設実習：新保育士養成カリキュラム 第2版』みらい，2013年。
岡本幹彦・神戸賢次・喜多一憲・児玉俊郎編『三訂 福祉施設実習ハンドブック：保育士養成課程』みらい，2011年。
「幼稚園・保育所・福祉施設実習ガイドブック」編集委員会編『幼稚園・保育所・福祉施設実習ハンドブック』みらい，2004年。

第Ⅲ部　施設実習

コラム 5

施設実習における学生のエピソード
──養成校の実習指導室から

　施設実習では宿泊などが伴う実習もあるため，環境も変わります。そのため，保育所の実習よりも，より不安を感じる学生が多いでしょう。私が勤務をしている養成校で，ある児童養護施設へ実習に行った男子学生2人（Aさん，Bさん）も同様でした。

　彼らが実習に取り組んだ施設では，事前のオリエンテーションの時に特に課題は出ませんでした。そのため，事前に特別な準備もせず，不安な思いを抱えながら実習に臨みました。

　実習が始まると，子どもたちとの関わり方に苦戦しながら，数日を過ごしていると，ある子どもが野球好きであることを知りました。そこで幼少期から野球をしていたAさんは，野球の話を子どもたちとするようになりました。すると，子どもたちからバットの振り方やキャッチボールなどを教えてほしいと言われました。このことがきっかけとなり，子どもと積極的に関われるようになりました。その様子を見ていたBさんも，何か子どもたちとできることはないかと考えるようになりました。そこで，ダンスであれば一緒に踊ることができると思いつき，ダンス好きの子どもたちと練習することになりました。そうして，夜の自由時間は，野球とダンスの練習をするようになり，実習時間外まで子どもたちと過ごす姿も見られるようになりました。

　この2人の学生は，何か特別なことをするのではなく，自分たちが得意なことを活かして積極的に子どもに関わり，実習に取り組みました。こういった時間は，とても印象的で楽しく，特別な時間であったと実習後に話をしてくれました。そして，Aさんはこの実習がきっかけとなり，施設で働きたいという想いが強くなりました。そして，実習先であるこの施設に就職することができました。

　この2人は，誰かに言われたから行動を起こしたのではありません。限られた時間の中で，子どもたちに対して，自分たちは何ができるのだろうかと考えた結果だと思います。実習においては，事前の学習が大切であることはいうまでもありません（この2人は，そのあたりが必要であったと思いますが）。同時に，このような思いをもって臨むと，自然と「自分がすべきこと」が見えてくるのでないでしょうか。

第Ⅳ部　保育実習を終えて

第13章　保育実習終了後の振り返りと課題

― 学びのポイント ―

保育実習後の学びのポイントは，実習全体を振り返って総括することを通して，主観的かつ客観的に自己評価を行い，保育士を目指す者としての課題を明らかにしていくことである。

本章では，保育実習終了時における実習先との関わり方（反省会や実習日誌のまとめ，お礼状）について確認する。そして，養成校に戻ってから行う事後指導として，実習報告書の作成や実習報告会などでの発表，自己評価などについて説明する。これらを通じて，実習の振り返りを行いながら，実習後の課題を明確にしていこう。

1　実習先との関わり

（1）実習先での反省会――まとめと振り返り

保育実習の終了にあたり，実習先において職員と実習生が参加して実習反省会が開かれることが多い。実習先の保育士（職員）等からさまざまな指導・助言をいただくことになるため，自分自身で実習を振り返る際の貴重な資料となるだろう。

また，反省会は自分自身の学んだ内容を伝え，保育士（職員）等や子どもへの感謝の気持ちを表す機会でもある。反省会で実習生が話す内容の例としては，①実習で学んだこと，②実習での自分自身の振り返り，③実習に関する疑問，④お礼の言葉などが考えられる。反省会の席では緊張のあまり自分の考えを伝えることができないこともあるため，あらかじめ話すことを整理しておくとよい。

（2）実習日誌の提出・返却

1）実習日誌のまとめの記入

　実習日誌の最後には，実習全体を振り返って記入する「まとめ」や「反省」のページが設けられている。これまでに記入した実習期間すべての記録を読み返し，実習先で受けた指導内容や，実習を通して自分自身で感じたことや学んだことなどを振り返りながら，実習全体の考察を行っていくことが大切である。「まとめ」を記入する際のポイントとしては，以下の4点が挙げられる。

①　自分自身で設定した目標や課題が達成できたかどうか振り返る。
②　実習を通して学んだこと，感じたことについてまとめる。
③　実習で失敗したことや反省点についてまとめる。
④　実習での学びや反省点を踏まえ，今後の自分の課題を述べる。

2）実習日誌の提出・返却

　実習日誌の「まとめ」をしっかりと記入した後は，実習先に速やかに提出する必要がある。提出日を指定された場合は，必ず期日までに提出し，特に提出期限を指示されなかった場合でも，おおよそ3日以内に提出する。

　基本的には，直接実習先にうかがって提出することが望ましく，直接担当の保育士（職員）等に手渡しするのがよいが，お会いできないことも想定して，一筆箋などを用いて一言メッセージ（これまでの指導の御礼と，最後の日誌の指導のお願いなど）を添えておくとよい。また，実習日誌の返却についても，実習生が実習先に取りにうかがう場合もあるので，その際は指示された日時に訪問する。

　実習日誌の提出や返却を郵送で行うこともあり，特に返却の際は，他の実習関係書類（実習評価票，出勤簿など）と一緒に郵送で返却されることが多い。各養成校で返信用封筒を用意してくれる場合もあるが，自分自身で行う場合は，封筒に記載する宛先などをしっかり記入し，記録の残る方法で郵送できるようにする（簡易書留やレターパックなど）。

　なお，実習日誌，評価票，出勤簿などの提出や返却方法については各養成校

と実習先の指導により前述と異なる場合もあるため，それぞれの指示に従う。

（3）お礼状の書き方

　実習中は，実習先の保育士の方々からたくさんの指導を受けていることから，その感謝の気持ちを伝えるために，実習先にお礼状を送るとよい。お礼状を書く際にも，自分自身の実習の振り返りを行うことが必要であり，実習を通して学んだ内容をしっかりと伝えられることは，指導者の先生方にとっても嬉しいことである。

　お礼状は実習生の感謝の気持ちを伝えることが大切であることは言うまでもないが，最低限の書き方やマナーを守って手紙を書く必要がある。

　①　便箋と封筒

　白無地の便箋，封筒を使用する。便箋，封筒ともに縦書きの方がフォーマルである。

　②　筆記用具と文章

　パソコンを使用した文字ではなく，手書きが基本である。黒の万年筆かボールペンを使い，丁寧に書く。敬体（です，ます調）で，敬語表現（尊敬語と謙譲語の使い分けに注意する）を正しく用いて書く。文末に「～」や「ー」を付けて伸ばしたり，絵文字や「！」などの記号を記入しない。

　③　封筒の宛先と差出人

　封筒の宛名や差出人の記入の仕方は，図13-1の記入例を参考にする。実習では，直接担当していただいた先生以外にも多くの方々にお世話になっているため，宛名は実習先の代表である施設長（園長）の名前にする。差出人は実習生の自宅ではなく，養成校の住所と所属を記入する。一つの実習先で複数の実習生がお世話になった場合は，代表として一通の手紙を送るのか，それとも実習生それぞれが手紙を書くのか，各養成校の指示に従うとよい。

　④　手紙の内容（図13-2参照）

　前文：「拝啓」で始め，時候の挨拶や安否の挨拶などを手短に書く。

　主文：手紙の中心の部分。以下のような内容を記入するとよい。

第13章 保育実習終了後の振り返りと課題

図13-1 封筒の記入例

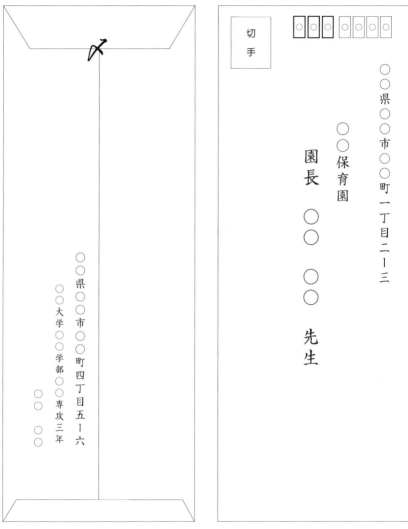

出所：筆者作成。

第Ⅳ部　保育実習を終えて

図13-2　手紙の内容の記入例

拝啓　梅雨明けの青空がまぶしい今日この頃です。貴保育園におかれましては、園長先生はじめ諸先生方、子どもたち、皆様お健やかにお過ごしのこととお慶び申し上げます。

さて、この度の実習に際しましては、何かとご指導いただきましたこと、心より感謝申し上げます。

実習中のことは何もかも深く心に残ることばかりでした。特に‥‥‥

　　　　　　　　　　（中　略）

そして、実習では‥‥‥

　　　　　　　　　　（中　略）

何かとご迷惑をおかけ致しましたが、この度の実習で学ばせていただきましたことを大切にして、これからの勉学に生かしていきたいと考えております。

本当にありがとうございました。心よりお礼申し上げますとともに、今後とも何卒ご指導くださいますよう、よろしくお願い申し上げます。

敬具

平成〇年〇月〇日

〇〇大学〇〇学部〇〇専攻三年
　　　　　　　〇〇　〇〇

〇〇保育園　園長　〇〇　〇〇先生

| 宛先 | 所属・氏名 | 投函の日付 | 結びの挨拶 | 今後の抱負 | 実習での学び（主文のため、しっかり書く） | 実習のお礼 | 安否の挨拶 | 時候の挨拶 |

出所：石橋裕子・林幸範編著『知りたいときにすぐわかる　幼稚園・保育所・児童福祉施設学習ガイド』同文書院, 2011年, 232頁, を基に筆者作成。

- 具体的な実習中のエピソード(子どもとの関わりや責任実習など)
- 自分自身が実習を通して学んだことや成長できたこと
- ご指導,ご助言,励ましていただいたことなど,保育士の言葉

末文:先方の活躍を祈ったり,心身の健康を気遣ったりなど相手への心遣いの言葉を書く。結語は「敬具」。女性は「かしこ」でもよい。

後付:投函する日付,差出人,宛名の順に改行して書く。

⑤ 手紙の投函

お礼状は,実習が終わってから1週間以内に先方に届くように出す。複数の実習生が同じ実習先にそれぞれお礼状を送るときは,バラバラに実習先に届かないように,一緒に投函するとよい。

2 保育実習の振り返りとまとめ

(1) 養成校での実習の振り返り

保育所・施設などでの実習が終了し,実習日誌の提出やお礼状の送付などの実習先とのやりとりを無事終えたら,養成校での事後指導が始まる。

表13-1には,厚生労働省による「保育実習指導」の教授内容を示しているが,実習事後指導の目標と内容としては,実習の振り返りをしっかりと行い,実習後の課題の明確化を求められていることがわかる。

表13-1 「保育実習指導Ⅰ・Ⅱ・Ⅲ」の教授内容(事後指導)

〈目 標〉
5.実習の事後指導を通して,実習の総括と自己評価を行い,新たな課題や学習目標を明確にする。
〈内 容〉
5.事後指導における実習の総括と課題の明確化 (1) 実習の総括と自己評価 (2) 課題の明確化

出所:厚生労働省「指定保育士養成施設の指定及び運営の基準について」(平成27年3月31日雇児発00331第29号)。

(2) 実習報告書の作成

実習後に行う作業の一つとして,「実習報告書(レポート等)」の作成がある。報告書の作成の目的は,①自分自身で実習を振り返りのまとめを行うこと,②実習終了の報告(報告書作成だけでなく,訪問指導担当教員や実習指導を受けた教員にも必ず報告をする),③後輩のための参考資料とすること,などが挙げられる。

実習報告書に記載する内容は養成校ごとに異なるが,主な内容として,①実習先の概要,②実習の内容,③実習による学び,④実習の反省,⑤指導者からの指導・助言,⑥感想や今後の課題,⑦後輩へのアドバイスなどを記入する。表13-2に保育所実習の例,表13-3に施設実習の例を示している。

(3) 実習事後指導

各養成校で行われる実習の事後指導にはさまざまな形態や方法があるが,ここでは代表的な三つの方法を紹介する。

1) グループ討議

少人数のグループに分かれて,実習施設の概要,経験した内容,保育の内容,子どもとの関わりや理解,保育士の業務や役割,担当者からの指導内容,実習の感想・反省などを話し合い,情報を共有して学びの深さと幅を広げていく。また,近年は対話型アプローチによる実習事後指導も行われており,コラム6(227頁)ではその代表的な手法であるワールド・カフェを紹介している。

2) 実習報告会

実習後に作成した「実習報告書」を基に実習の報告会を行うことが多い。各学生が実習内容・体験を報告することで,実習の総括と自己評価を行い,次の実習に向けての,あるいは保育士になるにあたっての課題を明確化していく。また,学生同士が実習内容・体験を報告し合い情報を共有することによって,自己の経験を客観的にとらえるとともに,他者の経験から新たな知見を獲得することができる。

実習報告会の形式としては,例えば,①実習報告書などのレジュメによる口頭発表,②プレゼンテーション用のスライドを用いた発表,③ポスターによる

第 13 章　保育実習終了後の振り返りと課題

表 13‐2　実習報告書の例（保育所実習）

学籍番号	○○○○○	氏　名	
実習施設名	○○保育園		
実 習 期 間	平成○年○月○日（月）～○月○日（金）　10日間		
実習施設の概要	職員構成と人数	園長，主任，保育士○名，栄養士○名，事務員○名	
	定員と実人数	定員　90名／実人数　97名	
	クラス編成と人数	0歳児9名／1歳児12名／2歳児18名 3歳児18名／4歳児20名／5歳児20名	
	主な担当クラス	2歳児クラス	
実習の内容	実習の内訳	観察・参加実習6日／部分実習3日／全日実習1日	
	主な実習の内容	・観察・参加実習：子どもの動きや様子をよく観察し，保育者の役割を理解する ・部分実習：絵本読み聞かせ，中心的活動（新聞紙遊び，水遊び）朝の集まり，帰りの集まり，給食 ・全日実習：朝の集まり，中心的活動（野菜スタンプ遊び），給食，絵本読み聞かせ，午睡前・後の活動，帰りの集まり	
	実習中の行事	親子遠足，避難訓練	
実習を通して学んだこと	・子どもの発達段階に合わせた援助，配慮，環境構成の仕方，さまざまな言葉がけの仕方について学んだ。 ・指導案の書き方，指導案を作成することの大切さを学んだ。 ・保育者として体力が必要なことと体調管理が大切であることを学んだ。		
実習中に経験した失敗，勉強や準備不足だったこと	・設定保育の時間配分や説明（作り方，ルールなど），子どもの意欲を高める言葉がけがうまくできなかった。 ・子どもの個人差や発達をしっかり理解していなかった。 ・ピアノをしっかり練習しておくべきだった。		
指導者からの指導・助言	・保育者の言葉がけや働きかけを参考に，積極的に子どもと接する。 ・指示の理解が難しい子どもへは端的に短い指示をこまめに行う。 ・子どもの心を動かすために，意図的に環境をつくることが大切である。		
実習を終えての感想・反省・今後の課題	実習が始まる前は，さまざまな不安があり，緊張でいっぱいだった。しかし，子どもの笑顔を見た瞬間，緊張も一気に吹き飛び，毎日楽しく実習を行うことができた。 　また，先生方がいつも優しく気にかけてくださったので，失敗を恐れることなく，自信を持って実習に取り組むことができた。 　今後は，どうすれば子どもの自信や意欲につながる援助をすることができるかを常に考え，また魅力的な活動や遊び，教材，歌，手遊びなど，たくさん調べておくことで，自分自身の引き出しを増やしていきたいと思う。		
後輩へのアドバイス	・何事も積極的に行動し，挨拶は誰にでも元気に明るくするとよい。 ・手遊びや，絵本，保育教材などのレパートリーを増やしておく。 ・子どもの名前を早く覚えるとよい。 ・体調管理には十分気を付けるとよい。		

出所：学生の記入した報告書を基に筆者作成。

第Ⅳ部　保育実習を終えて

表13-3　実習報告書の例（施設実習）

学籍番号	○○○○○	氏名	○○　○○
実習施設名（種別）	○○○ホーム（児童養護施設）		
実習期間	平成○年○月○日（月）〜○月○日（金）　10日間		

実習施設の概要	職員構成と人数	施設長，児童指導員○名，保育士○名，栄養士○名，事務員○名他
	子ども・利用者と年齢	定員　80名／実人数　77名
	居室編成と人数	10居室　各7〜8名
	主に担当した居室・グループ	○○○

実習の内容	実習の内訳	観察・参加実習8日／部分実習1日／全日実習1日
	主な実習の内容	・観察・参加実習：生活への援助（起床，就寝）環境整備（居室，風呂，トイレの掃除），衣類の管理（洗濯，収納），食事の援助（配膳，片づけ），学習指導（宿題の手伝い），余暇活動（子どもと遊ぶ） ・部分実習：（幼児に対して）絵本の読み聞かせ

実習を通して学んだこと	・児童養護施設の役割や職員の方々の業務内容について理解が深まった。 ・子どもへの声がけや働きかけの仕方について学んだ。 ・幅広い年齢の子ども（幼児だけでなく，小・中・高校生）との関わり方について学んだ。
実習中に経験した失敗，勉強や準備不足だったこと	・子どもの気持ちに寄り添う方法（職員の方のような声がけなど）について勉強不足であった。 ・子どもへの注意の仕方や，小中高校生同士のトラブルにどう対応したらよいかわからなかった。
指導者からの指導・助言	・子どもに積極的に話しかけたり，一緒に遊んだりしながらコミュニケーションをとる。 ・子ども一人一人の発達にあった関わり方，援助を行う。 ・特定の子どもとだけ関わらずに，全体的に関わるようにする。 ・自分自身と子どものプライバシーを守りながら関わっていく。
実習を終えての感想・反省・今後の課題	緊張と不安の中で始まった実習だったが，子どもと関わり，職員の方とともに仕事を行う中で，施設の1日の流れがわかり，施設について理解を深めることができた。起床から就寝の時間まで子どもと過ごすため，施設の決まりをしっかり理解した上で行動し，職員の方からの指導・助言を次の日の実習につなげていくことができるようにすることが大切であると感じた。 　子どもと園庭でキャッチボールやサッカーをしたり，一緒に宿題をしたりと子どもとたくさん関わることができ，充実した実習になった。 　今回の施設実習で関わった子どものことや，施設について学んだことを，大学に戻り，授業や自分で調べて復習し，またさらに理解を深めていきたいと思う。
後輩へのアドバイス	・笑顔で子どもに関わっていくとよい。 ・普段から掃除や洗濯などを行い，家事一般ができるようにする。 ・関わりが難しい子ども（特に中・高生）については，職員の方に質問して関わり方を指導してもらうことも必要である。

出所：表13-2と同じ。

図13-3 保育実践の報告例——絵本の読み聞かせ

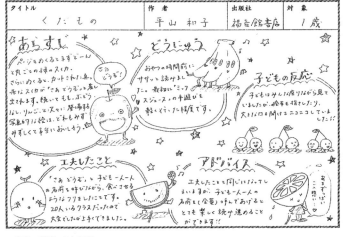

出所：表13-2と同じ。

発表などが挙げられ，発表者も，個人もしくはグループによる発表，実習生全員もしくは代表者の発表など，多種多様な形態が想定される。また，①実習生だけの単独学年，②実習生に先輩・後輩を加えた異学年，③外部参加者（現場関係者，高校生，保育士，地域住民）など，実習報告会の参加者も多様な形式で報告会を行うことができる。

施設実習では，同種別ごとに報告会をした場合，種別に特有の現状や課題について理解し，学びを深めることができる。他方で，異種別合同で報告会をした場合，学生は自分の実習していない種別の施設の現状や課題について理解し，学びを広げることができる。

実習報告会の内容として，実習で実際に行った保育実践について記録集を作成し（例を図13-3～4に示す），それを発表するという形もある。実習生同士で保育技術を共有し，学びを深める意味合いもあるが，後輩を参加させることによって，次期学生への情報提供を行うことができ，効果的な事前指導の機会にすることができる。（224頁へ続く）

第Ⅳ部 保育実習を終えて

表13-4 自己評価の例——保育実習Ⅰ（保育所実習）・保育実習Ⅱ

			自己評価 ◎よくできた ○できた ×できなかった	
	評価項目	評価の観点	自己評価	理　由
実習態度	責任感	時間や規則を守り、与えられた仕事は責任を持ってなしとげた		
	協調性	指導者の助言を素直に受け入れ、職員と協力して仕事をした		
	積極性	実習の意義を理解し、目的を持ち積極的に活動した		
	礼儀正しさ	身だしなみが清潔で、言葉遣いや挨拶などが適切であった		
	健康管理	健康管理に留意し、心身ともに元気に過ごした		
	研究心	問題意識を持ち、自分で工夫するなど、研究的態度がみられた		
実習内容	発達の理解	子どもの発達について、体験を通して、積極的に理解しようとした		
	子どもとの関わり	遊びや活動を通して子どもと進んで関わりを持つことができた		
	個人への配慮	子ども一人一人の理解に努め、適切な配慮・援助ができた		
	集団への配慮・指導	クラス全体に目を配り、適切な指導・援助ができた		
	指導案の理解	指導案の内容をよく理解し、適切な指導や援助ができた		
	指導案の立案	子どもの発達に応じた適切な指導案を立案することができた		
	保育の実践	指導案のねらいに基づいて、適切に保育を実践できた		
	衛生・安全	衛生・安全への配慮や対応が適切にできた		
	環境への配慮	保育に必要な環境を整備し、保育室内外の整頓や美化に努めた		
	子育て支援等についての理解	地域社会に対する子育て支援の実態・役割についての理解に努めた		
実習記録	日誌の記録	要点ととらえて的確に記録できた		
	日誌等の提出	期限を守って作成し、提出できた		
	反　省	自分の実習を振り返り、次の保育に生かすことができた		
	総合評価	実習態度・内容・記録他の総合評価		

出所：宮城県保育士養成校連絡協議会「実習評価票」を基に筆者作成。

第 13 章　保育実習終了後の振り返りと課題

表 13-5　自己評価の例——保育実習Ⅰ（施設実習）

評価項目		評価の観点	自己評価	理　由
		自己評価　◎よくできた　○できた　×できなかった		
実習態度	責任感	時間や規則を守り，与えられた仕事は責任を持ってなしとげた		
	協調性	指導者の助言を素直に受け入れ，職員と協力して仕事をした		
	積極性	実習の意義を理解し，目的を持ち積極的に活動した		
	礼儀正しさ	身だしなみが清潔で，言葉遣いや挨拶などが適切であった		
	健康管理	健康管理に留意し，心身ともに元気に過ごした		
実習内容	施設の目的と子ども・利用者の理解	施設の目的と子ども・利用者について理解しようとした		
	子ども・利用者との関わり	子ども・利用者を受容し，愛情を持って明るく関わることができた		
	個人への配慮	個人に応じた援助ができた		
	集団への配慮	全体に目を配った援助ができた		
	指導案の立案と実践	子ども・利用者の状況を適切に理解して適切な指導や援助ができた		
	衛生・安全	衛生・安全への配慮や対応が適切にできた		
	環境への配慮	保育に必要な環境を整備し，保育室内外の整頓や美化に努めた		
	地域との関わり	家庭環境や地域とのかかわりの理解に努めた		
実習記録	日誌の記録	要点ととらえて的確に記録できた		
	日誌等の提出	期限を守って作成し，提出できた		
	反　省	自分の実習を振り返り，翌日の実習に生かそうと努力した		
総合評価		実習態度・内容・記録他の総合評価		

出所：表 13-4 と同じ。

図13-4 保育実践の報告例——水遊び

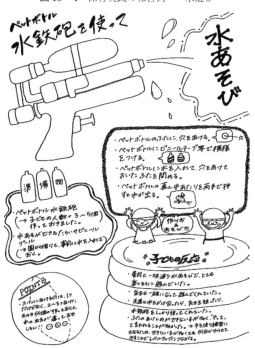

出所：表13-2と同じ。

3）教員との面談

　養成校教員との個別のコミュニケーションを通じて，実習を総括し自己の課題を明確化していく。個別面談は，後述する「実習評価票」を基に，実習先での評価を実習生にフィードバックすることを目的に行われることが多い。さらには，実習中のトラブルや深刻な悩みについての個別の相談・助言や，実習日誌の評価（優れた点・改善点）を伝え，今後の課題を明確化するために実施されることもある。

(4) 実習の評価

1) 自己評価

　実習生自身が自己評価するためのチェックリストは，実習評価票と同じ項目を用いて行うことが多い（表13-4に保育所実習の自己評価の例，表13-5に施設実習の自己評価の例を示している）。また，「保育実践演習」や「教職実践演習」などで作成する「履修カルテ」を用いて自己評価が行われることもある。実習生自身が自己評価を行うことは，実習の振り返りを客観的に行うために非常に有効な手段であり，実習の成果と今後の課題を明確にするために重要な作業の一つである。

2) 実習先からの評価

　実習終了後に返送された「実習評価票」を養成校教員からフィードバックしてもらい，その結果を解釈することで，実習の振り返りを行う。その際に，実習生が自覚している評価内容（学生自身が実習中に指導された内容）や，実習生自身による自己評価と照合していく。もし，その評価に大きな相違がある場合は，その「ズレ（自分で思っているよりもできていることと，できていないこと）」を十分に認識し，保育士としての課題を明確にすることが重要である。

本章のまとめ

　本章では，実習終了時の実習先との関わりと養成校における実習後の指導について説明し，実習終了後に振り返りとまとめを行い，その後の課題を明確にしていくことの重要性について述べてきた。
　学外での実習を終えたことにより，「ホッとして」気が抜けてしまい，実習後の学びを十分に取り組めないこともあるかもしれない。また，実習後に反省を重ねることで自信を失くしてしまうこともあるかもしれない。しかし，保育士を目指す者として，実習を通しての学びを振り返り，そのことにより見えてきた課題に取り組み続けていくことがとても大事なことなのである。

第Ⅳ部　保育実習を終えて

参考文献

上村麻耶・千葉弘明・中本美央編著『保育者養成実習事後指導』大学図書出版，2012年。

石橋裕子・林幸範編著『知りたいときにすぐわかる　幼稚園・保育所・児童福祉施設実習ガイド』同文書院，2011年。

無藤隆監修，鈴木佐喜子・中山正雄・師岡章編『よくわかる New 保育・教育実習テキスト　改訂第2版』診断と治療社，2012年。

小林育子・長島和代・権藤眞織・安齊智子『幼稚園・保育所・施設　実習ワーク』萌文書林，2006年。

井上孝之・奥山優佳・山﨑敦子編著『子どもとともに学び合う　演習・保育内容総論』みらい，2014年。

コラム6　対話を通した実習の振り返り

対話を通した実習の振り返り

　ここでは，対話を通した実習の振り返りの方法を紹介します。ワールド・カフェは，カフェを模したオープンで自由な雰囲気の中で，少人数でテーブルを移動しながら対話を重ねていく手法です。途中でテーブルを移動しながら対話の対象を広げることで，創造的なアイディアや知識を生み出したり，互いの理解を深めたりすることができます。以下は，ワールド・カフェの進め方です。

ワールド・カフェの進め方
〈準　備〉 ・人　数：4～5人を1グループとしてテーブルに座ります（時間があれば，グループ分けもゲーム形式で行うとよいでしょう）。 ・準備物：テーブルクロスに見立てた模造紙，10色程度の水性ペン，トーキングオブジェクト（話をする人が持つ小物），飲み物，お菓子，テーブルフラワー，落ち着いたBGMなど。
〈カフェトーク・ラウンド〉 ・ファシリテーターが進行役（カフェ・ホスト）となり，1ラウンド約20～30分，3ラウンド行います。 ・問い（テーマ）にそって，カフェ的にリラックスした会話を楽しみます。 ・対話を通して出されたアイディアやキーワードや言葉を絵にして自由に模造紙に記入します（図参照）。 ・第1ラウンド終了時に1人（テーブルホスト）を残し，それ以外の参加者は別のテーブルへ移動します。 ・新しい4人組では，テーブル・ホストが中心になって，それぞれのテーブルで話された内容を共有し合います。 ・第2ラウンドの問いに沿って対話を行います。 ・第3ラウンドは最初のテーブルに戻り，他のテーブルでの気づきや理解を紹介し合い，第3ラウンドの問いについて対話します。 ・最後に，ファシリテーターが全体のセッションを行い，参加者が各テーブルを回って模造紙の内容を共有したり，全体で対話したりします。

〈カフェ・エチケット〉
① 問いに意識を集中して話し合いましょう。
② あなたの考えを積極的に話しましょう。
③ 話は短く，簡潔に。
④ 相手の話に耳を傾けましょう。
⑤ アイディアをつなぎ合わせてみましょう。
⑥ ともに耳を傾けて，深い洞察や問いを探しましょう。
⑦ 遊び心で，いたずら書きをしたり，絵を描いたりしましょう。

図　テーブルクロスの例

出所：井上孝之「園内研修を通した子どもの発達理解」本郷一夫編著『シードブック　保育の心理学Ⅰ・Ⅱ』建帛社，2011年138-140頁を基に筆者作成。

第14章 専門性の高い保育士を目指して
——保育実習などでの経験・学びを活かす

― 学びのポイント ―

　保育実習は，養成校での学習を基に子どもや保護者と関わり，保育士としての資質を高めていく重要な機会である。そして，実習も含めた養成段階での経験・学びが，就職後の保育士としての実践につながり活きてくる。

　本章では，保育実習を終え，実際に保育士として現場に出る上での姿勢・意識，保育現場との継続的なつながりの重要性，さらには「保育士のためのキャリア形成」の考え方などについて述べる。実習を軸とした養成段階での学びに加え，保育士になってからの経験などを通じて専門職として成長していくことなど，学生時代からそのような意識をもつことの重要性を学んでほしい。

1　保育実習を終えて
——保育士になる上で踏まえておくべきこと——

（1）保育実習終了後に求められる姿勢・意識

　学生にとって保育実習は，日頃の養成校での授業とは異なり，慣れない環境の中で取り組むものである。実習中は，期待と同時に不安を感じ，緊張する場面の連続であったと思われる。無我夢中で取り組んだ後は，ひとまずは安堵感に浸るであろう。実習先に対する実習日誌の提出・受け取り，お礼状の送付なども無事に終えると，「実習のことはあまり考えたくない」という学生もいるかもしれない。

　確かに保育実習は，まずは「欠席・遅刻なく，既定の日数・時間分を無事に終えること」が重要である。しかし言うまでもなく，それだけが目的ではない。前章までにも述べてきたように，保育実習とは，養成校での学習を基に，保育所や児童養護施設などにおいて子どもとともに活動・生活をすることによって学ぶ経験学習である。そして，保育士に求められる資質・専門性を，実践の中

図14-1　「理論と実践（養成校での学習と保育現場での実践）」の統合

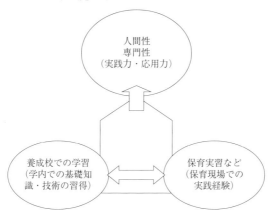

出所：守巧・小櫃智子ら『施設実習パーフェクトガイド』わかば社，2014年，127頁を基に筆者改変。

で失敗や成功を繰り返しながら向上させていくという目的がある。同時に，「保育者としての専門的な知識や技術を身につけるだけでなく，人間としての豊かな教養やそれに基づく見識ある考えをもてる人として成長する」ために学ぶ機会・場といえる。

したがって，実習後は，単に「子どもがかわいかった」「楽しかった」「苦しかった」などと感じて終わるのではなく，実習での気づき，学び，現場で見えた自身の課題などを具体的に振り返り，整理しておくことが求められる（具体的な方法については第13章参照）。これが第2章や9章などでも述べたように，養成校での学習（学内での基礎知識・技術の習得）と結び付けながら，実習中に知り得た保育士に必要な知識・技術，価値観などを自分自身の力として身に付けて（自分自身の中に取り込んで）人間性・専門性を高めること，すなわち「理論と実践（養成校での学習と保育現場での実践）の統合」（図14-1）へとつながる。そのためにも，実習後もできる限り実習先をはじめとした保育現場との関わりも継続し，実践経験を積んでいくことが重要となる。

第Ⅳ部　保育実習を終えて

表14-1　実習終了後の保育現場との継続的な関わり例・留意点

内　容	例
保育現場の行事への参加	夏祭り，野外活動（キャンプ），園（施設）の運動会，遠足，クリスマス会，もちつき大会　等 ＊季節等に応じてさまざまな行事あり。
継続的なボランティア活動への取り組み	ピアノ指導，遊びの広場，学習支援，余暇活動，演奏活動　など ＊子どもとスポーツをする，手遊びをする，絵を描くなどの活動を週に1回，月に1回のペースで行うなどの形がある。
留　意　点	
①　可能な限り積極的に参加し，子どもや保育士との交流を深めること。 ＊実習前の事前訪問指導（オリエンテーション）時に年間の行事計画の説明を受けたり，ホームページやチラシなどで行事について知ったりする機会があり，参加の呼びかけをされることもある。 ②　自分にはどのような活動ができるのか，現場ではどのような活動が求められているのかなどを養成校の教員や現場の保育士と相談しながら考え，工夫し，目的をもって行うこと。 ③　服装や集合時間，必要な持ち物などを事前に確認しておくこと。 ④　態度・言葉遣いなどといったマナー面にも細心の注意を払うこと。 ＊子どもや保護者，地域の人々と接することを念頭に置く（実習時と同様）。	

注：＊行事やボランティア活動の他，インターンシップに取り組む方法などもある。
出所：筆者作成。

（2）実習終了後の保育現場での行事・ボランティア活動などへの参加

　前述の通り，実習終了後の保育現場との継続的な関わりは，「理論と実践の統合」という考え方から見ても重要な意味をもつ。具体的な形として，実習先をはじめとした保育現場の行事への参加がある。そして，行事ごとの単発的な参加のみならず，継続的なボランティア活動に取り組むことも望ましいといえる（具体例及び留意点は表14-1）。

　このような行事やボランティア活動に参加することで，学生自身が実習時には見られなかった子どもの姿・表情が見えたり，発達の様子などが理解できたりすることがある。また，現場の先生から受けた助言・指導で，実習中にはわかりづらかったことも理解できるかもしれない。さらには，子どもにとっても，学生の行事や継続的なボランティア活動への参加は，プラスの影響を与える場合が多い。学生ボランティアから「楽しく有意義に関わってもらう機会ができることは，子どもにとって大きな喜びであり，楽しみ[2]」になる。そして，「ボランティアとの関わりは一般の大人としてのものの考え方や社会的な行動とい

った，社会的常識やモラルなどを知る機会となる」[(3)]。

　したがって，保育現場からの声かけを待つだけでなく，学生自らが養成校の教員や現場の保育士に相談するなど，積極的に行事やボランティア活動などに取り組もうとする姿勢，行動力が求められる。そして，取り組み後には，活動内容，感じたこと，学びなどを記録に残しておくことも重要である。これらが，自身の人間性，さらには将来の保育士の専門性の向上へとつながるのである。

（3）保育実習と就職先選択・決定とのつながり

　以上のような行事やボランティア活動への参加の他，アルバイトという形で実習先との関わりを継続する学生もいる。そして，施設長（園長）などから職員採用試験受験を勧めていただき，卒業後，正職員として就職するケースも見られる。あるいは，（アルバイトを経ずに）実習中に声かけをいただいて採用試験を受け，実習先がそのまま就職先になる場合もある。これらは，学生自身の「この現場で働いてみたい」という気持ちも重要ではあるが，実習での子どもへの関わり方，取り組み姿勢などが現場側から一定の評価を受けたことを意味している。

　また，実習先がそのまま就職先とはならなくても，保育実習は学生の進路選択において重要な意味をもつ。第2章でも述べた通り，学生の多くは，「子どもが好きだから」という気持ちをもって養成校に入学するものである。この思いを基本としながら，実習なども含め，2年から4年間の学習の中で，実際にどこの種別に就職するかを決めていく。例えば，養成校入学時から保育所への就職を希望しており，実習でさらにその思いを強め，そのまま保育所や認定こども園などに就職する場合がある。また，当初は保育所への就職を希望していたものの，養成校での学習や施設実習での経験を契機に考えが変わり，最終的には児童養護施設などの，保育所・認定こども園以外の施設へ就職するケースもある。特に，施設に関しては，施設実習の前後で，「施設のイメージがマイナスからプラスに変わった」「自身の価値観が変わるような非常にいい経験であった」など，学生の感じ方・考え方が大きく変化する傾向にある。表14-2

第Ⅳ部　保育実習を終えて

表 14 - 2　ある養成校における学生の実習終了後の感想例

施設実習種別	施設実習で感じたこと	施設への就職を希望する理由
児童養護施設	「ホームによってあたりはずれ」があったように感じる。子どもたちの個性が強く、対応が難しかった。	実習に取り組み、しんどい面はあったが、毎日が楽しく、やりがいのある仕事であると感じた。
	施設の先生方が丁寧に指導してくださり、子どもたちとも一緒に遊べて非常に楽しかった。	施設職員の仕事は、非常にやりがいがあると思う。「生活の場」というところに魅力を感じ、働きたいと考えている。
	子どもと関わることは楽しかったが、辛いことの方が多かった。ただし、子ども一人一人の対応を学ぶことができ、勉強にはなった。	施設実習がきっかけで、児童養護施設での仕事にも興味をもつようになった。ひとまずは、保育所での勤務を経験してから、施設への就職も考えてみたい。
乳児院	実習全体を通して、オムツ交換などのさまざまなことを経験させていただき、大変勉強になった。	実習に取り組み、毎日が楽しく勉強になった。親と離れて暮らしている子どもたちに、少しでも愛情を感じてもらいたい。自分にできることを考えたい。
障害者支援施設	利用者の方への具体的な支援の方法について学び、楽しいというよりは勉強になった印象が強い。	障害者（成人）対象の施設に実習へ行き、体力的・精神的にも辛かったが勉強になった。実習に取り組んでよかった。それがきっかけで施設に興味をもち、さらに知りたいと思っている。

出所：筆者作成。

は、ある養成校において、保育所、施設、幼稚園での実習を一通り終えた段階で、実習中に感じたこと（簡単な感想）及び就職希望種別を学生に尋ね、挙がってきた意見の例である。その中で、「施設への就職を希望する」と答えた学生の意見例であるが、ここでの回答通り、実際に児童養護施設などへ就職した学生もいる。

　このように、保育実習は、「実習」「養成校での学習」「就職」といったように別々に切り離して考えるものではなく、養成校での授業などとともに、将来の就職先の選択・決定にまで関係していることを忘れてはならない。

2　保育現場でのよりよい実践に向けて

(1)「保育士のためのキャリア形成」という考え方の理解

　ここまで述べてきたように，保育実習は保育士の専門性などの獲得に向けて必要な経験学習であり，養成校での学習と大きく関連し，就職先の選択・決定にもつながるものである。そして，この理解に加え，「保育現場に出てからも勉強が必要」「養成校の授業や保育実習での学びを踏まえた上で経験・勉強を重ね，保育士として成長し続けることが重要」という意識をもつことが求められる。

　2015（平成27）年4月から，子ども・子育て支援新制度が始まり，保育士の資質・専門性のあり方が，より一層問われている。保育所などにおける日常の保育はもちろん，保護者への支援，地域の子ども・子育て家庭への支援など，保育士への期待はますます大きく，幅広い役割を担うことが求められている。養成校で学んだ学生が，こういった役割を担える専門職（保育士）へと成長するためには，養成校の授業や保育実習などでの学びを基本に，保育士になってからの経験，自己研鑽，研修なども重要になる。それらを通じて，保育に必要な知識・技術の習得，一人の人間として，また専門職としての価値観の形成を続けていくものである。専門性の高い保育士になるためには，このような「保育士のためのキャリア形成」[4]という考え方（図14-2）を念頭に置き，日々の保育現場での実践に携わることが求められる。

(2) 保育士になってからの気づき

　養成校での学習内容や保育実習での取り組み内容について，卒業後，実際に保育士となり，担任・担当などという役割で子どもと関わって初めて意義・意図が見えたり，理解できたりする事柄もある。例えば，発達障害児との関わり方，保護者支援，児童相談所などの関係機関との連携など，学生時代にはわかりづらかったことも実際に具体的なケースを目の当たりにすることで真剣に考

第Ⅳ部　保育実習を終えて

図14-2　「保育士のためのキャリア形成」のイメージ

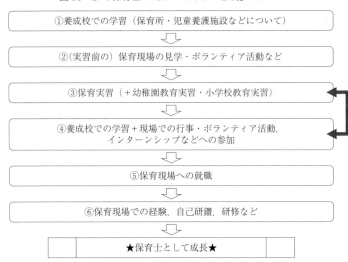

注：(1)　②は，養成校の実習時期などによっては実施が難しい場合もある。
　　(2)　③の幼稚園教育実習，小学校教育実習は，すべての学生が経験するとは限らない。ただし，保育士として成長する上では，これらの実習も貴重な経験となる。
出所：筆者作成。

え，よりよいあり方を見出す努力を行うものである。また，「保育原理」「社会福祉」「子ども家庭支援論」など，学生時代には少し難しいと感じ，時には集中できない・興味関心がわかないこともあった科目についても，実践の中で改めてその内容の重要性に気づき，「もっと真面目に授業を受けておけばよかった」と思うこともあるかもしれない。そのような際，学生時代の実習日誌やテキストを読み直す，専門書を購入して読む，職場でスーパービジョン[5]を受ける，外部の現任者研修（養成校で開催されるものも含む）に参加するなどといった「現場に出てからの勉強」が重要となる。

　保育士を目指す学生には，このような「保育士のためのキャリア形成」という考え方はイメージしづらいかもしれない。ただし，人間性・専門性の高い保育士になる上では，頭の片隅に置いて，日々の授業や実習などに臨んでほしい。養成校での学習の中で（学生時代に）何を学び，課題となっているかを一人一人が少しでも明確にする努力を望むところである。

第14章　専門性の高い保育士を目指して

―― 本章のまとめ ――

　本章では，人間性・専門性の高い保育士を目指す上で，保育実習終了後にもつべき姿勢・意識，理論と実践の統合の重要性，さらには，実習を軸とした養成段階での学びに加え，保育現場に就職してからの経験や自己研鑽などが必要であることなどを述べてきた。

　時々，「誰かに教えてもらうこと」「就職先を紹介してもらうこと」などを当然のように考える学生もいるが，実際に保育士となり，子どもや保護者などへの支援を行うのは，あくまで自分自身である。そのためには，何事も養成校教員や実習先の先生（職員）から一方的に教えられるのではなく，自分が興味・関心をもち，「主体的に学ぶ姿勢」を身に付けていくことが必要である。特に，事前事後指導なども含めた実習に関わる部分で「主体性」を強く意識して積極的に取り組み（例：関連科目のテキストを読み直す，保育所や施設のことを自分で調べてノートにまとめる，実習前後に現場でのボランティアに取り組む，不明な点を養成校の教員に質問する，実習での学び・課題をノートに整理するなど），人間性・専門性ともに優れた保育士として成長するための基礎を築いていってほしいと考える。

注
(1) 太田光洋編著『幼稚園・保育所・施設実習完全ガイド――準備から記録・計画・実践まで』ミネルヴァ書房，2012年，202頁。
(2) 岡本幹彦・神戸賢次・喜多一憲・児玉俊郎編『四訂　福祉施設実習ハンドブック：保育士養成課程』みらい，2013年，132頁。
(3) 同前。
(4) 「保育士のためのキャリア形成」とは，「養成段階のみならず，保育士になってからの経験，自己研鑽，研修等を通じ保育の仕事に必要な専門的な知識や技能，態度を身につけ続けながら，自らの人生および保育士として必要な価値観を形成し続けること」を意味している（石川昭義・小原敏郎編著『保育者のためのキャリア形成論』建帛社，2015年，3頁，などを参照）。
(5) スーパービジョンとは，保育所や児童養護施設等の職場内において先輩から後輩に対して継続的な育成のために用いられる技法のことを指す。実践の経験・知識をもつスーパーバイザー（先輩）と，スーパーバイジー（後輩）との間に結ばれる「スーパービジョン関係」を通して実施され，専門職としての資質の向上，さらには，子ども（利用者）へのサービスの質の向上を目指すものである。その機能としては，支持的・教育的・管理的・評価的機能があり，各機能が密接に関連し，重複

第Ⅳ部　保育実習を終えて

することで，職員のバーンアウト（燃え尽き）を防ぐ役割も担っている（橋本好市・直島正樹編著『保育実践に求められるソーシャルワーク――子どもと保護者のための相談援助・保育相談支援』ミネルヴァ書房，2012年，152-153頁，参照）。

参考文献
石井裕子・林幸範編著『知りたいときにすぐわかる　幼稚園・保育所・児童福祉施設実習ガイド』同文書院，2011年。
太田光洋編著『幼稚園・保育所・施設実習完全ガイド――準備から記録・計画・実践まで』ミネルヴァ書房，2012年。
岡本幹彦・神戸賢次・喜多一憲・児玉俊郎編『四訂　福祉施設実習ハンドブック：保育士養成課程』みらい，2013年。
駒井美智子編著『施設実習ガイド――保育者として成長するための事前事後指導』萌文書林，2014年。
守巧・小櫃智子ら『施設実習パーフェクトガイド』わかば社，2014年。

保育所・施設実習 Q&A

　実習を間近に控えた皆さんは，実習が始まることを考えるととても憂鬱になったり，疑問点がたくさん湧いてきていることでしょう。それは当然のことであり，言い換えると，実習に対する意識が高まってきている証拠ともいえます。

　そこで保育所・施設実習 Q&A では，多くの教員のもとに保育実習指導で寄せられた学生の抱く不安や憂鬱な気持ち，実習への質問や疑問などについて，その代表例を取り上げてみました。それらの問いを保育所実習と施設実習に区別し，「Q&A」という形式で編纂してみました。この Q&A を参考にすることで実習へ向けて気持ちを少しでも整理していただけると嬉しい限りです。実習に向けて，是非とも参考にしてください。

（編　　者）

1　保育所実習 Q&A

Q1．事前に実習園のことを知るためにはどのように情報を集めればよいですか？

A． 実習園のホームページや，パンフレットなどを熟読することが大切です。実習園の1日のスケジュールや，子どもの人数，沿革，保育方針，行事の様子など，得られた情報から園の雰囲気を想像し，どのようなことが学べるか，自分がどのような役割を担えるか考えてみましょう。その他にも，実習園について詳しい養成校の先生方や，過去に実習へ行った先輩の記録や就職している先輩に尋ねて情報を集めるという方法もあります。事前により深く，より多くの情報を集めることが充実した実習につながるといえるでしょう。この活動は指導計画立案にもつながりますので，重要な取り組みといえるでしょう。

Q2．実習園のオリエンテーションでは，どのようなことを確認した方がよいですか？

A． 出勤時間，実習中に必要な持ち物，実習園への通勤服，実習中の服装，部分実習・1日責任実習の有無などを確認するとよいでしょう（詳しくは第3章参照）。また，事前に決められていた実習期間（土日の出勤の有無など）や，期間中の配属クラスについても確認しておくと，子どもたちと関わるイメージがわきやすいでしょう。さらに，実習ではピアノ演奏や手遊び・絵本の読み聞かせなどを子どもたちの前で行うことが多いため，オリエンテーションで楽譜を確認したり，子どもたちが好んでいる手遊びや絵本などを確認しておくと，事前に準備や練習をすることができます。

Q3．授業で，"質問"が大事と指導されました。どのようなことを質問すればよいですか？

A． 初めての実習であれば特に，疑問に感じることやわからない点が多く出てくるのは当然です。疑問に思ったことは積極的に質問することがとても大切になります。ただ，最初は"何を質問したらよいかがわからない"という状態になることも多くあります。質問には，「①実習生と子どもとの関わりの際に生じた疑問」「②保育士と子どもとの関わり，子ども同士の関わりの際に生じた疑問」「③園の保育環境に関する疑問」などに大別できます。実習生の質問として最も多いと考えられるのは，①の実習生と子どもとの関わりに関する疑問でしょう。「1歳児クラスで多くの子どもたち

から『一度に抱っこしてほしい』と言われてしまい戸惑いました。どのようにすれば，子ども一人一人の気持ちにこたえることができたでしょうか」「4歳児クラスで子ども同士のトラブルにうまく対応できませんでした。順番を守らない子どもに，どのように働きかければよかったのでしょうか」など，日々の子どもとの実際の関わりの中で生じたことを質問してみましょう。質問する前にある程度，質問内容を明確に簡素な言葉で聞くことが大切です。また，保育士が口頭で対応できない場合は，実習日誌に質問を書く場合もあります。②，③の保育士の関わりや実習園の保育環境について質問する場合は，非難や批判にならないように注意する必要があります。どうしても疑問が解決できない場合は，養成校の先生などに相談してみましょう。

Q4．授業で「実習では全体を見なさい」と指導されました。この場合の「全体を見る」とはどのような意味ですか？

A．「保育所保育指針」には，保育の方法として子ども一人一人に寄り添いその意思を尊重するとともに，子ども相互の関わりを大切にし，集団としての成長を促すという記述があります。つまり，ここでいう全体を見るとは，「子ども同士の関係」「保育士と子どもの関係」といったように二者関係以上の関係に着目してほしいといった意味が込められていると考えられます。実習園の保育士からよく指摘される「一人の子どもだけと関わって全体が見えていない」という言葉は，実習生が一人の子どもとの関係のみに留まっていて，実習生・保育士・子どもといった集団の関係性が見えていないということを意味します。では，実習生が関係性を意識して全体を見るためには，どのようにしたらよいでしょうか。例えば，クラス全体が見えるように座って子どもと関わるなど，立ち位置を考える必要があります。また，特定の子どもだけでなく，多くの子どもと関わることも大切です。ただし，自分に近づいてくる子どもを拒否するという意味ではありません。子どもの気持ちに寄り添いながら，実習生が子ども同士の関係をつないだり，「後で遊ぼうね」と約束するなど，状況に応じた関わりをすることが大切です。

Q5．実習の初日，保育士への「挨拶」や子どもたちへの「挨拶」（自己紹介など）のポイントが教えてください。

A．保育士などからまず実習の目標を聞かれる場合が多いため，自分の目標は暗唱できる程度に要約して伝えられるようにしておくとよいでしょう。その際，

「どのような気持ちで臨んでいるか」「何を学びたいのか」といった実習に取り組む姿勢をきちんと伝えることが大切です。また，担当保育士や配属クラスの保育士だけでなく，園全体のスタッフにお世話になるので，どの保育士にも分け隔てなく挨拶することを心がける必要もあります。そして子どもたちに対しては，「（名前）です。保育士になる勉強をするために，〇〇園に来ました。よろしくお願いします。」などと，笑顔ではっきりとした口調で挨拶をするとよいでしょう。まずは名前を覚えてもらいましょう。また，一方的な挨拶ではなく，子どもたちに日々どのような生活や遊びをしているのか聞いたりすると，良い関係づくりの第一歩となると考えられます。

Q6．実習中の昼食に弁当を持参するようにと言われていますが，その場合コンビニなどで購入した弁当でも構いませんか？

A．実習中の昼食に関しては，弁当を持参するか給食を食べるかなど，オリエンテーション時に確認しておきましょう。実習園から弁当を持参してほしいと言われた場合，できるだけ手作りの弁当を持っていきましょう。現在，食育をすすめている園も多く，実習生も栄養のバランスを考えた弁当を持っていくことが望まれます。子どもたちが実習生のお弁当に興味をもち，見にくる場合も当然考えられます。しかし，一人暮らしなどの理由でどうしても弁当を作れない場合は，コンビニなど購入したものを持っていくことも考えられます。その場合もコンビニの容器そのままを持っていくのではなく，弁当箱に移し変えるなどの配慮は必要です。食べることを楽しみ，食を通して人と関わるなど，食事の時間も大切な保育の一つだと思って取り組んでください。

Q7．子どものトラブル（けんかやいざこざ）が起こったとき上手に関われるか不安です。

A．子ども同士のトラブルでは，言葉よりも手が先に出ることもあるため，まずは当事者の子ども同士を離して安全を確保しましょう。特に，1～2歳児の場合は，自己主張や要求が強くなる一方で，それを言葉で伝えることが難しい年齢なので，噛みつきやひっかきをはじめ，大きなケガに至る前に即座の対応が求められます。子どもの安全が確保できたら，なぜトラブルになったのか，双方の子どもの気持ちを聞き，それぞれの思いを「～したかったんだね」「～がいやだったんだね」などと言葉にして受け止めましょう。そして，物の取り合いの場合では，「貸してって言おうね」と必要な言葉を伝えたり，誰に非があるかが明らかな場合は，その子どもに「ごめんねっ

て言えるかな？」「こういうときは何て言ったらいいかな？」などの言葉をかけてみましょう。年齢が上がるにつれ，解決策を教えるのではなく，当事者の子どもたちに考えるよう促したり，周囲の意見を聞いたりし，年長では子ども同士で解決していけるような関わり方を変えていく必要があります。ただし，実習生がすべてのトラブルを解決しなければならないわけではありません。トラブルの解決が難しいと感じた場合は，無理をせず保育士に解決をお願いし，保育士の対応から多くのことを学ぶことも大切です。

> Q8. 乳児クラス（0～1歳児）の実習では言葉でのやりとりができないと思い，子どもとのコミュニケーションに不安を感じます。

A. 実習生としてあなたが関わる子どもたちの月齢，年齢を確認しましょう。0歳児の場合，8カ月頃から人見知りが始まります。それ以前の乳児であれば，知らない人に対してそれほど警戒したり，泣いたりすることが少ないため，ガラガラなどの音が鳴るおもちゃなどを見せ，鳴らして，差し出してみましょう。その時の表情から，乳児の気持ちを考えてみることが大切です。乳児は，まだ言葉が話せなくても，快不快，うれしさ，驚き，不安，安堵など豊かな表情を見せてくれます。ガラガラを見て，嬉しそうにしていたら「いい音がするねー，これが好きなの？」などと表情から読み取れることを言葉にして関わってみましょう。大きな音に驚いた表情をしていたら「びっくりしたねー，大きな音がしたねー」などと乳児の状況を言葉で表現するようにしてみましょう。それに対し，人見知りが始まる8カ月以降の乳児や1歳児の場合は，実習生という見知らぬ人に対し，最初は警戒し，じっと顔を見て泣く子どももいるかもしれません。その場合は，乳児にとって親しい存在である保育士と実習生が親しく話をしている様子を観察させることも乳児にとって安心する材料の一つになります。そうして乳児との距離が縮まってきたら，乳児の表情や動作を言葉にして「ぶつけたの？　痛かったねー」や「これほしいの？　ちょうだい，だね」などと代弁することを心がけましょう。

> Q9. 保護者や子どもから連絡先を教えてほしい，記念写真を一緒に撮ろうと頼まれました。どのように対応すればよいですか？

A. 保護者や子どもたちに，実習生自身の個人情報を伝えたり，一緒に写真撮影をすることは禁物です。子どもたちや保護者の側に悪意はなくても，現代ではさまざまなSNSなどを通じて，実習生自身の個人情報が流出し被害に遭わないとも限りません。連絡先を伝えてしまったために，さまざまな誘いを受けて断るのに困る場

合もあります。そのため，もしそのようなことを聞かれたり，頼まれたりした場合には，「学校から，実習先では個人的な連絡先を伝えないように言われているのでごめんなさい」や「学校から，実習中は個人的に写真を撮ったりしてはいけないと言われているので」などと言って，断るようにしましょう。保護者会の行事のお手伝いなど，協力したいと思うような依頼であっても，自分で勝手に判断しないで，実習園を通してもらったり，実習園を通じて養成校などに連絡してもらうなど，学生自身が直接対応しないようにしましょう。実習の日数が進むと子どもたちと仲良くなり，日々顔を合わせる保護者とも親しくなることはよいことですが，あくまで実習生の立場であることの自覚を忘れず対応しましょう。

Q10. 保育所の子育て支援に興味があります。実習では保護者とどのように関わることができますか？

A. 毎日の保護者の送迎時に挨拶をしましょう。送りの際に保護者から子どもをどのように受け入れているか，迎えの時にその日の様子をどのように保護者に伝えているかも見ることができるでしょう。また，クラスの日誌やその日の様子を保育士が書いた掲示物を見ることによって，保育所から保護者に伝えようとしていることを知ることができます。ただし，個人の連絡ノートなどは，許可なく勝手に見てはいけません。担当保育士から許可が得られた場合でも，知りえた情報を外に漏らすことがないように十分に注意しましょう。保育参観や保育参加などの期間であれば，保護者が日常の保育の時間に加わる場面が見られるかもしれません。また，保護者が保育士に悩みを相談するといった場面に遭遇することもあるかもしれませんが，実習生としては，直接保護者と話をするといった関わりよりも，その場面の観察や事後に保育士を通じて保護者の様子を教えてもらうなどの間接的な関わりが中心になるでしょう。ただし，子育て広場，園庭解放などを，地域の親子を対象とした子育て支援事業を行っている保育所も増えています。そのような場に参加できれば，保育士と一緒に保護者の子育ての悩みなどを聞く機会が得られるかもしれません。

保育所・施設実習 Q&A

> Q11. 担当保育士がいない時間に子どもがケガをしてしまいました。対応方法を教えてください。

A. ケガをしてしまった子どもの安全を確保します。例えば、ブランコや滑り台から落下した場合など、揺れるブランコにさらに当たってしまわないよう離れた所へ移動させたり、滑り台で他の子どもが滑って来ないように、また周辺の子どもたちが巻き込まれないように注意します。もし、実習生がケガに関わった場合、たとえ軽いケガなどだったため子どもが歩ける場合でも、必ず担当保育士に報告しましょう。勝手に処置をしたり、軽いケガだから報告しなくても大丈夫だろうと自己判断しないことが大切です。大きなケガの場合は、すぐに担当保育士に報告に行きましょう。その場を離れられない場合は、年長児など近くにいる子どもたちに保育士を呼びに行ってもらうこともあるかもしれません。実習生がケガに関わった場合には、担当保育士だけでなく、その日のうちに養成校にも連絡をしましょう。万が一、実習生自身がケガをさせてしまった場合には、謝罪することはもちろん、正直に状況を説明し、どのような対応が必要か保育士に相談しましょう。誠実な態度で臨むことが何より大切です。

> Q12. ピアノが苦手で不安です。どのような準備をすればよいですか？

A. 普段から養成校でのレッスンに取り組むことが基本となります。ピアノは、養成校に入る前から個人的に習っていた人もいれば、入学後初めてピアノに触れた人もいると思います。進度に差があることは仕方がないことですが、最低限両手でピアノを弾くことができるようにしていなければなりません。準備としては、保育実習期間中に弾くことが決まっている曲などをオリエンテーション時に確認し、実習までに弾くことができるようにしておくことが大切でしょう。ピアノを上手に弾くことができるということと、子どもたちの前でピアノを弾くということは必ずしも同じではありません。子どもたちの歌に合わせて、子どもたちの様子を見ながらピアノを弾くことができるとよいでしょう。ピアノばかりではなく、ギターが弾ける人はギターを使った保育を考えていくこともできるでしょう。ただ、保育所によっては讃美歌を唄うところもあります。その時にはギターは使用できませんので、ピアノを弾くことになります。ピアノに対する苦手意識をもったまま実習に臨むのではなく、季節の歌などを十分リサーチして、伴奏は簡易伴奏にするなどの工夫をしてみてください。

> Q13. 実習日誌は，いつ，どのように提出すればよいですか？

A. 　　日々の実習日誌は原則として実習した翌朝の所定時間・場所に提出します。オリエンテーション時に，実習日誌の提出方法を確認しておいてください。提出することになっているのが担当保育士で，その保育士が不在の場合，他の保育士に相談してその指示に従ってください。誰に提出するのかわからず手元に持ったままいると「未提出」ということになりかねません。無断で担当や所長の机の上に置くということもやめましょう。実習最終日の実習日誌については，今までの実習日誌に加えて，実習園の概要など養成校から指定されている記録用紙すべてに空欄が無いようにして提出します。その実習日誌の返却日も提出した日に打ち合わせして決めておいてください。できるだけ郵送してもらうのではなく，再度訪問して日誌を受け取りましょう（郵送をお願いしている養成校もあります）。

> Q14. 実習担当クラスに特別な支援が必要な子どもがいます。その場合の配慮事項を教えてください。

A. 　　担当保育士から支援が必要な子どもの対応について，具体的な支援方法を教えてもらった場合には，指示されたように支援を行ってください。例えば，子どもの背後から声をかけると発作を起こして倒れてしまうなど，子どもによっては命に関わるようなこともあります。責任実習をする際には，クラス全体を見る視点はもちろん，特別な支援を必要とする子どもが，何をどの程度楽しむことができるのかをとらえておき，その活動を楽しむための具体的な援助方法を考えます。保育を進めていく際，実習生一人で援助までも行うのか，担当保育士にサポートをお願いするのかなど，詳細な確認をした上で指導案を作成する必要があります。

> Q15. 食べられない食事（好き嫌い，アレルギーなど）があります。事前に実習園に伝えた方がよいですか？

A. 　　特にアレルギーがある場合は，学生自身の命に関わることですので，必ず伝えてください。その他にも体や健康に関することで，事前に伝えておいた方がよい事項は配慮事項などを具体的に実習園に伝え，実習することにしてください。このことは保育所にだけ伝えるのではなく，事前に養成校の実習担当教員にも伝えておく必要があります。子どもと一緒に給食を食べることになる場合は，オリエンテーション

時にその点を伝えましょう。子どものアレルギーについて保育士は十分に配慮していますが，実習生のアレルギーのことにまで配慮が届かないこともあります。給食の配膳などで担当保育士が気づいていない場合でも，アレルギーがある食材がテーブルにあった場合は自己申告してください。学生が体調不良になると，かえって実習園に迷惑をかけることになります。持参した弁当を食べるのも可能かどうかをオリエンテーション時に確認してもよいでしょう。好き嫌いがある場合は事前に担当保育士には伝えて良いと思いますが，その食材をまったく食べないといった行動は控えてください。子どもたちの先生になる人たちですから，子どもたちの模範となるような行動を心掛けましょう。

> Q16. 実習の最終日，保育士や子どもたちへのお礼をどのように示せばよいですか？

A. 実習日数が経過するにつれて，実習でお世話になった保育士や子どもたちへお礼の気持ちを伝えたい，と考えるようになることでしょう。実習の最終日には0歳児から5歳児まで保育所全体の子どもたちがホールなどに集まって，実習生が前に立って保育をするお楽しみ会を実施することもあります。その保育を考える際には，実習期間中にお世話になった子どもたちへプレゼントの意味を込めてパネルシアター，ペープサート，エプロンシアターなどを使用し，子どもたちがその場で楽しめる保育を行うのが望ましいといえます。また，子どもたちにお礼をする方法として気持ちがこもったものをプレゼントするのもよいでしょう。一人一人に手作りの首飾りをプレゼントする，一人一人にカードを書く，クラス全体に手紙を書く，翌月の壁面を作ってプレゼントする，パネルシアターをプレゼントする，歌のプレゼントをする，ピアノやフルートを弾いてそれをプレゼントとするなど，色々あります。子どもたちへのお礼の方法については，事前に担当保育士に相談した上で実施するようにしてください。保育所によっては手作りであっても，実習生がお礼をするということを断るところもありますので，留意してください。

> Q17. 実習後のボランティアやアルバイトを頼まれました。養成校にそのことを報告した方がよいですか？

A. 実習担当教員やゼミ担当教員には，実習園からボランティアやアルバイトの依頼があったことや実習園へお返事をしたかなど，詳しく報告してください。養成校と実習園との関係を考えると，組織的にボランティアや就職のお礼を伝えること

があるため報告の必要があります。特に実習後の行事には実習生が助っ人を頼まれることがあります。この場合は積極的に参加してください。実習前から子どもたちが精一杯練習に取り組んできた様子を知っているならば，その行事を通して子どもの成長が読み取れるはずです。その実習園で就職するかどうかという基準でアルバイトやボランティアを受けるかを判断するのではなく，実習生として子どもの成長を継続して見たいと思えるような実習を期待したいところです。就職後，保育士としてその行事に初めて参加するのと，実習生のうちに一度経験しているのとでは，行事に対する不安感が違ってくることもあります。ボランティアやアルバイトはあくまでも補助的な関わりですので，子どもの成長や保育士の言葉がけを客観的に見ることができるよい機会です。特に保育士になって日が浅い場合などは客観的に保育を見るゆとりがないこともあります。このような貴重な依頼は，実習生を一人の専門職として認識してくださっていると思ってぜひ受けてください。

2　施設実習 Q&A

> Q1．実習園の職員から個人的なお誘いがありました（実習中・終了後など）。断ると実習の成績や採用などに支障が出ますか（特に就職希望の実習先の場合は）？

A． 実習生という立場上，こうした誘いに関しては，受けなければならないのではないかと思い悩むかと思います。しかし，公的な誘いでない限り，そのようなことがあった場合は養成校で禁じられている旨を伝えはっきりと断りましょう。その上で，このことを実習担当職員または施設長及び養成校の実習担当教員などに報告し，自身で対応が困難な場合は代弁してもらうようにしてください（実習担当職員からの誘いであった場合は同様に断りを入れ，養成校の実習担当教員に報告し対応してもらいましょう）。こうしたことは一人で抱え込まず，速やかに実習担当職員や実習担当教員に相談することが大切です。また，このような誘いを断ったことが成績や就職に影響するということはあってはならないことです。もし，断れば成績に反映させるなどの旨の発言を受けたのであれば，一人で悩まず報告し，養成校側から公式に対応してもらいましょう。

保育所・施設実習 Q&A

> Q2．実習先までの交通手段が不便なため，自転車や二輪車，自動車などで通ってもいいですか？

A． 可能な限り，公共の交通機関を利用するようにしましょう。しかし，実習先の地域の交通事情などによりこれらの利用が難しい場合も考えられます。そうした場合は，まず養成校などにそれらの利用が認められているか確認しましょう。養成校などから許可が得られた上で，次に実習先に相談・許可を得た上で利用するようにしましょう。なお，施設によっては，地域の交通事情から自転車・自動二輪などの許可をあらかじめ出している場合もありますが，いずれにせよ個人の判断による使用は避けましょう。それらを使用する場合は，遅刻しそうで焦ってしまう，疲れや実習後の気の緩みなどから事故を引き起こすこともあります。また渋滞に遭遇することも考えられますので，通勤時間には余裕を持ち常に安全を意識した運転を心がけて下さい。

> Q3．宿泊実習ですが，その中頃に休日があります。実習中の休日をどのように過ごせばいいのですか？　実習休日は帰宅できますか？

A． 実習先によっては，施設で休日を過ごす場合と，帰宅や外出が認められている場合があります。いずれにしても休日とはいえ，普段の休日とは異なり，実習期間中での「非番」であるという認識を忘れてはなりません。この休日は，心身を休ませる時間と考え，無用な外出はできる限り避けましょう。外出や帰宅する場合は，施設長や実習担当職員などに行先・戻ってくる時間を伝え，定刻には必ず帰着するようにしましょう。休日の過ごし方としては，これまでの実習日誌などを読み返し，実習で得たことや反省点などをまとめ，実習目標がどれくらい達成できたのかを確認する，実習内容が事前に立てた目標と乖離していれば達成可能な目標の見直しを行う，実習中の疑問や未知の知識などを調べ直すなど，学習の時間に当ててください。翌日以降の実習をより良いものとするため有意義に活用してください。

> Q4．宿泊実習の場合，荷物が多くなります。特に衣類が不安です。実習先で持参した衣服を洗濯してもいいのでしょうか？

A． 実習生の宿泊場所を備えている実習先の場合，洗濯機などを設置している所もありますが，施設の事情により異なりますのでオリエンテーション時などに確認をしておきましょう。また，洗濯機が設置されている場合でも，それが実習生専

用のものでなく，職員や子ども（利用者）との共用で使用するケースも多くあります。共用の場合は，使用後はすぐに自分の洗濯物を取り込むなど，他者の衣類と混同したりして迷惑をかけないよう心掛けましょう。使用方法や使用可能な時間帯などの確認はもちろんのこと，そこで使用される水道代や洗剤などは子どもや利用者の利用料などから出ているかもしれません。備品をお借りするという気持ちを意識し，無駄遣いにならないよう配慮しましょう。せめて洗剤は持参していくといいでしょう。

Q5．職員によって支援方法が違う，養成校と実習園とで教えられたことが違う場合，どちらに従うべきなのでしょうか？

A． こうした違いには，職員のそれぞれの考え方や価値観の違い，経験年数が関係していることが考えられます。また，子ども（利用者）のその時の状況や状態に合わせて，支援方法を変えているかもしれません。つまり，支援方法は多様であることの表れかもしれません。いずれにせよ，子ども（利用者）の利益を第1に考えての行為であるため，支援には多様な方法があるということを知っておきましょう。職員間の支援方法の違いを安易に批判したり不信に思う前に，まずはそれぞれの職員がどのような状況で，どういった対応をしているのか，そして何が違うのかということをよく観察し，自分なりに考えることが重要です。しかし，そうした支援の違いにより，実習中に混乱が生じるようであれば実習担当職員などに率直に聞いてみるとよいでしょう。

Q6．子ども（利用者）の個人記録などは閲覧できますか？　守秘義務があるため無理でしょうか？

A． 個人記録は，子ども（利用者）のプライバシーに関わる重要な書類です。興味本位ではなく，なぜそうした記録の閲覧をしたいのか，目的を持つことが大切です。個人記録を閲覧することで，自己の実習内容をさらに有意義にできるという明確な意義があるのならば，実習担当職員に記録を閲覧したい旨を伝えるとよいでしょう。施設によっては，閲覧できることもあります。その場合は，施設ごとの閲覧に関するルールを守り，知り得た情報の守秘義務について特に留意して閲覧してください。

> Q7. 実習での出来事や子ども（利用者）との写真などをフェイスブック，ブログなど SNS に載せてもいいでしょうか？

A. SNS での発言や画像は不特定多数の人が見ます。つまり，子ども（利用者），その保護者・関係者はもちろん，無関係者も見るため守秘義務の観点から許されない行為です。SNS の公開範囲を限定していても，グループ内の者から友達を通じて拡散する可能性があります。気軽な発言が他者を傷つけたり，個人情報流出につながったりするリスクがあると理解してください。特に居住型児童福祉施設の子どもは，多様な事情から施設入所に至っているケースが多く，実習生が安易に SNS 上に投稿したことが原因で，子どもやその周りの人々を危険な状況にさらしてしまうことも十分考えられます。児童福祉法で保育士の秘密保持義務を規定しています。これは，実習生であっても守る必要があります。したがって，子どもの個人情報や実習中の出来事，顔が判明できる写真などについては直接的，間接的な情報を含めて一切載せてはいけません。

> Q8. 児童養護施設内で，子どもの喫煙などの反社会的行為を発見してしまいました。そのような行為に対して，実習生が注意してもいいのでしょうか？

A. 実習生も施設では職員の一人とみなされます。そのため，未成年の喫煙などの反社会的行為については注意をすべきです。しかし，子どもたちはさまざまな事情を抱えてもいますので，頭ごなしに注意をするというよりも，なぜ喫煙するに至ったのか，そのようなことを話しながら，未成年者の喫煙は認められていないということを，できる限りその場で注意をうながしましょう。当然ながら，ここでの禁句は，喫煙を認める発言であったり，一緒に喫煙をしたりすること，また職員には内緒にしてあげるといった約束をすることです。子どもの喫煙は法律で認められていない，つまり違法行為ですから，それを認めたり，放置したりするわけにはいきません。そして，その場で子どもたちに注意できてもできなくても，すぐに職員に報告し，最終的な対応は職員に任せることにしましょう。

> Q9. 子どもから「〇〇〇をしてもいい？」と尋ねられた時に，自分の判断でどこまで応対してよいのか判断に困りますが？

A. 基本的には，実習生自身が独自に判断することは避けてください。養護系の施設では，幼児から高校生までが生活しています。幼児から尋ねられる些細

なことには，答えられることもあるかもしれませんが，それでも職員が意図的に過度の甘えや要求に対する制限をしている最中で，職員の支援計画に支障をきたしてしまうかもしれません。また，小中高生になると外出を伴う許可を求められることもありますし，生活面での多くの事柄について多様な判断が必要になってきます。それは時として，子どもによってで許可できる場合とできない場合もあります。さらに，その判断によって大きな問題や事故などにつながることもあります。そのため，子どもから尋ねられた場合には，職員に報告・相談し，判断を委ねましょう。何も判断できないということで，子どもから頼りにならないと思われることは悔しいかもしれませんが，それは頼りにされているのではなく，利用されている可能性もあります。そして，何より実習生は責任を負える立場ではないということを理解しましょう。その上で，実習生としてできることを行い，子どもとの関係を構築していきましょう。また，施設によっては，ある程度実習生が考えるということを期待して多少の責任を任せてくれるところもあるかもしれません。その場合は，どこまでなら判断していいか職員にあらかじめ確認をしておきましょう。

Q10. 子どもからの「試し行動」の意味は何でしょうか？　また，その行為を実習生はどこまで我慢すべきでしょうか？

A. 子どもの状況によって，対応が変わってくると思います。その子どもへの関わり方について，職員に相談すべきでしょう。それは，その子どもの状況によって，施設では試し行動などのさまざまな言動を受け入れようとチームで対応している場合もあるでしょうし，また実習生であろうと嫌な思いをさせられたことは本人に伝えましょう。「いけないことはいけない」と理解させること，それがその子どもの自立支援として必要であると考えている施設もあるからです。ただし，感情的に怒鳴ったり，罵倒したりといった子どもを傷つけるような対応は絶対にしてはいけません。その子どもの行為に対して嫌な思いをしているのであって，その子ども自身を嫌がっているわけではないのだという思いを伝えましょう。また，我慢という視点を変えてみるのも必要でしょう。試し行動は子どもにとって，非常に重要なものです。その試し行動が，場合によってはコミュニケーションの変形かもしれません。それが，どのような理由で行われているのか，その子どもの背景には何があるのかなど，を理解することに努めることで，子どもからの試し行動を我慢しなければならないという考え方から，施設で生活する子どもへの理解を深める機会ととらえるという考え方に昇華することができ，気が楽になるかもしれません。

> Q11. 子どもたちから「彼氏・彼女がいるの？」「彼氏・彼女とはどこまでいったの？」「どこに住んでいるの」など個人的な質問がたくさんあります。実習指導の授業では，自分のプライベートを話さないようにと教えられました。あらゆることを教えられないとなると子どもたちとの話が弾まず，仲良くなりにくいように思うのですが，どのように対応したらよいでしょうか？

A. すべてを教えられないというのでは，会話が弾まないという思いもあるでしょう。「彼氏・彼女」に関しては，質問をする子どもの状況にもよるとは思いますが，彼氏・彼女がいる・いないということに関しては，答えても問題ない場合もあるでしょう。しかし，そこから子ども自身の異性関係の話に発展するかもしれません。そして，その内容は職員も知らないから内緒にしてほしいということを，子どもからお願いされる可能性もあります。もちろん内緒にする約束をしてはいけませんし，職員に話すということをその子どもに伝えると，その子どもとの関係が悪くなる可能性があります。そうなると，実習生では対応できなくなりますね。そのため，「彼氏・彼女がいるの？」と聞かれた時に，教えられないと返すのではなく，「どう思う？」「想像にお任せするよ」「あまり言いたくない」「個人的な事はあまり聞かない方が良いのでは」などと返してみるのもいいかもしれません。そのあとに，「好みのタイプ」を芸能人などに例えて，会話を切り替える方法もあります。細かな点は，子どもの状況，施設によって対応の違いがありますので，職員に相談することが重要です。また，プライベートなことでいえば，家族のことも会話に出てくることが多いのですが，子どもに家族のことを質問されたら，偽らず正直に答えて構いません。そして，その時の子どもがどのような反応をしたのかを，実習担当職員に報告するとなおよいでしょう。職員にとっては，普段職員には見せない子どもの様子を知ることができる機会でもあるのです。

> Q12. 子どもに対する不適切な職員の関わり（虐待など）を見た場合，実習生の立場としてどのように対応すればよいのでしょうか？

A. 誰の目から見ても明らかに不適切なことが行われているのであれば，早急に養成校へ連絡し，状況を報告してください。そして，実習担当教員の指示を受けて対応しましょう。本来ならば，施設内で職員からの虐待が行われていた場合は，児童福祉法及び「被措置児童等虐待防止対応ガイドライン」に基づき，被措置児童への虐待を発見した者は，市町村や福祉事務所，児童相談所などへの通告義務があります。しかし，実習生にとっては難しいと思いますので，実習担当教員に相談してください。

ただし，留意点としては不適切な関わりが「明らかに」行われているのかという点です。生活施設内での職員と子どもの関わりは，他者の誤解を招くことも時にある難しいものです。しつけや注意・指導，甘えの受容，親密な関わりが，概ね10日間程度しか施設を見ていない実習生の目には理解しがたい部分もあるかもしれません。それが不適切ととらえてしまうかもしれません。疑問に思うことがあれば，施設の実習担当職員にその関わり方の理由を尋ねてみてください。職員からの説明によって，納得・理解できることもあるでしょう。直接職員に聞きづらい場合は，養成校の実習担当教員などに相談してみましょう。特に注意をすべきことは，職員の子どもへの関わりについて安易に虐待としてとらえ，施設を批判することです。それが，誤解を発生させ実習生と施設の関係はもちろん養成校と施設との関係が悪化してしまうこともあります。

> Q13. 子どもたちから「手紙を出すから」「メールを送るから」「電話するから」連絡先を教えてほしい，と言われました。アドレスと携帯電話番号ぐらいなら教えていいでしょうか？

A. メールアドレスや携帯電話番号はもちろんのこと，自宅の電話番号や住所も絶対に教えてはいけません。これは，メールを送ってきたり，電話をかけてきたり，子どもが家を訪れてきたりすることで，後々，大きなトラブルに発展する可能性があるからです。場合によっては，子どもの保護者が関わってくる可能性もありますし，子どもが施設を無断で外出し，その住所を訪ねるかもしれません。そのような場合は，警察や児童相談所などの公的機関が関わるということにもなります。実習生では責任を取ることのできない事態となってしまうでしょう。したがって，実習という授業の一環であるため，養成校などから「絶対に教えてはいけない」というルールになっていると正直にしっかり返答しましょう。しかし，すべてを教えられないというのでは会話が弾まないということであれば，住所を「○○市」程度の広範囲の地域で特定できないような伝え方で答えてください。ただ，「○○市」が子どもの出身地と同じであった場合には，「○○町？」「○○小学校って知ってる？」などとそこから話が発展してしまう可能性があるため，それ以上は答えないように注意する必要があります。

Q14. 「情緒障害」とはどのような状態をいうのでしょうか？ 配慮事項などはありますか？

A. 情緒障害は，子どもが成長する過程で情緒が不安定であったり，その現れ方に偏りがあったり，自分自身で制御できないなどの状態が継続してしまうことで，日常生活・社会生活に支障をきたしてしまうことをいいます。自閉症児・者によく見られる「こだわり」の行動が似ていることから，それを総称して「情緒障害」と呼んでいる施設もあります。子どもたちの行動には，自身を落ち着かせるためであったり，訴えであったり，と理由があります。しかし，時に命に関わるような行動に発展する場合もあります。このような行動に対して留意することは，一人一人の個別支援計画に準じた対応を，職員とともに統一して行うことが重要となります。対応が難しい行為を発見したとき，どのような対応をすればよいか施設職員に指導を受けるとよいでしょう。実習が始まるまでに，「情緒障害」や「こだわり」をもち合わせている子どもたちが施設にいるかどうか，また，その対応方法も合わせて確認しておくとよりよいでしょう。

Q15. 余暇時に知的障害者施設で職員から「利用者と自由に過ごしていて」「利用者と一緒にいて」と言われました。その時間に何をしたらいいのかわからず大変困惑し辛い思いをしました。

A. 知的障害者施設では，最も重要なテーマの一つに，時間の過ごし方があります。特に，重度の知的障害や自閉症のある人たちにとって，生活の中にできる少しの空き時間が，何をしていればよいのかわからない辛い時間にもなり得ます。つまり，施設全体で決まっている日課との合間の休憩時間などの余暇時間の過ごし方が課題となります。「自由に……」この言葉が，知的障害や自閉症あるの人たちにとって，とても辛い指示語であることも理解してください。したがって，質問にあるような職員から実習生への指示伝達内容は問題でもあります。実習生がどうすればよいかわからなくて不安になるのは当然です。しかし，実習中ですから利用者との余暇時間を過ごすことも想定しておいてください。その時のために，利用者の得意なこと，興味のあることを予め職員から教えてもらっておくとよいでしょう。また，それを探求してみることを実習目標にしてみるのも一つです。そこで，注意しなければならない点は，私たちの「ぼ〜っと」何もせず過ごす時間を心地よいと思うことがあります。しかし，利用者によっては，この「ぼ〜っと」が苦手という人もいます。したがって，利用者の得意なこと探しの基本は，「視点を変える」「常識的な概念を持たない」ということです。

Q16. 知的障害者への支援について，実習生はなるべく手を貸さずに自分でやってもらう方がよいのでしょうか？

A. 障害者支援施設や障害福祉サービス事業所では，生活介護・自立訓練・就労移行支援・就労継続支援などのサービスを提供しています。施設は，当事者の「生きる力・自立力を養う」場所でもあります。できることはなるべく職員が手を出さないようにとの考え方も一つですが，介助を伴う自立もあり得るという考え方もあります。介助を伴うことで残りの時間を自分自身のために有効に活用できることの方が，生活の質という観点から見た場合有意義といえるでしょう。したがって，利用者の生活動作（生活習慣）を見守り，利用者の状態を把握した上で，利用者が意欲的に取り組もうとしていることに対しては取り組むスピードが遅くても，すぐに手を貸してしまうのではなく，見届けつつ適切な場面で手を差し伸べてください。保育士として，子どもたちの頑張る行動にはすぐに手を出さず見守り，さらに良い方法があれば子どもにわかりやすい方法で伝えることが大切であることと似ているかもしれません。

Q17. 今まで知的障害者との接触体験がないため，コミュニケーションの取り方や接し方もわかりません。不安でしかたありません。

A. 「コミュニケーション」は，障害児・者を支援する上で非常に重要なキーワードです。知的障害者と接したことがなければ不安を感じることも当然ですが，それにお気づきのあなたはセンスがあります。「ちゃんと言ったでしょ！」「何回言われてもわからない子ね！」と皆さんは，家庭や学校などでこんな叱責をされた経験はないでしょうか。そんなことを言われたとき，「わかるように話してほしい」「もっと丁寧な説明をしてほしい」と思いませんでしたか？　知的障害者は，物事を人に伝えることが苦手です。それ故に，伝え方が下手と思われがちですが，私たちの方が理解しようとしていないだけと考えると，支援する側は楽な気持ちになり，どうすればうまく伝えられるかと意欲が増します。一つの例ですが，「食事に行きましょう」と伝えたい場合，食事が写された写真の提示や，文字が読める人に対しては，例えば スパゲッティ と書いた文字カードを目前に提示することで理解することができます（参考：シンボルコミュニケーション）。しかしながら，実習生にとって，利用者一人一人の特性やコミュニケーション方法に関しては，事前に知らないため不安もあっていいと思います。実習の3日目ぐらいまでは状態観察期間として利用者の基礎資料の閲覧や職員への質問などを積極的に行い，情報の収集をすることが大切です。コミュニケーションツールは，言葉だ

けではなく多様であるいということを実習での学びにしてください。「人の行動には必ず理由が存在する」ということを基本的な考え方にすると人との関わりが面白くなると思います。保育士は，人を育てる，人に伝える仕事でもあるので，施設職員からコツを学び積極的に利用者との関わりをもつようにしてください。

> Q18. 利用者（知的障害者）から体をさわられたりした時は，冷静な対応ができません。良い対応方法やさわられないようにする工夫はありますか？

A. 施設実習中に利用者が実習生に対して，好意を抱き関わりを求めてくる例はよくあります。障害があっても一人の成人です。しかし，「抱きつき」や「身体への明らかな性的な接触」に関しては，許される行為ではないことなので，職員に報告し対処方法を聞きましょう。多くの場合，利用者は「してはいけないこと」ということを理解しています。また，そのような行為がありそうな利用者については，事前に教えてもらえるはずですし，個別支援計画などに対応策を明記しているでしょう。その人個々に応じたコミュニケーションツールを使用して「してはいけないこと」を伝達します。言葉の理解がある人に関しては，明確に「やめてください」と伝えましょう。皆さんと関わりたいと思った利用者がよくする行為には「握手」があります。これは「抱き着くのではなくて握手をしましょう」と学んできた成長の結果だと解釈し，「握手」をしてください。また，関わりを求める行動は，「抱きつき」や「握手」のようなボディータッチに限らず「注意獲得」というものもあります。「注意獲得」とは障害者施設では頻繁に使用される用語です。例えば故意的に失敗をして見せたり，他人の嫌がるようなことをして見せます。そうすると相手は驚きや怒りを表現しますが，それが利用者にとって「自分を見てくれている」という意識につながり，関わり方の一つになります。そのため，利用者の行動には驚かず騒がず，平常心でいることをお勧めします。難しいかもしれませんが実習の一つの目標に設定してみるのもいいと思います。

おわりに

　近年，子どもの育ちに関するさまざまな課題が生じ，子どもの将来に関する社会不安が高まる中，保育所，児童養護施設などの児童福祉施設や保育士に期待される機能・役割が従来以上に大きくなっている。したがって今後は，より人間性・専門性の高い保育士が求められ，養成校における「理論と実践との統合」を踏まえた保育実習・保育実習指導のあり方が，ますます重要となる。

　保育士を目指す養成校の学生にとっても，保育現場で子どもや保護者と直接関わり，保育士の仕事・役割などを体験・学習する保育実習は，将来の進路選択・決定において大きな影響を及ぼす。ただし，保育実習を重要であると理解はしながらも，何を準備するのか，実習中はどのような点に注意して学ぶのか，実習後は何をすべきかなどといった具体的な点が曖昧で，不安を感じる学生も多いのではないだろうか。また，養成校での学びと保育現場での体験・学びがうまく結び付けられない学生も，多々見受けられる。

　本書は，保育士を目指す学生が，保育実習の準備から終了まで，さらには保育現場へ就職後も意識すべきこと，取り組むべきことなどが系統立てて理解できるよう，「本当に知りたいことがわかる」よう配慮した。具体的には，保育・福祉に関わる法制度の最新動向を踏まえつつ，保育実習の意義・目的・位置づけ，実習前の心構え・準備物，実習中の学びのポイント・実習日誌の作成方法，実習後のお礼状の書き方・保育現場の行事などへの参加の重要性，「保育士のためのキャリア形成」の考え方などを示した。また，関連するエピソードを記したコラムや，実際に養成校の教員に寄せられた「保育所・施設実習Q&A」も掲載した。これらが多くの学生にとって，保育実習に関わる学習に役立つだけでなく，保育士（専門職）としての子ども・保護者の理解，支援のあり方を考える一つの契機となり，卒業後の「理論とのつながりを踏まえた保育

実践」にも有効につながれば幸甚である。同時に，養成校や保育現場の先生方にとっても，「学生への指導において活用できる書籍」となることを願う。

　最後に，執筆者の皆さまには，お忙しい中をご協力いただいたことに深く感謝申し上げる。また，本書の企画段階から出版に至るまで，ミネルヴァ書房編集部の音田潔様から賜った筆舌に尽くせないご指導とご尽力に，この場をお借りして心より御礼申し上げる。

　2016年3月

　　　　　　　　　　　　　　　　　　　　　　　　　　　　　　編　　者

索　引

あ　行

愛着　77
　　──形成　26
アセスメント　208
遊び　60, 61, 126
　　──の環境　62
アタッチメント　→愛着
圧縮叙述体　45
アレルギー　244
安全面への配慮　78
生きる権利　58
一時保護所　148
衣服の着脱　24
衛生面への配慮　164
エピソード記述　186, 190
エプロンシアター　94
エンパワメント　179
オリエンテーション　14, 50, 98, 152, 238
　　──での確認事項　54
お礼状　214

か　行

数の理解　85
家族再統合　160, 175
家庭学校　181
家庭支援専門相談員　4
過程叙述体　45
家庭的支援　181
加齢児　164
環境　128
環境構成　116, 127, 128, 131
　　──図　131
環境との相互作用　59
環境を通して行う保育　59
看護師　62
観察実習　65, 152
感情移入　89
機能訓練　147

基本的生活習慣の確立　166
虐待　251
キャリアデザイン　22
協応動作　86
教科目の教授内容　12
行事の計画　124
行事への参加　104
行事への取り組み　126
矯正教育　181
記録の目的　110
記録の様式　44
苦情解決　63
グループ討議　218
経験学習　228
見学実習　152
研究保育　103
健康診断書　52, 96
言語的コミュニケーション　163, 167
言語認識　76
言語の発達　79
権利擁護　176
抗体検査　97
個人情報　42
　　実習生自身の──　241
　　──保護　63, 162
個人票　52
子育てのパートナー　68
ごっこ遊び　23, 81
固定遊具　62
個と集団　60
子ども・子育て関連三法　63
子ども・子育て支援新制度　63, 233
子ども同士のトラブル　240
子どもと関わる際の基本的姿勢　26
子どもとのコミュニケーション　241
子どもと保護者の利益　8
子どもの安全　243
子どもの権利条約　→児童の権利に関する条約
子どもの個人記録　248

259

子どもの最善の利益　21, 36, 58, 160
子どもの障害特性　27, 169
子どもの人権の尊重　63
子どもの発達　18
　──状況　163
　──段階　125
子どものプライバシー　248
子どもの理解　18, 190
コーナー作り　89
個別支援　173
個別支援計画　172, 174, 204
　──案　206
コミュニケーション　254
　──の変形　250

さ 行

座位　75
細菌検査(検体検査)　96
　──説明書　52
里親への支援　160
左右非対称な姿勢　72
参加実習　65, 152
3次元的認識　88
支援計画　204
自我の芽生え　79
時間配分　113
事業所内保育事業　63
時系列式(記録)　186, 187
自己開拓型実習先の選定　46
自己覚知　6
自己決定　25
自己研鑽　43, 233
自己信頼感　88
自己の実習イメージ　48
自己の育ちの場　151
自己評価　1, 21, 225
自制心の形成　87
施設機能・役割の理解　150
施設見学　50
施設実習　14, 142
　──の意義　150
施設の社会的役割　17
施設保育士　3, 149, 161

──の業務・役割の理解　150
──の専門性　203
自然環境　61, 62
事前事後の学習　14
実習計画　199
実習先での評価　224
実習先との関わり　212
実習先の選定　46
実習先までの交通手段　247
実習事後指導　218
実習施設　47
実習生の働きかけ　117
実習体験　43
実習日誌　42, 43, 100, 101, 109, 185, 190, 224, 244
　──の受け取り　105
　──の提出　213
　──の返却　213
　──の様式　112
実習の評価　21
実習評価票　52, 224, 225
実習報告会　50, 218
実習報告書　218
実習目標　112, 117, 119
指定保育士養成施設　30
　──の指定及び運営の基準について　11
児童館　148
指導計画　102, 113, 123
指導計画案　124, 129, 130, 204
　──チェックリスト　135
児童厚生員　149
児童厚生施設　148
児童指導員　4
児童自立支援施設　147, 179
児童心理治療施設　147, 154, 175
児童生活支援員　180
児童相談所一時保護施設　148
児童日誌　185
児童の遊びを指導する者　149
児童の権利に関する条約　58
児童発達支援センター　145, 167
　医療型──　1, 145, 167
　福祉型──　1, 145, 167

索　引

児童福祉施設　15, 30, 33, 142
　　──最低基準　2
　　──の種別　143
　　──の設備及び運営に関する基準　2, 3, 15, 185
児童福祉法改正　1
児童福祉法第18条の22　42
児童遊園　148
児童養護施設　26, 144, 154, 160
　　──における指導計画案　156
自発的活動　74
自発的微笑　74
社会関係の調整　6
社会性　88
　　──の獲得　173
就職先の選択・決定　232
集団と個　126
集団の関係性　239
就労継続支援　147
就労支援　146, 170, 173
宿泊実習　247
手段的日常生活動作　→IADL
守秘義務　36, 102, 162, 248
障害児・者施設　27, 190
障害児・者福祉　28
障害児入所施設　145, 164
　　医療型──　1, 145, 164
　　福祉型──　1, 145, 164
障害者支援施設　3, 28, 146, 170-172
障害者総合支援法　3, 146, 171
障害者の日常生活及び社会生活を総合的に支援するための法律　→障害者総合支援法
障害に対する不安　27
障害福祉サービス事業所　146, 154, 172, 173
「障害」への理解　171, 174
小規模保育事業　63
省察　67
小舎夫婦制　148
情緒障害　253
少年指導員　177
食育の計画　124
職業支援　170, 173
職業倫理　20

職種間の信頼関係　166
嘱託医　62
初語　→有意味語
叙述体　45
自立　181
　　──訓練　146
身体を使った集団遊び　87
人的環境　61, 62
ストレングス　179
スーパービジョン　45, 234
ずりはい　74
生活介護　146
生活訓練　147
生活支援　149
　　──員　170, 172
生活の質　→QOL
生活の全体性　5, 6
生活の枠　176
生活面　126
製作活動　86
生理的微笑　74
責任実習　103, 131
設定保育　94, 103
説明責任　63
説明体　45
全国保育士会倫理綱領　36, 37
全身運動　74
全日保育　94
専門機関との連携　124
専門職の価値・倫理観　5
専門性の高い保育士　233
ソーシャルワーク　179
育ち直し　181
育つ権利　58

た　行

第三者評価　1, 203
対称的な姿勢　72
退所児への支援　160
対人援助職　32, 38
体調管理　33, 96, 98
高這い　75
他者評価　21

261

他職種職員との協働　150
他職種連携　166
「多職種」連携　166, 169
試し行動　250
地域交流　63
地域社会支援　124, 160
地域小規模型の施設　3
地域の子育て支援　20
知識・技術の獲得, 実践, 振り返りのサイクル　30
チーム保育　67
調理員　62
追視　73
通所施設　17
つかまり立ち　75
伝い歩き　75
デイリープログラム　65, 159
留岡幸助　181

な 行

仲間関係　126
二語文　79
二次元的な認識の獲得　84
日常生活動作　→ADL
日中保育　97
乳児院　145, 162
入所施設　17

は 行

バイスティックの7原則　172
排泄　24
はいはい　74
8カ月不安　77
発達段階　93
発展的な左右対称姿勢　72
パネルシアター　94
母親と子どもの最善の利益の保証　179
反社会的行為　249
反省会　212
反省的実践家　67
半日保育　94
ビオトープ　62
非言語的コミュニケーション　163

被措置児童等虐待防止対応ガイドライン　251
人見知り　77
ひとり親家庭　178
秘密保持義務　42, 249
評価内容　225
ファミリーソーシャルワーク　175
風しんに関する特定感染症予防指針　97
物的環境　61, 62
不適切な職員の関わり　251
部分実習　103, 131, 152
部分保育　94
プライバシー　190
プレイセラピー　175
壁面構成　104
壁面装飾　62
ペープサート　94
保育課程　123
保育記録　110
保育計画　62
保育現場との関わり　229
保育士以外の専門職　20
保育士資格科目　31
保育士像　22
保育室　100
保育実習Ⅰ　12, 159
保育実習Ⅱ　12
保育実習Ⅲ　12, 159
保育実習施設　144
　──の配置職員　144
保育実習実施基準　11
保育実習指導　13, 217
　──Ⅰ　13
　──Ⅱ　13
　──Ⅲ　13
保育実習における記録　109
保育実習の意義　8, 11
保育実習の実習施設の種別　14
保育実習の振り返り　217
保育実習の目的　12
保育実習の履修科目　14
保育実践演習　31
保育士としての資質　107
保育士としての将来像　8

索　引

保育士に求められる資質　228
保育士に求められる専門性　228
保育士に求められる人間性　32
保育士の業務内容　19
保育士の自己イメージ　22
保育士の専門性　30, 31, 65, 204, 231
保育士のためのキャリア形成　233
保育士の役割　20
保育所　17
　──以外の児童福祉施設　18
　──実習　14
　──の1日の流れ　65
　──の環境　61
　──の子育て支援　242
　──の社会的責任　60, 63
　──保育　106
　──保育士　3, 4
「保育所保育指針」　17, 58, 123
『保育所保育指針解説書』　31, 58, 65, 127
保育所保育の目的　58
保育の勧奨　4
保育の原理　60
保育の必要な事由　64
保育目標　62
放課後等デイサービス　143
法定伝染病　98
訪問指導　103, 153
保健の計画　124
保護者支援　68, 123
母子支援員　147, 177
母子生活支援施設　147, 176
ポートフォリオ　68
ボランティア　47
　──活動　49, 230

ま　行

麻しんに関する特定感染症予防指針　97
マナー　41
学ぶ姿勢　118
魔の2歳児　82

身だしなみ　98
目と手の協応　73
模擬保育　93

や　行

役割意識　89
有意味語　79
指さし　76
養護系施設　25, 185
養護と教育の一体性　59
養成校　3, 25
　──での事前学習　50
幼保連携型認定こども園　33, 63
「幼保連携型認定こども園教育・保育要領」　64
要約体　46
余暇活動　166
予想される子どもの動き　134
四つ這い　74
予防接種　33, 97

ら・わ　行

ラポール　166
リーチング　73
履修カルテ　225
利用者の個人記録　248
療養介護　146
理論と実践の統合　11, 229
レジリエンス　181
ワールド・カフェ　218, 227
枠のある生活　181
割り当て型(養成校による配当)実習先の選定　46

欧　文

ADL　170
IADL　170
PDCAサイクル　204
QOL　170
SNS　42, 63, 249
terrible twos　82

263

執筆者紹介（所属，執筆分担，執筆順，＊は編者）

＊橋本　好市（はしもと　こういち）（神戸常盤大学教育学部教授：序章）
　松島　京（まつしま　きょう）（相愛大学人間発達学部教授：第1章1・2）
　熊本　剛（くまもと　つよし）（聖和乳幼児保育センター保育士：第1章3(1)）
　津田　克己（つだ　かつみ）（児童養護施設グイン・ホーム施設長：第1章3(2)）
　辻井　善弘（つじい　よしひろ）（宝塚さざんか福祉会常務理事：第1章3(3)，第11章2，施設実習Q&A 14〜18）
　溝口　武史（みぞぐち　たけし）（元・横浜創英大学こども教育学部教授：第2章）
　河野　清志（かわの　きよし）（大阪大谷大学教育学部准教授：第3章，施設実習Q&A 1〜7）
＊小原　敏郎（おはら　としお）（共立女子大学家政学部教授：第4章）
　河原　紀子（かわはら　のりこ）（共立女子大学家政学部教授：第5章，保育所実習Q&A 7〜11）
　松尾　寛子（まつお　ひろこ）（神戸常盤大学教育学部准教授：第6章，保育所実習Q&A 12〜17）
　山﨑　敦子（やまざき　あつこ）（東北福祉大学准教授：第7章）
　松本　佳代子（まつもと　かよこ）（草苑保育専門学校専任講師：第8章）
　杉山　宗尚（すぎやま　むねまさ）（頌栄短期大学保育科准教授：第9章，施設実習Q&A 8〜13）
　谷　俊英（たに　としひで）（大阪大谷大学人間社会学部専任講師：第10章1・2，コラム3・4）
＊直島　正樹（なおしま　まさき）（相愛大学人間発達学部教授：第10章3〜6，第11章1・2，第14章）
　桃井　克将（ももい　かつまさ）（徳島文理大学保健福祉学部専任講師：第10章3〜5）
　阪野　学（さかの　まなぶ）（四條畷学園短期大学保育学科教授：第10章7）
　原田　旬哉（はらだ　じゅんや）（園田学園女子大学人間教育学部教授：第10章8・9）
　吉田　耕平（よしだ　こうへい）（東北文教大学人間科学部准教授：第11章1）
　明柴　聰史（あけしば　さとし）（富山短期大学幼児教育学科准教授：第12章）
＊三浦　主博（みうら　きみひろ）（仙台白百合女子大学人間学部教授：第13章，コラム6）
　曲田　映世（まがた　あきよ）（相愛大学人間発達学部講師：コラム1・5）
　恒川　丹（つねかわ　あきら）（田園調布学園大学子ども未来学部助教：コラム2，保育所実習Q&A 1〜6）

本当に知りたいことがわかる！
保育所・施設実習ハンドブック

| 2016年4月10日 | 初版第1刷発行 | 〈検印省略〉 |
| 2023年3月30日 | 初版第3刷発行 | |

定価はカバーに
表示しています

編著者	小原敏郎 直島正樹 橋本好市 三浦　主博
発行者	杉田啓三
印刷者	江戸孝典

発行所　株式会社　ミネルヴァ書房
607-8494 京都市山科区日ノ岡堤谷町1
電話代表 075-581-5191
振替口座 01020-0-8076

© 小原・直島・橋本・三浦ほか, 2016　共同印刷工業・藤沢製本

ISBN978-4-623-07587-4
Printed in Japan

保育実践に求められる子ども家庭支援

橋本好市・直島正樹編著
A5判／232頁／本体2500円

保育実践に求められる子育て支援

小原敏郎・三浦主博編著
A5判／232頁／本体2500円

ソーシャルインクルージョンのための障害児保育

堀　智晴・橋本好市・直島正樹編著
A5判／242頁／本体2500円

福祉職員研修ハンドブック

社会福祉法人京都府社会福祉協議会監修・津田耕一著
A5判／198頁／本体2000円

子どものニーズをみつめる児童養護施設のあゆみ

大江ひろみ・山辺朗子・石塚かおる編著
A5判／304頁／本体3000円

——————— ミネルヴァ書房 ———————
https://www.minervashobo.co.jp/